KB147532

왕실 친인척과 조선정치사

• 왕실 친인척과 조선정치사

• 찍은날 / 2014년 5월 7일
• 펴낸날 / 2014년 5월 9일
• 지은이 / 지두환
• 펴낸이 / 김경현
• 펴낸곳 / 도서출판 역사문화
  110-830
• 서울시 종로구 세검정로 6나길7 (신영동 103-1)
  현대빌리지 101호
• 등록번호 / 제 6-297호
• 전 화 / 02) 942-9717
• 팩 스 / 02) 942-9716
• 홈페이지 / http://www.ihc21.com
• E-mail: ihc21book@hanmail.net
• 찍은곳 / 한영문화사

ISBN 978-89-88096-68-0(03910)

값 15,000원

왕실 친인척과 조선정치사

지 두 환 지음

도서출판 역사문화

일러두기

▶ 다음과 같은 부호를 사용하였다

〔 〕 : 음은 다르나 뜻이 같은 한자를 묶거나, 단어에 대해 보충
설명한 것이다.
" " : 대화 등의 인용문을 묶는다
' ' : 재인용이나 강조 부분을 묶는다
「 」 : 작품명이나 논문을 묶는다
『 』 : 책명을 묶는다

▶ 족보는 『태조대왕과 친인척』 등 국왕친인척 시리즈 52권을 참조하
였다.

▶ 조선 국왕 연대는 왕명과 연대를 병기하는 것을 원칙으로 하였다
예) 선조 8년(1575)
국왕들의(중국 황제 포함) 재위년도는 즉위년부터 산정하였다

▶ 인물은 가능한 한 호(號)를 명시하고 괄호안에는 생몰년을 넣었다

▶ 출전 표기는 게재지, 발행처, 발표년도순으로 하였다

서 문

조선왕조를 우리 역사상 가장 못난 나라로 생각했던 것이 식민
지사관이었다. 이를 비판하며 여러 분야에서 조선왕조는 문화국가
였고, 세계 최고의 선진국이었다는 것이 밝혀졌다. 그리고 이러한
조선왕조를 조선 전기에 이룩했던 임금이 세종대왕이었고, 조선
후기에 이룩했던 시기가 영정조 문예부흥기였다는 것도 밝혀졌다.

그러면 이러한 조선왕조를 만들었던 정치는 당연히 훌륭한 붕당
정치여야 했다. 그러나 아직도 식민지사관을 극복하지 못하고 당
쟁으로 폄하하고 조선시대 정치사를 아직 제대로 정리 못하고 있
는 것이 현실이다.

이러한 고민 속에서 정치사를 바로 정리하려면 권력이 핵심이
되는 왕실 친인척들을 파악해야 한다고 생각하여, 조선시대 정치
사와 왕실 친인척을 52권으로 정리하였다. 그러나 방대한 양을 다
루다 보니 자료집 수준을 넘어서지 못하였다.

그래서 이제는 누구라도 이해할 수 있는 조선시대 정치사를 일
목요연하게 정리하고자 생각하여, 1차적으로 세 권으로 된 조선시
대 정치사를 대학 전공 교재로 정리해 출간하였다.

그러나 역사에 관심있는 사람들이 읽기 쉬운 정치사가 되지 못
하였다. 그래서 역사를 사랑하고 역사에 관심있는 사람들이 이해

하기 쉬운, 한권으로 읽는 500년 조선정치사를 만들려고 하였다. 봉건 지배층으로 도외시했던 왕실 친인척을 조선왕조를 이끌어가는 주역으로 등장시켜 왕실 친인척과 정치사를 알기 쉽게 연결시켜 보려고 하였다.

이러한 구상을 하는 과정에서 조선시대는 성리학이 이끌어가는 시대라서, 조선시대 정치사는 삼강오륜에 어긋나는 세력은 도태될 수밖에 없었다는 것을 알게 되었다.

그래서 삼강에 어그러진 사건을 정리하여 보았다. 첫 번째로 군위신강君爲臣綱을 어그러뜨린 사건이 세조찬탈이었다. 두 번째로 부위자강父爲子綱을 어그러뜨린 사건이 광해군의 폐모론이었다. 세 번째로 부위부강夫爲婦綱을 어그러뜨린 사건이 숙종대 장희빈 사건이었다.

그리고 이러한 사건은 왕실 친인척과 긴밀하게 연결되어 나타났다. 따라서 정치세력의 부침도 왕실 친인척과 밀접하게 연결되어 있었다.

그래서 이와 더불어 일반 사람들이 많이 아는 정치사를 삼강이외에 태조~태종대, 성종~중종대, 현종대 예송, 순조대 세도정치, 고종, 순종 등으로 왕실 친인척과 관련하여 9개의 사건으로 정리해보았다.

이렇게 정리해보니 자존심을 지키고 원칙을 지키며 올바른 정치를 하려던 세력이 결국에는 정치를 주도하고 나갔다는 것을 알게 되었다. 그리고 이러한 정치가 행해졌기에 조선왕조를 자주적인 문화국가로 세계 최고의 선진국으로 만들었다는 것을 알게 되었음을 알리고 싶었다.

　이 책이 나오도록 자료를 정리하고 교정 윤문을 해준 이순구 임병수 이성호 김준은 류명환 양웅열 등 여러 제자들과 역사문화 편집부원에게 고마움을 표한다.

갑오년 오월에

북악산장에서

차 례

서문
차례

1장 왕자의 난과 태종의 친인척

태종 이방원은 우왕대에 과거에 급제하고 신흥사대부의 핵심이 되는 민제의 사위가 되면서 신흥사대부가 중심이 되는 조선 건국을 주도하게 된다.

그러나 어머니 신의왕후 한씨가 건국 전에 돌아가시며 신덕왕후 강씨가 조선의 첫 왕비가 되었다. 그리고 신덕왕후의 막내아들 방석을 세자로 책봉하고 태종 이방원은 개국공신에서도 제외되었다.

이에 태종 이방원은 제1차 왕자의 난으로 정도전을 제거하고 세자 방석을 죽이고 정권을 장악한다. 그리고 정종을 적장자로 태조의 선양을 받아 즉위시킨다. 그리고 제2차 왕자의 난으로 형 방간 세력을 제거하고 정종의 선양을 받아 즉위한다.

이후 왕권을 안정시키기 위해 외척세력인 처남 민무구 등 여흥 민씨 세력을 제거하고, 자신을 도왔던 공신세력들마저 제거한다. 그리고 세자인 양녕대군마저 폐하고 세종을 세자로 책봉하여 즉위시킨다. 그리고 상왕으로 섭정을 하면서 세종의 장인인 심온마저 제거하여 왕권을 공고하게 한다.

이후 세종은 집현전을 세우고 문물제도를 정비하며 왕권을 확립하며 조선왕조를 반석 위에 올려 놓는다.

● 태조 ※ 본서 부록 315쪽 참조

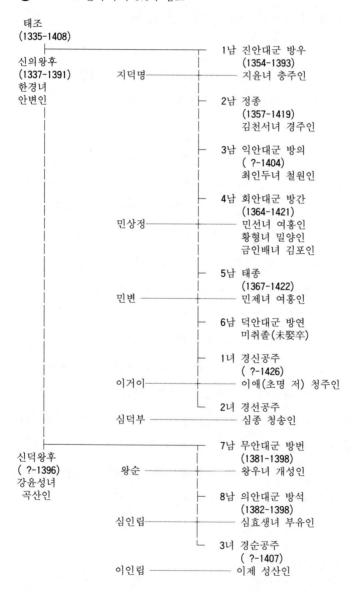

태조
(1335-1408)

신의왕후
(1337-1391)
한경녀
안변인

1남 진안대군 방우
(1354-1393)
지덕명————지윤녀 충주인

2남 정종
(1357-1419)
김천서녀 경주인

3남 익안대군 방의
(?-1404)
최인두녀 철원인

4남 회안대군 방간
(1364-1421)
민상정————민선녀 여흥인
황형녀 밀양인
금인배녀 김포인

5남 태종
(1367-1422)
민변 ————민제녀 여흥인

6남 덕안대군 방연
미취졸(未娶卒)

1녀 경신공주
(?-1426)
이거이————이애(초명 저) 청주인

2녀 경선공주
심덕부 ————————심종 청송인

신덕왕후
(?-1396)
강윤성녀
곡산인

7남 무안대군 방번
(1381-1398)
왕순 ————왕우녀 개성인

8남 의안대군 방석
(1382-1398)
심인립————심효생녀 부유인

3녀 경순공주
(?-1407)
이인립 ————————이제 성산인

조선 건국

태종은 어려서 길재, 원천석 등에게 사사하였다. 우왕 6년 (1380) 아버지 이성계李成桂가 운봉 황산 전투에서 왜구를 크게 무찌르며 신흥세력으로 부상하자, 두 살 위인 민제閔霽(1339~1408)의 딸 여흥민씨(1365~1420)와 혼인하여, 신흥사대부의 핵심세력인 민제의 사위가 된다. 이후 약관의 나이로 과거 급제를 하고 우현보禹玄寶(1333~1400)의 문인이 되면서 조선 건국을 주도하는 핵심세력이 되었다.

우왕 14년(1388) 이성계가 위화도회군을 통해 최영을 제거하고 창왕을 옹립하고는 정치적·군사적 실권을 잡았다.

그러나 공양왕 4년(1392)에 이성계가 해주에서 사냥하다가 말에서 떨어져 중상을 입자, 정몽주가 공양왕에게 상소하여 이성계를 제거하려 하자, 조영규 등으로 하여금 정몽주를 격살하게 함으로써 대세를 만회하였다.

같은 해 정도전 등과 공작하여 도평의사사로 하여금 이성계 추대를 결의하게 하고, 왕대비王大妃[공민왕비 안씨]를 강압하여 공양왕을 폐위하고 국새를 거둬들여 대비전에 두었다가 이성계에게 전해주는 절차를 거치고, 배극렴 등이 추대하여 이성계가 송경 수창궁에서 조선 제1대 왕으로 즉위하였다.

제1차 왕자의 난

조선이 개국되자, 25세인 이방원(1367~1422)은 정안군으로 책봉되었을 뿐, 신덕왕후 강씨, 정도전 등의 배척으로 군권과 개국공신 책록에서 제외되었다.

태조 1년(1392) 8월 세자책봉에서도 정도전 등이 의논하여 11세 밖에 안된 신덕왕후 강씨 소생인 막내아들 방석(1382~1398)을 세자로서 결정하였다. 첫째아들인 진안대군 방우(1354~1393)는 39세였다.

태조 5년(1396) 신덕왕후 강씨가 죽자 태종과 정도전의 갈등이 심화된다. 이러한 와중에 명 태조가 정도전은 나라의 화근이 될 것이라는 내용의 글을 보내자, 정도전은 병권을 장악하고 군사훈련을 강화하여 남은, 심효생 등과 함께 요동정벌의 계획을 세우고 대규모 군사훈련을 감행하였다. 이에 태종은 제1차 왕자의 난을 일으켜 정도전과 세자 방석을 위시하여 신덕왕후 강씨세력을 제거하였다. 그리고 주자성리학 이념에 따라 적장자 상속을 표방하여 정종으로 왕위를 계승하게 하였다.

제2차 왕자의 난

태조 4남 이방간은 1차 왕자의 난에 동생 이방원을 도와 정도전 일파를 제거한 공으로 정사공신 1등으로 책록되었고, 그뒤 개국공

신 1등에 추록되었다. 그러나 정종 2년(1400) 지중추부사 박포의
이간에 충동되어 제2차 왕자의 난을 일으켰으나 실패하면서 토산
兎山으로 유배되었다.

이 난을 계기로 하륜이 정안군을 세자로 세우기를 청하고, 정종
역시 적처인 정안왕후 김씨에게서 아들이 없고, 또 나라를 세우고
사직을 안정시킨 것이 정안군 이방원의 공적이라고 하여, 정안군
을 세자로 책립하여 군국의 중한 일을 맡게 하였다. 이에 사병을
혁파하고 도평의사사를 의정부로 고쳤다. 그리고 곧 정종 2년
(1400) 11월 13일 정종의 양위를 받아 조선 제3대 왕으로 즉위하
였다.

정몽주 추증

태종대에 이르면, 민제의 사위인 태종 자신이 표면적으로는 주
자성리학도로서, 그리고 권근·하륜 등의 주자성리학자의 지지를
받으면서, 그 이념으로 건국기반을 다지려 했던 까닭에 태조·정
종대와는 달리 주자성리학에 입각한 제도정비를 서두르게 되었다.
이를 위해 정몽주를 충신으로 추숭하고 두문동 72현 세력을 정계
에 등장시키면서 주자성리학에 입각한 개혁을 주도하여 간다. 이
를 위해서는 외척과 공신세력을 억눌러야 했다.

정몽주 초상, 보물 제1110-1호(국립경주박물관)

조사의의 난

태조는 태종이 정종에게서 왕위를 빼앗은 것을 미워하였다. 이를 간파한 신덕왕후 강씨의 족속인 안변부사 조사의가 태종 2년 (1402) 11월 신덕왕후와 왕세자 방석의 원수를 갚고, 태조에게 충성을 바친다는 구실로 태조가 함흥으로 선조 묘소에 참배 오는 것을 이용하여 반란을 일으켰다.

결국 조사의의 난은 아버지 태조와 아들 태종 간의 싸움이 되었다. 태종은 이를 진압하며 조사의를 죽이고 일부 개국공신들을 제거하였다. 이러한 과정에서 태조는 함흥으로 낙향해서 지내니 함흥차사의 고사가 유래하는 것도 이러한 갈등에서 비롯된 것이다.

이 반란의 결과로 태종을 반대하는 세력이 노출 제거됨으로써 오히려 태종의 입장은 유리하게 되었는데 명 성조成祖의 신속한 책봉은 더욱 태종의 입지를 굳건하게 해 주었다.

또한 태종은 아직도 마음을 풀지 않고 있는 태조를 설득하고, 태조도 대세를 되돌릴 수 없다고 생각해, 태종의 승습을 인정하고 한양 환도를 권하는 왕지를 전하자, 태종은 기다렸다는 듯 신도이궁조성도감을 설치하고 향교동에 이궁을 짓기 시작한다.

태종 5년(1405) 10월 19일 이궁이 완공되어 10월 20일 이궁에 입어하고, 10월 25일에 이궁의 이름을 창덕궁昌德宮이라 짓는다.

🏛 이거이 집안

【청주이씨 이거이를 중심으로】

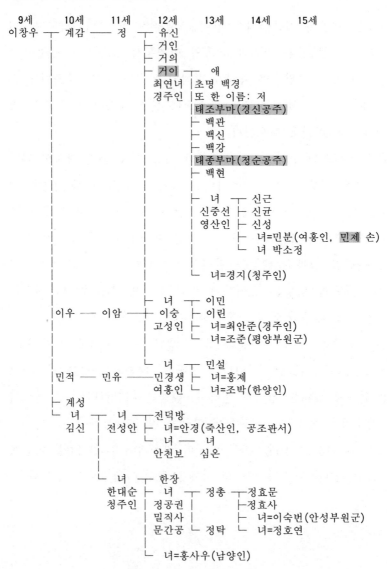

9세	10세	11세	12세	13세	14세	15세

이창우 ─ 계감 ── 정 ┬ 유신
├ 거인
├ 거의
├ 거이 ┬ 애
│ 최연녀 │ 초명 백경
│ 경주인 │ 또 한 이름: 저
│ │ 태조부마(경신공주)
│ ├ 백관
│ ├ 백신
│ ├ 백강
│ │ 태종부마(정순공주)
│ ├ 백현
│ │
│ ├ 녀 ┬ 신근
│ │ 신중선 ├ 신균
│ │ 영산인 ├ 신성
│ │ ├ 녀=민분(여흥인, 민제 손)
│ │ └ 녀 박소정
│ │
│ └ 녀=경지(청주인)
│
├ 녀 ┬ 이민
이우 ── 이암 ─┼ 이숭 ├ 이린
│ 고성인 ├ 녀=최안준(경주인)
│ └ 녀=조준(평양부원군)
│
└ 녀 ┬ 민설
민적 ── 민유 ──민경생 ├ 녀=홍제
│ 여흥인 └ 녀=조박(한양인)
├ 계성
└ 녀 ┬ 녀 ─전덕방
김신 │ 전성안 ├ 녀=안경(죽산인, 공조판서)
│ └ 녀 ── 녀
│ 안천보 심온
│
└ 녀 ┬ 한장
한대순 ├ 녀 ┬ 정총 ┬정효문
청주인 │ 정공권 │ ├정효사
│ 밀직사 │ ├ 녀=이숙번(안성부원군)
│ 문간공 └ 정탁 └ 녀=정호연
└ 녀=홍사우(남양인)

이거이 모반 사건

이거이의 첫째아들 이저는 태조 1녀 경신공주와 혼인하여 이거이는 태조와 사돈이 되었다. 그리고 네째아들 이백강(1381~ 1451)은 태종 1녀 정순공주(1385~1460)와 혼인하여 이거이는 태종과도 사돈이 되었다. 이렇게 태조와 사돈이며 태종과도 사돈이면서 태종의 1등공신인 이거이(1348~1412)가 태종 원년에 태종과 그의 왕자들을 제거하고 상왕[정종]을 다시 세우려는 모역을 했다는 사실을 들춰내어, 태종 4년 이거이와 조영무를 대질시켜 사실이 인정되자 이거이와 아들 이저를 진주로 귀양보냈다. 이저 동생인 이백강도 태종 부마이지만 폐하여 서인으로 삼아 외방에 살게 한다.

이거이는 정종 2년(1400) 정안공[태종]이 왕세자로 책립되어 군국의 일을 맡아 사병을 혁파하자 이를 원망하다가 유배갔다 다시 판문하부사로 복귀하였다. 그러나 태종 1년(1401)에 조영무에게 태종과 왕자들을 제거하고 상왕[정종]을 섬겨야 한다고 하였다. 그 당시는 이 일을 비밀로 하고 있다가 이때 이르러 반역죄로 유배가게 된 것이다.

이러한 갈등은 태조가 살아있는 상황에서 태종을 반대하는 세력은 상왕 복위를 명분으로 태조의 지지를 받아가며 태종을 몰아낼 수 있었기 때문에 일어나는 사건들이었다. 그러나 태종 8년(1408) 태조가 승하하니 이러한 세력은 기반을 잃게 된다.

🏯 여흥민씨 집안

【여흥민씨 민제를 중심으로】

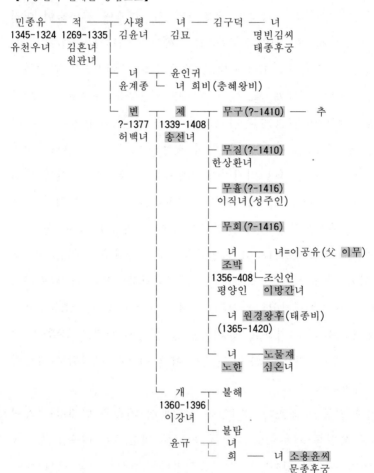

민종유 ── 적 ──┬─ 사평 ── 녀 ── 김구덕 ── 녀
1345-1324 1269-1335│ 김윤녀   김묘   명빈김씨
유천우녀   김혼녀 │   태종후궁
          원관녀 │
                  ├─ 녀 ──┬─ 윤인귀
                  │ 윤계종 └─ 녀 희비(충혜왕비)
                  │
                  └─ 변 ──┬─ 제 ──┬─ 무구(?-1410) ── 추
                    ?-1377 │1339-1408│
                    허백녀 │ 송선녀 │
                            │   ├─ 무질(?-1410)
                            │   │ 한상환녀
                            │   │
                            │   ├─ 무휼(?-1416)
                            │   │ 이직녀(성주인)
                            │   │
                            │   ├─ 무회(?-1416)
                            │   │
                            │   ├─ 녀 ──┬─ 녀=이공유(父 이무)
                            │   │ 조박 │
                            │   │1356-408└─조신언
                            │   │ 평양인 이방간녀
                            │   │
                            │   ├─ 녀 원경왕후(태종비)
                            │   │ (1365-1420)
                            │   │
                            │   └─ 녀 ── 노물재
                            │   노한   심온녀
                            │
                            └─ 개 ──┬─ 불해
                              1360-1396│
                              이강녀 │
                                      └─ 불탐
                              윤규 ──┬─ 녀
                                     └─ 희 ── 녀 소용윤씨
                                              문종후궁

민무구 옥

태종은 상왕인 정종과의 불편한 관계를 해소하고 개혁을 위한 과감한 정책을 펴나가게 되었다. 이러한 정책 중에 하나가 외척과 공신세력의 발호를 제거해가는 정책으로 나타났다.

태종 7년(1407) 대간이 종친 간에 이간을 꾀했다는 혐의로 민무구·민무질 등을 탄핵하니, 민무구는 여흥에, 민무질은 대구에 유배 보낸다. 그리고 태종 8년(1408) 장인인 민제가 죽자, 민무구를 풍해도 옹진진으로, 민무질을 강원도 삼척진으로 유배를 옮긴다.

다시 태종 9년(1409) 태종의 즉위를 도왔던 공으로 공신이 된 윤목·이빈·강사덕·조희민·유기·이무 등을 민무질과 내통하여 역모를 꾀하였다 하여 유배 보냈다가 처형하고, 민무구·민무질을 자진하게 하였다.

얼마 뒤 민무휼·민무회가 누이인 원경왕후가 병환으로 눕게 되자 문안차 입궐하였다가, 세자인 양녕대군에게 두 형 죽음의 억울함을 호소한 것이 정가에 전파되어 국문을 받은 뒤 먼 곳으로 유배되었다. 그뒤 태종 16년(1416) 정부의 강력한 주청으로 민무휼·민무회 형제도 사사되었다.

민무휼 옥사가 처리되자 태종은 하륜과 이숙번으로 대표되는 공신들을 제거한다. 하륜은 태종 16년 5월 25일에 자리에서 물러나 11월 6일 정평定平에서 객사한다. 이숙번도 6월 4일에 농장으로 내려가 살게 하였다.

● **태종** ※ 본서 부록 316쪽 참조

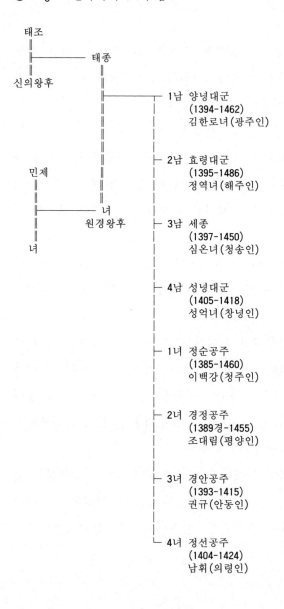

태조
ǁ
신의왕후 ── 태종
                1남 양녕대군
                    (1394-1462)
                    김한로녀(광주인)

                2남 효령대군
                    (1395-1486)
민제   정역녀(해주인)
                녀
            원경왕후 3남 세종
                    (1397-1450)
녀   심온녀(청송인)

                4남 성녕대군
                    (1405-1418)
                    성억녀(창녕인)

                1녀 정순공주
                    (1385-1460)
                    이백강(청주인)

                2녀 경정공주
                    (1389경-1455)
                    조대림(평양인)

                3녀 경안공주
                    (1393-1415)
                    권규(안동인)

                4녀 정선공주
                    (1404-1424)
                    남휘(의령인)

폐세자

태종의 개혁은 명나라 제도를 피상적으로 모방한 것이기 때문에 사회에 뿌리를 내려 정착하지 못하였다. 이를 반영하듯 종법에 따라 적장자인 양녕대군이 왕세자로 왕위를 계승하지 못하고, 종법에 어긋나게 셋째아들인 충녕대군이 왕위를 계승하였다.

태종 4년(1408) 8월 첫째아들인 양녕대군을 세자로 책봉하였다가, 중추부사 곽정의 첩 어리를 간통한 사건으로 태종 17년 양녕대군을 폐하여 도성 밖으로 내쫓은 뒤, 태종은 종법에 따라 양녕대군의 두 아들 중 하나를 왕세손으로 정하려 하였다.

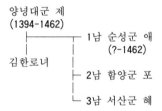

양녕대군 제
(1394-1462)
├──────┬─ 1남 순성군 애
│   │   (?-1462)
김한로녀 │
        ├─ 2남 함양군 포
        │
        └─ 3남 서산군 혜

그러나 대신들이 세자를 현인賢人으로 세우는 것은 고금古今의 큰 원칙이고, 죄가 있으면 마땅히 폐하는 것은 오직 국가의 항규恒規이므로, 똑같이 다룰 수 없는 일이니, 이치에 맞도록 해야 한다고 반대하니, 현인을 택하기로 하고 셋째아들인 충녕대군을 세자로 정하였다. 그리고 양녕대군을 폐하는 것을 끝까지 반대하는 황희를 유배보내고 세종을 세자로 책봉하여 왕위를 물려준다.

청송심씨 집안

【청송심씨 심온을 중심으로】

```
심덕부 ┬ 인봉 ── 호 ┬ 숙
송유충녀│ 신아녀 이백관녀└ 원
청주인 │ 평산인  청주인
문필대녀│
인천인 ├ 징 ── 석준 ── 선 ┬ 안인……6대손……지원 ── 익현
      │송의번녀 군위나씨 초계정씨│ 윤평녀              숙명공주
      │ 여산인              │ 파평인              효종3녀
      │                  ├ 안의
      │                  │정안옹주 세종 서2녀
      │                  │ 전주인
      │                  └ 녀
      │              계양군 ── 영원군 이례
      ├ 온 ┬ 준  세종서2남 전주인
      │안천보녀│민무휼녀
      │ 순흥인 │ 여흥인
      │      │
      │      ├ 회 ┬ 린 ── 순로 ── 녀
      │      │김연지녀│이효림녀 수춘군녀 영산군 이전
      │      │ 원주인 │ 경주인  이현    성종 서12남
      │      │      │ 이길녀 세종서6남
      │      │      │ 청주인
      │      │      │
      │      │      └ 원 ┬ 순도
      │      │      이의구녀├ 순경(출)
      │      │      전주인 └ 순문 ── 연원 ── 강 ── 女
      │      │          신영석녀 김당녀 이대녀 명종비
      │      │                            인순왕후
      │      ├ 녀 소헌왕후 세종비
      │      ├ 녀=강석덕(진주인)
      │      ├ 녀=노물재(교하인)
      │      ├ 녀=유자해(진주인)
      │      ├ 녀=이숭지(전의인)
      │      ├ 녀=박거소(순천인)
      │      │
      ├ 종 ── 녀 ── 이추 ── 이원수 ── 이이
      │경선궁주 이명신        신명화녀  이명신 6대손
      │태조2녀  덕수인        신사임당
      │
      └ 정 ┬ 견
        왕우녀└ 말동 ── 녀 ┬ 이성군 이관
        개성인    숙용심씨├ 영산군 이전
        정양부원군 성종후궁├ 경순옹주
                    └ 숙혜옹주
```

심온의 옥사

태종은 선위하면서 군국대사는 자신이 직접 처결하겠다고 했다. 군권은 내놓지 않겠다는 말이다. 그래서 병조의 모든 일은 자신에게 직접 보고하도록 하였다. 그런데 강상인이 군국대사를 세종에게만 보고하고 태종에게 보고하는 것을 소홀히 한다. 이에 강상인을 심문하여 동지총제 심정을 끌어들이고, 영의정 심온이 그 수모首謀라는 거짓 자백을 받아낸다.

태종은 이 사건을 종결하면서 강상인은 사지를 찢어 죽이고 박습朴習, 이관李灌, 심정은 참수한다. 그리고 사은사로 갔다가 귀국하는 심온을 잡아들여 자진케 한다.

이로써 세종은 외척과 공신세력에 시달리지 않고 집현전을 통하여 신세력을 길러 주자성리학에 입각한 개혁을 주도하여 갈 수 있었다.

🎩 심온沈溫

심온의 아버지 심덕부沈德符(1328~1401)는 개국공신으로 태조 2년(1393)에 위화도 회군공신 1등에 추록되었으며 청성백靑城伯에 봉해졌다. 정종 원년에는 의정부 좌정승에 제수되었다.

심온의 첫째형 심인봉沈仁鳳은 자헌대부 좌군도총제左軍都摠制를 지냈다. 심온의 넷째 형은 심징沈澄이다. 심징의 증손자인 심안의沈安義가 세종 서1녀 정안옹주貞安翁主와 혼인하여 세종부마가 되었다.

심온의 첫째동생 심종沈淙은 태조 2녀 경선궁주慶善宮主와 혼인하여 청원군靑原君에 봉해졌다. 심종은 제2차 왕자의 난에서 방간 편을 들다가 유배되었다. 슬하의 외동딸은 이명신李明晨과 혼인하였는데, 이명신은 율곡 이이李珥의 6대조이다.

심온의 둘째동생은 심정沈泟(?~1418)이다. 심정은 동지총제同知摠制로 강상인姜尙仁의 옥에 연루되어 세종 즉위년(1418) 11월 26일 박습, 이관 등과 함께 참수斬首를 당하였다.

정양부원군 왕우王瑀의 딸인 개성왕씨開城王氏와 혼인하여, 태조 7남 무안대군撫安大君 이방번과는 동서간이다. 아들 심말동沈末同은 성종 후궁 숙용심씨淑容沈氏의 아버지가 되었고, 숙용심씨는 성종 서8남 이성군利城君 이관李慣, 서12남 영산군寧山君 이전李恮, 서4녀 경순옹주慶順翁主, 서7녀 숙혜옹주淑惠翁主를 낳았다.

심온의 부인은 안천보安天保의 딸인 순흥안씨順興安氏이다. 슬하에 적실에서 3남 6녀를 두었다.

심온 1남 심준沈濬(?~1448)은 민무휼閔無恤의 딸 여흥민씨와 혼인하였다. 민무휼은 태종비 원경왕후와 남매지간이므로 심준은 원경왕후의 조카사위가 된다.

2남 심회沈澮(1418~1493)는 성종 2년(1471) 좌리공신 2등에 올랐고, 대광보국숭록대부 의정부 영의정 청송부원군에 봉해졌다. 심회의 손자인 심순로沈順路는 성종 서12남 영산군寧山君 이전李恮의 장인이 되며, 세종 서6남 혜빈양씨 소생인 수춘군壽春君 이현李玹의 딸 전주이씨全州李氏와 혼인하였다. 심순로와 사촌인 심순문沈順門 (1465~1504)의 후손에서 명종비 인순왕후仁順王后 심씨沈氏가 나온다.

심온의 외손들이 중종반정을 주도한다.

【청송심씨 심온의 사위와 외손을 중심으로】

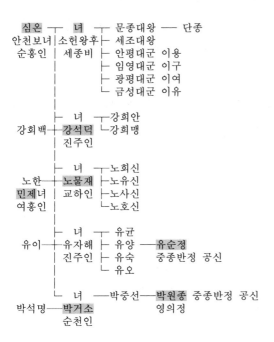

1녀는 세종비 소헌왕후昭憲王后 심씨沈氏이다. 2녀는 진주인 강석덕姜碩德(1395~1459)과 혼인하였다. 강석덕의 아들이 강희안姜希顔(1417~1465), 강희맹姜希孟(1424~1483)이다. 이들은 세종의 이질姨姪[이종 조카]이다.

3녀는 교하인 노물재盧物載(1396~1446)와 혼인하였다. 노물재는 좌상左相 노한盧閈(1376~1443)의 아들이며 태종 국구國舅인 민제閔霽(1339~1408)의 외손자이다. 슬하에 노사신盧思愼(1427~1498), 노호신盧好愼 등이 모두 세종의 이질姨姪이 된다. 노사신은 세조 11년(1465) 호조판서에 제수되었고, 연산군 1년(1495) 영의정에 올랐고, 4년에 졸하였다.

4녀는 진주인 유자해柳子偕와 혼인하였다. 손자가 되는 유순정柳順汀(1459~1521)은 김종직金宗直의 문인으로 박원종과 함께 중종반정을 주도적으로 이끌어 공신이 된 인물이다.

6녀는 박석명朴錫命의 아들 순천인 박거소朴去疎와 혼인하였다. 박거소의 아들이 박중선朴仲善(1435~1481)이고 그 손자가 박원종朴元宗(1467~1510)이다. 박중선은 이시애李施愛 난을 토벌한 공으로 적개공신敵愾功臣 1등이 되었고, 박원종은 유순정 등과 함께 중종반정 공신이 되었고, 영의정에까지 올랐다.

집현전 설치와 의정부 서사제

세종은 집현전을 설치하고 사가독서제를 시행해가며 왕도정치를 시행해 갈 인재를 양성한다. 이러한 집현전의 인재를 바탕으로 세종 10년(1428)부터 성리학 이념에 합당하게 모든 문물제도를 정리해간다.

이러한 주자성리학에 입각한 개혁은 당연히 왕도정치를 추구하는 양상으로 나타났다. 따라서 정치제도에서는 왕도정치를 실현하기 위하여 왕을 성인으로 만들어가는 정치제도가 발달하게 되는데, 이는 왕에게 성인 공부를 시키는 경연의 정착으로 나타났다. 그리고 왕의 경연과 왕세자의 서연을 전담하는 집현전의 설치와 집현전의 언관화로 나타났다. 세종 18년(1436)에는 육조직계제를 현인 재상이 정무를 처결하는 의정부 서사제로 바꾸었다. 세종 19년(1437)에는 세자에게 정무를 대리하게 한다.

문종은 세종 19년에 세자로서 세사細事를 처리하기 시작하여, 세종 24년(1442)에는 동궁에 첨사원을 설치하고 세종 27년(1445)부터 5년간 대리청정을 하였다. 세종이 승하하자 왕위에 오르고, 아버지인 세종의 죽음을 너무 슬퍼하다가 병을 얻어 재위 2년만에 승하한다. 문종이 승하하자 종법에 따라 적장자인 단종이 어린나이임에도 불구하고 왕위를 계승하게 된다. 또 이를 보좌하는 신하도 세종이 집현전에서 길러논 주자성리학자인 사육신·생육신 학자들이었다.

2장 세조찬탈과 왕실 친인척

문종이 재위 2년 3개월만인 문종 2년(1452) 5월 14일 경복궁 강녕전에서 39세로 승하하고, 12세의 어린 단종(1441~1457)이 조선 제6대 왕으로 등극하자, 왕실과 조정은 어린 임금을 보호하려는 세력과 어린 임금을 몰아내고 왕위를 찬탈하려는 세력으로 나뉘게 된다.

왕실에서는 단종을 보호하려는 세종 3남인 안평대군 세력과 단종을 죽이고 왕위를 찬탈하려는 세종 2남인 수양대군 세력으로 나뉜다.

조정에서는 문종의 유명遺命에 따라 단종을 보호하려는 영의정 황보인皇甫仁과 좌의정 남지南智, 우의정 김종서金宗瑞 등과 왕위를 찬탈하려는 한명회, 권람 등으로 나뉘었다.

왕실 친인척으로 단종을 보호하려는 세력은 태조 이복동생 의안대군 이화 집안과 세종 6남 금성대군, 세종 후궁 영빈강씨, 혜빈양씨 집안, 안평대군 처가인 연일정씨, 문종비 현덕왕후 집안인 안동권씨 등이었다.

찬탈세력은 세종 4남 임영대군, 세종 8남 영응대군과 세종 후궁 신빈김씨 집안, 수양대군 처가인 파평윤씨 등이었다.

● 세종 ※ 본서 부록 317쪽 참조

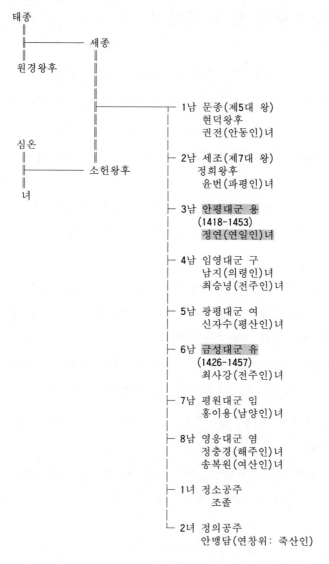

태종
‖
│──────── 세종
원경왕후 ‖
‖
‖
‖
‖──────── 1남 문종(제5대 왕)
‖   현덕왕후
‖   권전(안동인)녀
‖
심온 ‖   2남 세조(제7대 왕)
‖   정희왕후
│──────── 소헌왕후 윤번(파평인)녀
‖
녀   3남 안평대군 용
           (1418-1453)
           정연(연일인)녀

           4남 임영대군 구
              남지(의령인)녀
              최승녕(전주인)녀

           5남 광평대군 여
              신자수(평산인)녀

           6남 금성대군 유
           (1426-1457)
              최사강(전주인)녀

           7남 평원대군 임
              홍이용(남양인)녀

           8남 영응대군 염
              정충경(해주인)녀
              송복원(여산인)녀

           1녀 정소공주
                 조졸

           2녀 정의공주
              안맹담(연창위: 죽산인)

계유정난

당시에 안평대군 휘하의 인물로 계유정난에 죽는 사람들이 병권의 주요 요직을 차지하고 있었다. 이양李穰은 도체찰사, 민신閔伸은 이조판서, 조극관趙克寬은 병조판서, 조순생趙順生은 사복제조司僕提調, 정효강鄭孝康은 병조지사兵曹知事, 윤처공은 군기판사軍器判事, 조번은 군기녹사軍器錄事, 이징옥李澄玉은 함길도 도절제사都節制使로, 정이한鄭而漢은 평안도 관찰사로 있었다.

이러한 가운데 단종 1년(1453) 10월 2일 수양대군의 반역 음모가 누설되고 황보인, 김종서가 이에 대한 대책논의를 하자, 다급해진 수양대군은 10월 10일 밤 수양대군의 주도하에 권람·홍윤성·한명회 등을 심복으로 삼고, 유서柳漵, 양정楊汀, 임어을운林於乙云 3인만을 거느리고, 가장 먼저 군사 외교 등 국사의 전권을 담당하고 있던 우의정 김종서를 찾아가 살해하였다.

이렇게 김종서를 먼저 죽이고 기다리고 있던 자기 수하들을 데리고 시좌소時坐所로 달려가 입직 승지 최항을 불러 대신들을 주살한다.

바로 영의정 황보인, 병조판서 조극관, 우찬성 이양 등 조정 중신들의 살생부를 만들어 대궐에 불러다 죽인다.

수양대군의 정권 장악

수양대군은 계유정난 이후 이징옥의 난을 진압하고는 중외병마 도총사가 되어 병권까지 장악하였다. 그리고 정인지·권람·한명회·양정 등 43인〔수양대군 포함〕을 정난공신으로 책봉하였다.

수양대군은 세종의 막대한 재산을 물려받은 영응대군을 자기 편으로 끌어들이기 위해, 단종 1년(1453) 영응대군의 부인인 정충경의 딸 해주정씨를 폐출하고, 송현수의 누이 여산송씨를 다시 부인으로 맞아들인다는 전지를 내리게 한다.

그리고 단종 2년 송현수, 김사우, 권완의 딸들을 왕비 후보로 뽑아 그중 송현수의 딸을 왕비로 책봉한다. 이들 세 사람이 모두 수양대군의 심복들이었다. 수양대군은 이렇게 왕실 내부를 완전 장악하려 들었던 것이다.

그리고 단종 2년(1454) 3월 9일에는 수양대군이 국가 통치의 전권을 장악했음을 표방하기 위해 분충 장의 광국 보조 정책 정난 공신 奮忠杖義匡國輔祚定策靖難功臣 수양대군首陽大君 영의정부사領議政府事 영집현전領集賢殿 경연 예문 춘추관 서운관사經筵藝文春秋館書雲觀事 겸 판이병조사兼判吏兵曹事 중외 병마 도통사中外兵馬都統使라는 긴 위호位號를 어린 임금으로 하여금 내리게 한다.

세조 찬탈

수양대군은 어린 단종을 방종하게 만들기 위해 활쏘기와 사냥 잔치로 유인해내어 경연을 자주 중지하게 만든다.

그리고 단종 2년(1454) 유배가 있는 안평대군의 장자 이우직과 김종서, 민신 등 세조 찬탈에 반대한 인물들의 아들들과 정분·정효강 등을 모두 제거한다. 단종 3년(1455) 3월 19일 환관 엄자치 등이 국정에 간여했다고 하여, 엄자치는 고신을 거두고 공신 훈적을 박탈하여 가산을 몰수하며 나머지 환관들도 모두 가산을 몰수하고 변방에 관노로 보낸다. 3월 21일에는 금성대군과 혜빈양씨 및 화의군 이영과 단종 매부인 영양위 정종 및 상궁 박씨가 교결하여 수양대군을 죽이려 모의했다는 말을 지어내어, 단종을 보호하고 있던 혜빈양씨, 상궁 박씨, 금성대군, 한남군 등을 반란 도모 혐의로 모두 귀양보낸다.

이렇게 왕실내 단종 보호 세력을 모두 제거한 후 수양대군은 단종에게 선위하는 형식을 빌어 왕위를 찬탈한다. 그리고 본국 출신으로 칙사로 와 있던 명나라 환관인 고보와 정통에게 양위를 알린다.

세조는 즉위 후 예문대제학 신숙주를 주문사로, 이조참판 권람을 사은사로 삼아 한꺼번에 명에 보내어 국왕의 책봉을 청하였다. 그리고 혜빈양씨, 자개, 조유례 등 16명의 단종 측근 보호 세력들을 일시에 목매어 죽이고 집과 재산을 모두 몰수해 버린다.

사육신의 단종복위운동

성삼문·박팽년 등은 단종 3년(1455) 윤6월에 단종을 몰아내고 세조가 왕위를 찬탈하자, 동조자를 규합하여 단종을 다시 왕위에 앉힐 것을 결의하고 그 기회를 살피고 있었다. 이들은 찬탈 1년만인 세조 2년(1456) 6월 본국으로 떠나는 명나라 사신使臣의 환송연에서 성삼문의 아버지 성승成勝과 유응부가 국왕 양쪽으로 칼을 들고 지켜서는 운검雲劍이 되는 것을 기화로 세조[수양대군] 일파를 처치하기로 결정하였으나, 운검을 들이지 말라고 하여 계획은 좌절되었다. 이들의 계획이 일단 좌절되자 같은 동지이며 집현전 출신인 김질 등은 뒷일이 두려워 세조에게 단종복위음모의 전모를 밀고하여 세조는 연루자를 모두 잡아들여 스스로 이들을 문초하였다. 성삼문은 시뻘겋게 달군 쇠로 다리를 꿰고 팔을 잘라내는 잔학한 고문에도 굴하지 않고 세조를 '전하'라 하지 않고 '나리'라 불러 왕으로 대하지 않았으며, 나머지 사람들도 진상을 자백하면 용서한다는 말을 거부하고 형벌을 당했다. 성삼문·박팽년·유응부·이개는 작형灼刑[단근질]으로 처형당하였고, 하위지는 참살당하였으며, 유성원은 잡히기 전에 자기 집에서 아내와 함께 자살하였다.

사육신 외에도 김문기金文起·권자신權自愼 등 70여 명이 모반 혐의로 화를 면치 못하였다.

세조는 단종복위운동의 주도 인물들이 바로 집현전 출신이기 때문에 집현전을 폐지하고 경연을 정지시켰다.

또한 만일의 사태에 대비하여 금성대군·화의군·한남군 등의

동태를 주시하게 하는 한편 상왕〔단종〕을 창덕궁에서 사가私家인 금
성대군 저택에 유폐시킨다.

단종 사사

세조 3년(1457) 1월 명나라에서는 상황上皇 영종英宗이 복위되고
현 황제 경제景帝를 폐위해 서궁에 유폐시키는데 경제가 곧 승하하
는 사건이 발생한다. 이에 위기감을 느낀 세조 측근의 정인지·신
숙주 등이 상왕 단종을 모해할 꾀를 내어 6월 21일에는 상왕의 장
인인 송현수와 권완이 상왕을 복위시키려는 역모를 꾸몄다는 무옥
을 일으켜 그날로 상왕을 노산군으로 강등해 강원도 영월로 유배
시킨다. 그리고 상왕의 모후이며 세조에게는 형수가 되는 문종비
현덕왕후 권씨를 추폐하여 서인庶人으로 하고 그 능인 소릉을 파헤
쳐 관곽을 해변 모래사장에 내다 버렸다.

그리고 금성대군 이유가 유배지인 순흥에서 순흥부사 이보흠과
함께 상왕을 복위하려는 반란을 꾀한다는 사건이 일어나자, 금성
대군과 송현수를 비롯하여 단종까지도 죽게 하였다.

▌단종을 보호하려는 세력

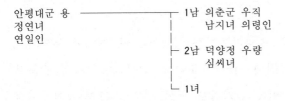 안평대군安平大君

```
안평대군 용 ─────────────┬ 1남 의춘군 우직
정연녀                   │      남지녀 의령인
연일인                   │
                        ├ 2남 덕양정 우량
                        │      심씨녀
                        │
                        └ 1녀
```

【창녕성씨 성억을 중심으로】

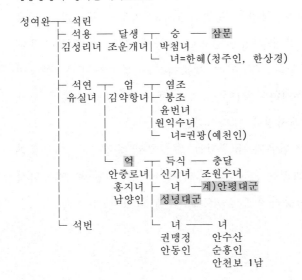

```
성여완┬ 석린
     ├ 석용 ── 달생 ┬ 승 ── 삼문
     │김성리녀 조운개녀│ 박첨녀
     │               └ 녀=한혜(청주인, 한상경)
     │
     ├ 석연 ┬ 엄 ┬ 염조
     │ 유실녀│김약항녀├ 봉조
     │      │      │ 윤번녀
     │      │      │원익수녀
     │      │      └ 녀=권광(예천인)
     │      │
     │      └ 억 ┬ 득식 ── 충달
     │      안중로녀│ 신기녀  조원수녀
     │      홍지녀 ├ 녀 ─계)안평대군
     │      남양인 │ 성녕대군
     │      │
     └ 석번          └ 녀 ── 녀
                   권맹정   안수산
                   안동인   순흥인
                          안천보 1남
```

안평대군이 성억의 사위 성녕대군의 양자가 되어 안평대군과 성
삼문은 내외종 8촌간으로 어려서부터 함께 자랐으며, 안평대군은
여러 집현전 학자들과 함께 호를 나눠 쓸 정도로 친밀했다.

왕실에서는 세종의 셋째아들인 안평대군安平大君(1418~1453)과 여섯째아들인 금성대군錦城大君(1426~1457)이 단종을 보호하는 중심 세력이 되었다.

안평대군의 호는 비해당匪懈堂 매죽헌梅竹軒이다.

세종 즉위년(1418)에 태어나 세종 10년(1428) 안평대군에 봉해지고, 다음해 정연鄭淵의 딸 연일정씨와 혼인하였다. 함경도에 육진六鎭이 신설되자 북변 경계임무를 맡아 야인들을 토벌하였다. 단종 1년(1453) 계유정난으로 황보인·김종서 등이 살해된 뒤 강화도에 유배되었다가 교동에서 사사賜死되었다. 시문·서·화·가야금에 모두 능하여 삼절三絶이라 칭해졌고, 식견과 도량이 넓어 당대인의 명망을 받았다. 영조 때 복호復號되어 장소章昭라는 시호가 내려졌다.

몽유도원도(일본, 천리대 소장)
안평대군이 무릉도원을 방문하는 꿈을 꾸고 그 내용을 안견에게 하였다.

병조판서兵曹判書 증증贈 좌의정左議政 정연鄭淵(1389~1444)의 딸인 연일정씨延日鄭氏(?~1453)와 혼인하여 슬하에 2남 1녀를 두었다.

1남은 의춘군宜春君 이우직李友直(?~1454)이다. 의성군宜城君 남지南智의 둘째딸 의령남씨宜寧南氏와 혼인하였다. 남지는 조선 개국 1등 공신 충경공忠景公 남재南在(1351~1419)의 손자이다.

2남은 덕양정德陽正 이우량李友諒(?~1452)이다.

1녀에 대한 기록은 영릉 지문에만 나타난다.

안평대군의 몽유도원도 발문

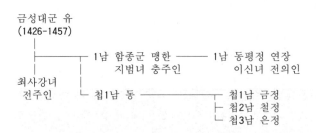

금성대군錦城大君

```
금성대군 유
(1426-1457)
    │
    ├──────┬─ 1남 함종군 맹한 ─────── 1남 동평정 연장
    │      │     지범녀 충주인          이신녀 전의인
최사강녀   │
전주인     └─ 첩1남 동 ──────────┬─ 첩1남 금정
                                 ├─ 첩2남 철정
                                 └─ 첩3남 은정
```

금성대군錦城大君 위리안치지圍籬安置址
경상북도 영주시 순흥면

금성대군은 세종 6남으로 소헌왕후 심씨 소생이다. 세종 19년
(1437) 태조 8남 의안대군宜安大君 방석芳碩의 후사로 출계出繼하였
다. 그러나 세조 3년 금성대군이 단종복위운동을 주동했다 하여
사사되자 밀성군密城君 이침李琛의 아들 춘성정春城正으로 대신하였
다.

부인은 좌찬성左贊成 최사강崔士康의 딸 전주최씨이다. 슬하에 적
실에서 1남, 측실에서 1남을 두었다.

1남은 증 함종군贈咸從君 이맹한李孟漢이다. 지범池範의 딸 충주지씨
忠州池氏와 혼인하였다. 측실 1남은 이동李銅이다.

금성대군은 세종 8년(1426) 3월 28일에 태어나, 8세인 세종 15
년(1433) 금성대군에 봉해졌다.

단종 1년(1453) 수양대군이 정권 탈취의 야심을 가지고 왕의 보
필 대신인 김종서金宗瑞 등을 제거하자, 형의 행위를 반대하고 조카
를 보호하기로 결심하였다.

단종 3년(1455) 삭녕朔寧에 유배되었다가 이어 광주廣州에 이배되
었다. 세조 2년(1456) 단종은 노산군魯山君으로 강봉되어 강원도 영
월로 유배될 때, 삭녕에서 다시 경상도 순흥으로 유배지가 옮겨졌
다. 순흥에 안치된 뒤 부사 이보흠李甫欽(?~1457)과 함께 모의하여
고을 군사와 향리를 모으고 도내의 사족士族들에게 격문을 돌려서
의병을 일으켜 단종복위를 계획하였다. 그러나 거사하기 전에 관
노의 고발로 실패로 돌아가 반역죄로 처형당하였다.

세종의 여러 아들 중에서 다른 대군들은 세조의 편에 가담하여
현실의 권세를 누렸으나, 홀로 성품이 강직하고 충성심이 많아 위

로는 아버지 되는 세종과 맏형인 문종의 뜻을 받들어 두 분이 사랑하던 손자이고 아들이며 자신의 조카되는 어린 단종을 끝까지 보호하려 하다가 비참한 최후를 마치고 말았다.

세조 3년(1457) 11월 18일 금성대군 자손들이 종친록에서 삭제되고 부록附錄에 기록되었다.

성종 5년(1474) 11월 29일 아들 이맹한李孟漢이 청주淸州에 안치되어 있었는데, 이제 장성하였다 하여 충훈부에서 멀리 귀양보내기를 청하였다. 그러나 윤허하지 않았다.

중종 13년(1518) 2월 21일 임금께서 주강에 나아간 자리에서 시강관 김정국金正國(1485~1541)이 금성대군의 자손이 모두 천인賤人이 되었는데, 이를 빨리 천역賤役에서 면하게 해 주기를 청하였고, 검토관 기준奇遵은 금성대군의 자손에게 너그러운 은혜를 베풀어 전일의 허물을 씻어 줄 것을 청하였다.

8월 8일 사간원에서 금성대군 자손의 일에 대하여 아뢰었다. 그래서 드디어 천역賤役을 면하게 되었고, 예조에 명하여 포목·곡식·전결田結, 노비를 주어 생업을 꾸리게 해 주었다.

9월 28일 예조에서 금성대군의 서손인 "금정·철정·은정銀丁에 대하여 『선원록璿源錄』에 올리는 문제를 아뢰었는데, 임금께서 '연정連丁의 전례前例에 의하여 처리하도록 하게 하였다. 아마도 이 당시 금성대군의 자손들이 『선원록』에 오른 듯하다.

숙종 24년(1698) 10월 24일 임금께서 비망기를 내려 노산군魯山君의 왕호를 추복追復하였고, 11월 6일 노산군의 시호를 추상追上하여 '순정 안장 경순 대왕純定安莊景順大王'이라 하였고, 묘호廟號는 '단종端宗', 능호陵號는 '장릉莊陵'이라 하였다.

금성대군은 숙종 연간에 관작이 복구되었으며, 영조 15년(1739) 5월 13일 '정민貞愍'이라는 시호諡號가 내려졌다.

영조 41년(1765) 2월 14일 금성대군의 혈손血孫으로서 봉사奉祀하는 자로 하여금 안평대군과 함께 제사지내도록 해주었다.

정조 15년 2월 21일 장릉莊陵[단종 능]에 배식단配食壇을 세우고, 단종을 위해 충성을 바친 신하들에게 어정배식록御定配食錄을 편정할 적에 육종영六宗英의 한 사람으로 선정되었다.

영월의 창절사彰節祠, 순흥의 성인단成仁壇, 충북 청원의 죽계서원竹溪書院 등에 배향되었다.

의안대군 이화 집안

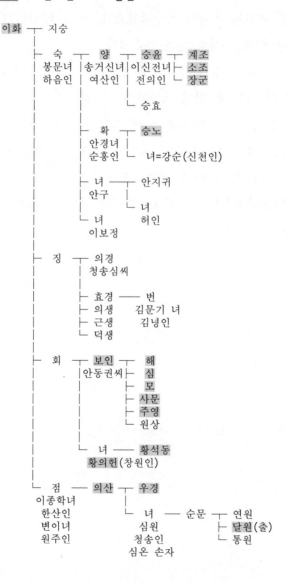

이화 ┬ 지숭
│
├ 숙 ┬ 양 ┬ 승윤 ┬ 계조
│ 봉문녀 │ 송거신녀 │ 이신전녀 ├ 소조
│ 하음인 │ 여산인 │ 전의인 └ 장군
│ │ │
│ │ └ 승효
│ │
│ ├ 확 ┬ 승노
│ │ 안경녀 │
│ │ 순흥인 └ 녀=강순(신천인)
│ │
│ ├ 녀 ┬ 안지귀
│ │ 안구 │
│ │ │
│ │ └ 녀
│ └ 녀 허인
│ 이보정
│
├ 징 ┬ 의경
│ │ 청송심씨
│ │
│ ├ 효경 ── 번
│ ├ 의생 김문기 녀
│ ├ 근생 김녕인
│ └ 덕생
│
├ 회 ┬ 보인 ┬ 해
│ │ 안동권씨 ├ 심
│ │ ├ 모
│ │ ├ 사문
│ │ ├ 주영
│ │ └ 원상
│ │
│ └ 녀 ── 황석동
│ 황의헌(창원인)
│
└ 점 ─ 의산 ┬ 우경
  이종학녀 │
  한산인 └ 녀 ── 순문 ┬ 연원
  변이녀 심원 ├ 달원(출)
  원주인 청송인 └ 통원
  심온 손자

태조의 이복동생이자 개국開國 정사定社 좌명佐命 공신인 의안대군 이화李和(1348~1408)의 손자 이양李穰(?~1453)을 비롯한 손자 증손자들이 이를 돕는 종친세력이 되었다.

이양은 문종 단종대 우찬성을 지냈는데 계유정난에 김종서와 함께 살해되었다. 정조 15년(1791) 단종을 위해 충성을 바친 신하들에게 어정배식록御定配食錄을 편정할 적에 육종영六宗英의 한 사람으로 선정되었다.

이양의 아들인 이승윤과 이승윤의 아들들인 이계조, 이소조, 이장군 모두가 정난에 연루되었고, 이양의 조카인 이승로도 정난에 연루되어 이들 모두가 죽음을 당했다. 또한 이양의 사촌동생인 이보인도 정난에 연루되었고, 이보인의 아들들인 이해·이심·이모·이사문·이주영도 연좌되어 죽었다.

이양과 이보인의 사촌동생 이의산은 정난에 연루되었고, 그의 아들 이우경도 연좌되어 죽었다.

황의헌黃義軒(?~1454)은 이양의 사촌 매제로 정난에 연루되었고, 그의 아들 황석동도 연좌되어 죽게 된다.

의안 대군 이화는 태조 이복동생으로 개국 1등 공신이었다. 태조 7년(1398) 제1차 왕자의 난에 태종 이방원을 도운 공으로 정사공신定社功臣 1등이 되었고, 정종 2년(1400) 제2차 왕자의 난에 다시 공을 세워 좌명공신佐命功臣 2등이 되었다. 개국 정사 좌명 공신이며 종친의 중요한 집안인데도 불구하고 계유정난으로 인해 가장

심한 참화를 입는 집안이 되었다.

🎩 이양李穰

이양(?~1453)의 할아버지는 태조의 이복동생인 의안대군義安大君 이화李和이다. 아버지는 좌명공신 완천군完川君 이숙李淑이며 어머니는 봉문奉文의 딸 하음봉씨이다. 여산부원군礪山府院君 좌명공신 송거신의 딸과 혼인하여 슬하에 2남을 두었다. 송거신은 원경왕후와는 6촌간이다.

무과출신으로서 세종 5년(1423) 호군護軍을 역임하고 세종 15년(1433) 옥구진병마사, 세종 21년(1439) 8월 5일 의주목사가 되었다.

그뒤 세종 23년(1441) 3월 27일 첨지중추원사 그해 9월 17일 경상좌도절제사를 거쳐, 세종 25년(1443) 9월 12일 중추원부사, 10월 4일 동지돈령부사를 역임하고 이듬해인 세종 26년 9월 4일에 충청도 수군도안무처치사가 되었다. 세종 28년 6월 6일 동지중추원사, 12월 2일 공조참판으로 승진하였다.

세종 29년(1447) 1월 25일 공조참판으로 있으면서 사은사가 되어 명나라에 갔다가 윤4월 15일 돌아왔다. 이후 6월 10일에 다시 동지중추원사에 임명되었다가 11월 1일 강계도절제사를 역임한 뒤 세종 32년(1450) 2월 17일 세종이 승하하자 2월 19일 수릉관이 되었다. 4월 6일 지중추원사, 7월 6일 지돈녕부사에 임명되었다가 문종 1년(1451) 10월 6일 판중추원사를 거쳐 10월 27일 의정부

우찬성이 되었다. 문종 2년(1452) 3월 28일 판병조사判兵曹事를 겸하게 하였다. 4월 14일에는 문종이 대궐문 밖에 거둥할 적에는 반드시 우찬성 이양으로 하여금 어가御駕를 뒤따르게 하라고 전지할 정도로 신임이 두터웠다.

단종 1년(1453) 2월 22일 평안도도체찰사에 임명되어 나갔다가 6월 22일 복명하였다.

그러나 그해 10월 수양대군首陽大君이 모신謀臣 권람權擥·한명회韓明澮 등과 함께 음모를 꾸며, 문종의 유명遺命을 받고 어린 단종을 보좌하던 우의정 김종서金宗瑞를 살해할 때 수양대군의 군사에 의해서 당시 영의정이던 황보인皇甫仁, 이조판서 조극관趙克寬 등과 함께 추살椎殺되었다. 또한 아들 이승윤과 이승효뿐만 아니라 사촌형제, 조카 등 의안대군 자손 16인이 이때 절의를 세우다 화를 당하였다. 또한 이양의 사촌 매제인 황의헌黃義軒도 계유정난에 연루되어 화를 입었다.

영조 23년(1747) 영의정 김재로金在魯의 건의에 의하여 김종서·황보인 등과 함께 복관되었다. 시호는 충민忠愍이다.

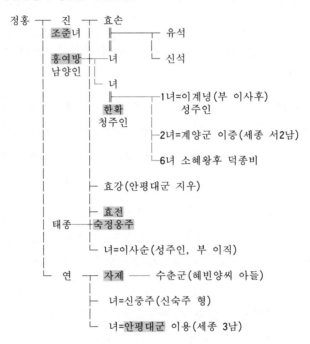

🏛 연일정씨 집안

【연일정씨 정진을 중심으로】

```
정홍 ┬ 진 ┬ 효손
     │ 조준녀 │  ╟──── ┬ 유석
     │      │         │
     │ 홍여방 ┼ 녀     └ 신석
     │ 남양인 ││
     │      │└ 녀
     │      │  ╟──── ┬ 1녀=이계녕(부 이사후)
     │      │  한확  │      성주인
     │      │  청주인 │
     │      │        ├ 2녀=계양군 이증(세종 서2남)
     │      │        │
     │      │        └ 6녀 소혜왕후 덕종비
     │      │
     │      ├ 효강(안평대군 지우)
     │      │
     │      │ 효전
     │ 태종 ─┼ 숙정옹주
     │      │
     │      └ 녀=이사순(성주인, 부 이직)
     │
     └ 연 ┬ 자제 ──── 수춘군(혜빈양씨 아들)
         │
         ├ 녀=신중주(신숙주 형)
         │
         └ 녀=안평대군 이용(세종 3남)
```

그리고 안평대군의 장인 정연 집안이자, 태종 부마 정효전鄭孝全 (?~1453)의 집안인 연일정씨가 단종을 보호하는 인척세력의 중심이 되었다. 정효전의 어머니는 개국공신 조준의 딸이다. 안평대군의 장인인 정연鄭淵은 정효전의 숙부이다.

정효전의 셋째형 정효강鄭孝康은 안평대군과 지우로 계유정난에 아들 정백지鄭白池와 더불어 죽임을 당했다.

정효전은 단종 1년(1453) 계유정난 때 김종서金宗瑞 등 중신이 살해되자 병을 핑계로 나가지 않다가 파직되었다. 단종 2년(1454) 3월 4일 정효전이 병으로 인하여 외방外方에 보석保釋되어 있었는데, 이때 이르러 죽었다. 의분을 참지 못하여 주먹으로 가슴을 치다가 피를 토하면서 죽었다.

단종 2년(1454) 4월 23일 그의 죄를 추론하여 부관참시剖棺斬屍하기에 이르렀다.

의금부에서 아뢰기를, "정효전은 도진무都鎭撫로서 집이 시좌소時座所의 위내圍內에 있었으나, 정난靖難하는 날에는 대궐에 나와 시위侍衛하지 않았으며, 또 다음날에도 병이라 핑계하고 집에 있었습니다. 그후 반인伴人 김유덕金有德은 그 난亂을 꾀함을 알고 장차 고변告變하고자 했으나, 알고도 아뢰지 않았으니 역적의 당이 명백합니다. 율律에 비추어 보건대, '모반謀叛'조條에 해당하니, 능지처사凌遲處死하고, 갑사甲士 강주명姜住明은 군사로서 정효전이 도진무일 때 법을 어겨 사통私通했고, 정난 후에 도진무를 파면한 때도 또한 자주 왕래했습니다. 『속병전續兵典』을 비추어 보건대, '중추원부사中樞院副使 이상의 사제私第에는 호군護軍·갑사甲士·별시위別侍衛 등 군사가 진퇴할 수가 없고 법을 범한 자는 고신告身을 거둔다'고 했으니, 율에 의하여 죄를 논하고, 당자는 수군水軍에 충원하소서"하니, 봉교奉敎하기를, "정효전은 이미 일찍이 죽었으니 관곽棺을 베고 재산을 적몰하며, 그 연좌된 정원석鄭元碩은 남해南海 관노官奴에 영속시키고, 정효손鄭孝孫·정효순鄭孝順·정유석鄭維碩·정신석鄭臣碩은 진도·거제도·남해도 등의 고을에 안치安置하고, 정석례鄭錫禮는 재산을 적몰하고 거제도에 안치하고, 강주명姜住明은 계문한 바에 의하여 시행하라"했다.『단종실록』권11. 2년 4월 23일

정효전의 숙부 정연은 우현보禹玄寶(1333~1400)의 손자인 공양왕의 부마 우성범禹成範의 사위이다. 정연은 세종 3남 안평대군의 장인이다. 또 권근의 손자이며 태종 부마 길창위吉昌尉 권규權跬의 아들인 권담權聃의 장인이다.

정연의 아들 정자제의 사위이며 혜빈양씨의 아들인 수춘군도 죽는다.

정연의 4대손에 송강 정철이 있다. 정철의 누이가 인종 후궁이 되고 계림군이 매부가 되어 을사사화를 당한다. 정철은 문정왕후가 죽고 선조가 즉위하면서 율곡과 함께 을사사화 신원을 주도하고 개혁을 실행해간다.

영빈강씨 집안

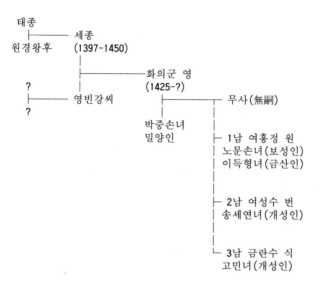

```
태종
├──── 세종
원경왕후  (1397-1450)
                │
      │    ┌──── 화의군 영
      │    │     (1425-?)
  ?   │    │        │      ┬── 무사(無嗣)
      │─── 영빈강씨 │        │
  ?   │    │     박중손녀    │
      │          밀양인     ├── 1남 여흥정 원
      │                    │   노문손녀(보성인)
      │                    │   이득형녀(금산인)
      │                    │
      │                    │
      │                    ├── 2남 여성수 번
      │                    │   송세연녀(개성인)
      │                    │
      │                    └── 3남 금란수 식
      │                        고민녀(개성인)
```

혜빈양씨 집안

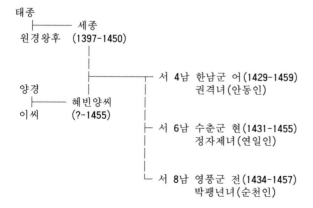

```
태종
├──── 세종
원경왕후  (1397-1450)
                │
                │        ┌── 서 4남 한남군 어(1429-1459)
                │        │   권격녀(안동인)
 양경           │        │
├──── 혜빈양씨   │        ├── 서 6남 수춘군 현(1431-1455)
이씨   (?-1455)  │        │   정자제녀(연일인)
                │        │
                │        └── 서 8남 영풍군 전(1434-1457)
                            박팽년녀(순천인)
```

세종 후궁 영빈강씨와 그 아들 화의군和義君 이영李瓔(1425~?)이 후원세력이 되었다.

화의군 이영은 박중손朴仲孫(1412~1466)의 딸 밀양박씨와 혼인하였다.

박중손은 집현전 박사·도승지를 지냈다. 계유정난 후 정난공신이 되었다. 세조대에 이조판서·대제학·의정부 좌참찬을 지냈다.

박중손 고조 할아버지 박사경의 사위는 계유정난에 죽는 윤처성尹處誠이고, 박중손의 사촌 누이가 사육신의 한 사람인 유성원의 형 유효원柳孝源과 혼인하는 것으로 보아, 화의군 이영도 세조찬탈 반대 세력과 깊은 연관이 있었다고 생각된다.

【밀양박씨 박중손을 중심으로】

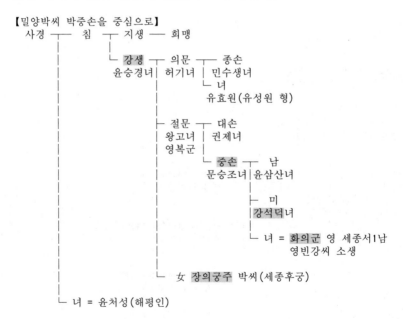

세종 후궁 혜빈양씨와 그 아들들이 후원세력이 되었다.

1남 한남군漢南君 이어李𤥽(1429~1459)는 정랑 권격權格의 첫째 딸 안동권씨安東權氏와 혼인하였다.

권격의 딸이 문종 후궁이 되었고, 혜빈양씨 사촌인 양자유와 혼인하였으니, 문종, 한남군, 혜빈양씨와는 깊은 관계를 가지고 있다.

【안동권씨 권격을 중심으로】

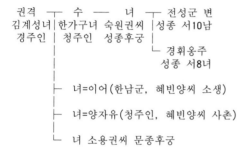

```
권격 ┬ 수 ── 녀 ┬ 전성군 변
김계성녀│한가구녀 숙원권씨 │성종 서10남
경주인 │ 청주인  성종후궁 │
       │                  └ 경휘옹주
       │                  성종 서8녀
       │
       ├ 녀=이어(한남군, 혜빈양씨 소생)
       │
       ├ 녀=양자유(청주인, 혜빈양씨 사촌)
       │
       └ 녀 소용권씨 문종후궁
```

2남 수춘군壽春君 이현李玹(1431~1455)은 정자제鄭自濟의 딸 연일정씨延日鄭氏와 혼인하였다.

정자제는 안평대군 장인 정연의 아들로 안평대군의 처남이 되니, 수춘군에게 안평대군은 처고모부가 된다.

3남 영풍군永豊君 이전李瑔(1434~1457)은 박팽년朴彭年의 딸 순천박씨順天朴氏와 혼인하였다. 박팽년은 사육신死六臣의 한 사람이다.

수춘군은 세조가 즉위하기 전에 죽어 단종복위에 연루되지 않았고, 한남군과 영풍군은 단종 복위에 연루되어 죽었다.

🏯 문종비 현덕왕후 집안

【안동권씨 권전을 중심으로】

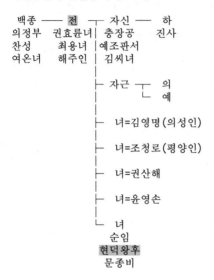

```
백종 ── 전 ┬─ 자신 ── 하
의정부  권효륜녀│ 충장공    진사
찬성     최용녀 │ 예조판서
여온녀    해주인 │ 김씨녀
                │
                ├─ 자근 ┬─ 의
                │       └─ 예
                │
                ├─ 녀=김영명(의성인)
                │
                ├─ 녀=조청로(평양인)
                │
                ├─ 녀=권산해
                │
                ├─ 녀=윤영손
                │
                └─ 녀
                   순임
                   현덕왕후
                   문종비
```

● 문종 ※ 본서 부록 318쪽 참조

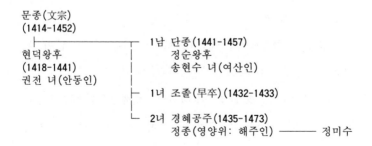

```
문종(文宗)
(1414-1452)
├──────────────┬─ 1남 단종(1441-1457)
현덕왕후        │      정순왕후
(1418-1441)    │      송현수 녀(여산인)
권전 녀(안동인) │
               ├─ 1녀 조졸(무卒)(1432-1433)
               │
               └─ 2녀 경혜공주(1435-1473)
                      정종(영양위: 해주인) ─── 정미수
```

그리고 문종 비 현덕왕후顯德王后(1418~1441) 집안인 안동권씨 친인척이 후원세력이 되었다.

현덕왕후는 화산부원군花山府院君 권전權專의 딸이다. 세종 13년(1431) 세자궁에 선임되어 승휘承徽에 오르고, 세종 15년경 양원良媛에 진봉되었으며, 세종 19년(1437) 종부시소윤 봉려奉礪의 딸 순빈純嬪이 부덕하여 폐빈된 뒤 세자빈이 되었다. 세종 23년(1441) 원손元孫[뒤의 단종]을 출생하고 3일 뒤에 죽었다. 같은해 현덕顯德이라는 시호를 받고, 경기도 안산군 치지고읍산治之古邑山에 예장되었다. 문종 즉위년(1450) 현덕왕후에 추숭追崇되고, 능호는 소릉昭陵이라고 각각 명명되었다.

단종 즉위년(1452) 문종과 합장되면서 현릉顯陵으로 개호되었으며, 단종 2년(1454) 문종의 신주와 함께 종묘에 봉안되었다. 그러나 세조 3년(1457) 현덕왕후의 어머니 아지阿只와 동생 권자신權自愼이 세조 2년(1456)에 단종의 복위를 도모하다가 복주되면서 아버지 권전이 추폐追廢되어 서인이 되었고, 아들 노산군魯山君이 종사에 득죄하여 군君으로 강봉降封되었는데, "그 어미 된 자가 왕후의 명호를 유지함은 마땅하지 않으니 추폐하여 서인으로 삼고 개장하여야 한다."는 의정부의 계啓에 따라 폐위되고, 종묘에서 신주가 철거되고, 평민의 예로 개장되었다. 성종 2년(1471) 남효온南孝溫이 추복追復을 건의하였고, 연산군 1년(1495) 대사간 김극뉴, 사간 이의무李宜茂, 헌납 김일손金馹孫 등이 현덕왕후의 추복을 헌의獻議하였으며, 중종 7년(1512) 주강晝講 석상에서 경연 검토관 소세양蘇世讓의 추복 건의가 있었으나 실현되지 못하였다. 이듬해 종묘에 벼락이 침을 계기로 재차 논의가 되면서 전교傳敎로 추복되어 현릉 동쪽에 천장遷葬되고, 신주가 종묘 문종실文宗室에 봉안되었다.

친가親家에도 숙종 25년(1699) 단종이 부묘祔廟되면서 신원되었다. 소생으로는 단종과 영양위寧陽尉 정종鄭悰에게 시집간 경혜공주 敬惠公主가 있다.

현덕왕후의 아버지는 권전이다. 첫째부인은 권효륜權孝倫의 딸로 슬하에 2녀를 두었다. 둘째부인은 최용崔鄘의 딸 해주최씨海州崔氏이다. 슬하에 2남 3녀를 두었다.

권전의 1남은 충장공忠莊公 권자신權自愼(?~1456)으로 사육신 옥에 순절하였다. 영조 45년(1769) 6월 26일 충장忠莊의 시호를 받고 정조 15년(1791) 2월 21일에 단종 장릉莊陵 배식단 정단에 올랐다.

2녀는 주부主簿를 지낸 평양인平壤人 조청로趙淸老와 혼인하였다. 조청로는 두문동 72현 중 한명인 조견趙狷(1351~1425)의 손자이다.

3녀는 권산해權山海와 혼인했는데 사육신 사건 때 성삼문 권자신 등이 옥에 갇히자 하늘을 우러러 눈물 흘리며 '이것이 진실로 하늘의 뜻인가' 하고 드디어 높은 집에서 뛰어내려 자살했다. 그후 죄가 관작을 삭탈하는 데 이르고 벌이 전가 사변全家徙邊하는 데 이르렀으며, 또 자손들은 1백 년 동안 금고禁錮 되었다가 정조 13년

(1789) 5월 7일 관직이 회복되었다.

4녀는 윤영손尹鈴孫(?~1456)과 혼인하였는데 윤영손은 사육신 사건 때 형조정랑으로 신숙주를 베기로 하였다가 일이 발각되어 순절했다.

5녀는 문종 비 현덕왕후이다.

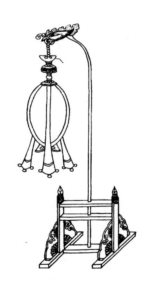

| 수양대군을 돕는 세력

【고성이씨 이원 가계도, 유방선·권람의 혼인관계를 중심으로】

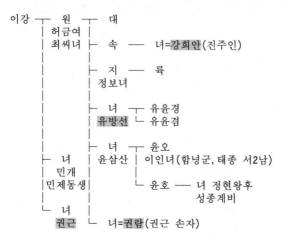

반면 안평대군에 비해 정치적·학문적 세력이 없었던 36살 장년의 수양대군首陽大君(1417~1468)은 권근權近의 손자인 권람權擥과 권람에게서 천거 받은 한명회를 중심으로 세력을 규합하였다.

권람과 한명회는 유방선柳方善에게서 배웠는데, 유방선은 민무구 옥에 연루되어 처형된 유기柳沂의 아들이며 권람과는 동서간이다.

권근權近·유기柳沂 모두 조선 개국에 반대하였다가 건국 후 명분을 거스르며 정계에 등장하였으나, 유기 등은 민무구 옥사로 정계에서 밀려난 세력들이었다.

그리고 수양대군은 한명회의 제안으로 홍달손洪達孫·양정楊汀·유수柳洙 등의 무사들과 결탁한다.

이때 여러 왕자가 다투어 손을 맞아드리는데 문인 재사는 모두 안평대군에게로 돌아가 당시 수양대군이었던 세조도 그보다 나을 수가 없었다. 한명회가 찾아가 뵈오매, 크게 인재 없는지라 비밀히 헌책獻策하기를, "세상에 변동이 있으면 문인으로서 대우를 받음은 쓸모가 없으니, 나으리는 모름지기 무사와 결탁하여 두소서" 하였다.

세조는, "어떻게 하면 될꼬" 하니, 한명회는, "이것은 가장 쉽습니다" 하였다. 활쏘기 연습이란 명분으로 술과 안주를 많이 장만해서 매일 모화관慕華館과 훈련원으로 나가 활쏘기를 하고 나서, 무사들을 먹이면 다 사귀실 수 있습니다" 하였다. 세조는 한명회의 그 꾀를 써서 수일 내로 무사들을 두루 사귀어서 드디어 내란을 평정하였다. (『연려실기술』권4. 「단종조고사본말」. 세조의 정난)

이렇듯 수양대군은 민무구 옥 이후 정계에서 밀려난 세력들과 무인武人 세력들을 규합하여 정권 탈취를 위한 계획을 세운다.

파평윤씨 세조비 집안

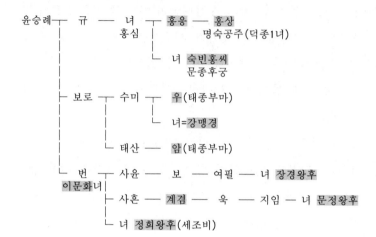

이를 왕실 친인척으로 돕는 세력이 세종의 4남인 임영대군과 8남인 영응대군, 세종 후궁 신빈김씨 세력이 중심이 되고, 처가인 파평윤씨 세력이 후원을 하였다.

세조비 정희왕후의 아버지 윤번尹璠은 참찬參贊 공도공恭度公 이문화李文和의 딸 인천이씨仁川李氏와 혼인하여 슬하에 3남 8녀를 두었다.

1남은 영의정을 지낸 윤사분尹士昐이다.

2남은 영평군鈴平君 윤사윤尹士昀(1409~?)이다. 정난 좌익공신靖難佐翼功臣 예조판서를 거쳐 보문각寶文閣 대제학大提學에 제수되었다. 최의崔義의 딸 수원최씨水原崔氏와 혼인하여 1남 2녀를 두었다. 1남 파릉군坡陵君 윤보尹甫는 영천군永川郡 이정李定의 딸과 혼인하여 3남 3녀를 두었는데 1남이 파원부원군坡原府院君 윤여필尹汝弼이다. 윤여필은 정국공신靖國功臣에 책록되었으며 영의정에 추증되었다. 평양군平陽君 박중선朴仲善의 딸 순천박씨와 혼인하여 1남 5녀를 두었다. 2녀가 중종비 장경왕후章敬王后이다.

3남은 파천부원군坡川府院君 윤사흔尹士昕(1422~?)이다. 좌리공신佐理功臣 우의정右議政에 책록되었다. 김자온金自溫의 딸 계림김씨鷄林金氏와 혼인하여 4남 2녀를 두었다. 2남이 영평군 윤계겸尹繼謙(1442~1483)이다. 윤계겸의 손자가 윤지임尹之任이고 윤지임은 중종비 문정왕후文定王后의 아버지가 된다.

윤번의 1녀는 장간공章簡公 홍원용洪元用과 혼인하였다. 홍원용은 홍여방洪汝方의 아들로 한확과 처남 매부간이다.

【남양홍씨 홍여방을 중심으로】

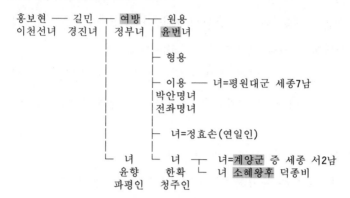

2녀는 창녕인昌寧人 좌의정 양정공襄靖公 성봉조成奉祖와 혼인했다. 성봉조의 작은아버지가 성억成抑이고 사촌 누이가 태종 4남 성녕대군과 혼인했다.

【창녕성씨 성봉조를 중심으로】

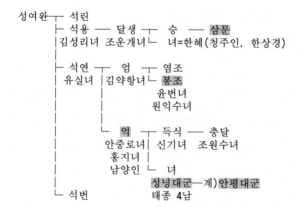

단종 장릉 장명등

3장 성종·중종·명종과 파평윤씨

성종·중종·명종대에는 사림파들이 등장하여 사화를 당하면서 훈척과 대립하며 성리학 이해를 진전시켜간다.

이러한 훈척과 사림의 대립을 반영하듯, 세조 찬탈의 주역인 한명회의 딸을 왕비로 맞은 예종과 성종이 차례로 왕위에 오르면서 기본적으로 훈척의 입장을 대변하였다.

그러나 성종비 공혜왕후가 죽고 윤호의 딸이 정현왕후가 되면서, 파평윤씨가 훈척세력을 이어간다. 이를 대표하는 사람이 한명회를 대신해 등장하는 윤필상이었다.

연산군이 즉위하여 무오사화·갑자사화를 일으키고 무도한 정치를 행하니, 박원종 등 청송심씨 외손들이 주도하는 중종반정이 일어난다.

그러나 정현왕후의 아들 중종이 왕위에 오르고, 박원종의 매부인 윤여필의 딸이 중종비 장경왕후가 되면서 파평윤씨가 훈척세력을 이어간다.

장경왕후가 인종을 낳고 승하하자, 윤지임의 딸 문정왕후가 계비로 왕비가 되고, 문정왕후의 아들 명종이 왕위에 오르자 문정왕후가 대비로서 정권을 주도하고, 이를 윤원형이 대신하면서 파평윤씨가 훈척세력을 이어간다.

문정왕후가 죽자 명종비 청송심씨가 선조를 옹립하며 사림정치를 열어간다.

● 세조 ※ 본서 부록 319쪽 참조

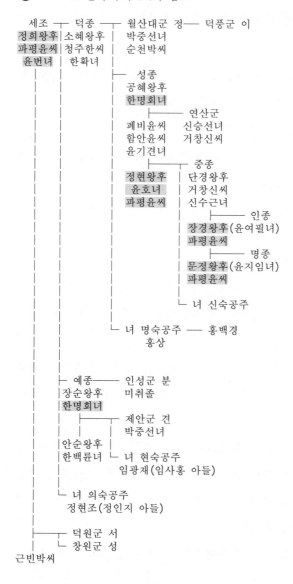

```
세조 ─┬─ 덕종 ─┬─ 월산대군 정 ── 덕풍군 이
정희왕후 │소혜왕후 │  박중선녀
파평윤씨 │청주한씨 │  순천박씨
  윤번녀 │ 한확녀  │
      │       ├─ 성종
      │       │  공혜왕후
      │       │  한명회녀
      │       │         ── 연산군
      │       │  폐비윤씨  신승선녀
      │       │  함안윤씨  거창신씨
      │       │  윤기견녀
      │       │        ── 중종
      │       │  정현왕후 │ 단경왕후
      │       │  윤호녀  │ 거창신씨
      │       │  파평윤씨 │ 신수근녀
      │       │       │ ├───── 인종
      │       │       │ 장경왕후(윤여필녀)
      │       │       │ 파평윤씨
      │       │       │ ├───── 명종
      │       │       │ 문정왕후(윤지임녀)
      │       │       │ 파평윤씨
      │       │       │
      │       │       └ 녀 신숙공주
      │       │
      │       └ 녀 명숙공주 ── 홍백경
      │            홍상
      │
      ├─ 예종 ── 인성군 분
      │ 장순왕후  미취졸
      │ 한명회녀
      │       ├── 제안군 견
      │       │   박중선녀
      │ 안순왕후 │
      │ 한백륜녀 └ 녀 현숙공주
      │            임광재(임사홍 아들)
      │
      └ 녀 의숙공주
           정현조(정인지 아들)
      │
├─┬─ 덕원군 서
│ └─ 창원군 성
근빈박씨
```

공혜왕후와 폐비의 죽음

한명회(1415~1487)는 딸을 예종비 장순왕후(1445~1461)로 만들어 국구가 되어 세도를 누리려 했는데, 장순왕후가 인성군을 낳고 17세로 죽고, 인성군마저 일찍 죽어 한명회의 꿈은 물거품이 되었다.

이에 한명회는 예종의 조카인 성종을 사위로 삼아 자기 딸을 성종비 공혜왕후(1456~1474)로 만들었다. 그러나 이번에도 공혜왕후가 아들을 낳지 못하고 일찍 죽어 또다시 한명회의 꿈은 물거품이 되었다.

사림이 홍문관을 세우고 소학계를 조직하며 등장하는 가운데, 폐비 함안윤씨(?~1482)가 왕비가 되었다. 연산군을 낳고 왕비의 위치를 공고히 하여 갔다. 그러나 투기를 부린다고 쫓겨나 사약을 받고 죽는다.

그리고 다시 윤호의 딸 파평윤씨가 정현왕후로 왕비에 오른다. 정현왕후도 뒤에 중종이 되는 진성대군을 낳고 왕비의 위치를 공고히 하지만 적장자인 연산군이 왕위에 오르면서 불안한 세월을 맞이하게 된다.

연산군 4년(1498) 무오사화가 일어나 사림들이 일망타진되고, 연산 10년(1504) 다시 갑자사화가 일어나 훈척마저도 화를 입자, 박원종·유순정·성희안 등 훈척이 주도하는 중종반정이 일어나 연산군은 폐위된다. 이에 정현왕후는 대비로서 파평윤씨 세력을 이어간다.

정현왕후 아버지 윤호 집안

【파평윤씨 윤호를 중심으로】

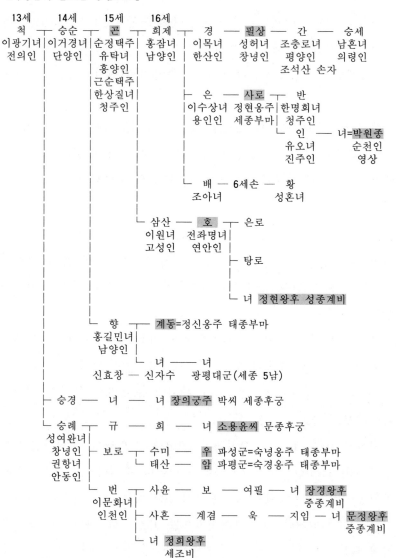

윤호尹壕(1424~1496)는 고려 개국 공신 윤신달尹莘達의 후손이다. 윤호의 증조할아버지는 윤승순尹承順(?~1392)으로 고려의 무신이었고 영평군鈴平君에 봉해졌다.

할아버지는 윤곤尹坤(?~1422)이다. 태종 1년(1401) 익대 좌명공신翊戴佐命功臣 3등에 책록되었고, 파평군坡平君에 봉작되었으며 세종 때 이조판서를 지냈다. 첫째할머니는 유탁柳濯(1311~1371)의 딸 고흥유씨高興柳氏이다. 둘째할머니는 한상질韓尙質(?~1400)의 딸 청주한씨淸州韓氏이다. 한상질은 한명회韓明澮(1415~1487)의 할아버지이므로 한명회의 고모가 윤호의 둘째할머니가 된 것이다.

아버지는 첨지중추원사 윤삼산尹三山(1406~1457)이며, 어머니는 태종 때 우의정을 지낸 양헌공襄憲公 이원李原(1368~1430)의 딸 고성이씨固城李氏이다. 이원은 정몽주의 문인이었으나 태종의 즉위를 도운 공으로 태종 1년에 좌명공신 4등에 책록되었고 철성군鐵城君에 봉해진 인물이다.

윤호와 사촌 형제인 윤훈尹壎의 사위가 생육신인 추강秋江 남효온南孝溫(1454~1492)이다.

첫째형 윤오尹塢는 태종 서2남 함녕군諴寧君 이인李祵의 딸 전주이씨와 혼인하였고, 둘째형 윤당尹塘은 세종 때 좌의정을 지낸 황보인皇甫仁(?~1453)의 딸 영천황보씨永川皇甫氏와 혼인하였다.

윤호의 부인은 전좌명田佐命(1421~?)의 딸 담양전씨潭陽田氏로 슬하에 2남 1녀를 두었다.

1남은 윤은로尹殷老(?~?)이다. 정현왕후의 오빠로 성종의 처남이었다. 문음門蔭으로 벼슬길에 오르고, 성종 14년(1483) 장령掌令

에 제수되고, 같은 해 파직되었으나 곧 서용되었다. 성종 15년
(1484) 4품으로서 승지에 천거되고, 성종 16년(1485) 종3품 중훈
대부中訓大夫에 승자되었으며, 다시 정3품 통정대부에 초자超資되면
서 동부승지同副承旨에 발탁되었다. 이후 좌부승지·우승지·좌승
지를 역임하고, 성종 20년(1489) 종2품 가선대부에 오르면서 공조
참판에 제수되었다. 이어 우윤右尹과 좌윤을 거쳐, 이조참판이 되
고, 성종 21년(1490) 방납防納을 행한 일로 파직되었으나 곧 고신
告身을 돌려받고 서용되었다. 이후 제수 때마다 지난 방납사로 인
해 대간臺諫의 탄핵을 받았지만 국왕의 처남이었기에 불문에 부쳐
졌다. 성종 24년(1493)에 종2품 동지중추부사同知中樞府事를 역임
하고, 성종 25년(1494) 내의원 제조를 겸하였으며, 연산군 1년
(1495)에는 다시 경연특진관經筵特進官을 겸하였다. 성종의 내친으
로 장기간 재상직에 있었지만 식견이 부족하여 별 치적이 없었다.

2남은 윤탕로尹湯老(1466~1508)이다. 밀성군密城君 이침李琛
(1430~1479)의 손녀인 전주이씨와 혼인하였다. 성종 17년(1486)
무과에 장원하여 성종 24년(1493) 절충장군으로 당상관에 올랐다.

연산군 4년(1498) 세자익위사世子翊衛司의 우익위를 거쳐 공조참
의에 특진, 채청사採青使가 되어 연산군의 방탕한 행동을 조장하였
다.

연산군 12년(1506) 형조참판으로 밖에 있어 중종반정에 불참하
였으나 중종의 외삼촌으로서 잠저潛邸 때에 보필한 공이 있다는 왕
의 배려로 대간의 거센 반대에도 불구하고 특별히 정국공신靖國功
臣 3등에 추록되고 파천군坡川君에 봉해졌다.

이듬해 이과李顆의 옥사를 다스리는 데 참여한 공으로 정난공신定難功臣 1등이 되어 공조판서로 승진하였으나, 대간의 배척으로 판중추부사判中樞府事로 물러났다.

1녀는 성종비 정현왕후貞顯王后(1462~1530)이다.

윤호는 성종 3년(1472) 식년문과에 병과로 급제, 벼슬이 병조참판에 이르렀다. 성종 11년(1480) 성종이 그의 딸을 왕비로 삼자 국구國舅로서 영원부원군鈴原府院君에 봉하여졌다. 성종 19년(1488) 정1품 영돈녕부사에 이르고 이듬해 사복시 제조司僕寺提調를 겸하였다. 성종 25년(1494) 우의정으로서 기로소耆老所에 들어가 궤장几杖을 하사받았다.

┃ 파평윤씨의 왕실과 혼맥

　파평윤씨坡平尹氏와 조선 왕실과의 혼인 관계를 살펴보면 조선 전기에 왕비 4명, 후궁 2명, 부마 4명 등을 배출하였다. 족보에 그려지지 않은 성종의 부마인 영평위鈴平尉 윤섭尹燮(1492~1516)과 영원위鈴原尉 윤내尹鼐(?~1552) 등을 포함하면 이보다 더 많다.

　먼저 윤척尹陟의 1남인 윤승순尹承順의 후손에서 성종 계비成宗繼妃인 정현왕후貞顯王后와 태종의 부마인 영평군鈴平君 윤계동尹季童, 세종의 부마인 영천위鈴川尉 윤사로尹師路(1423~1463)가 나왔고, 윤승순의 현손玄孫이 성종 10년(1479)에 도원수都元帥가 되어 여진을 정벌한 윤필상尹弼商(1427~1504)이다.

　윤척의 2남인 윤승경尹承慶의 외손녀가 세종 후궁 장의궁주莊懿宮主 박씨朴氏이다.

　윤척의 3남인 윤승례尹承禮의 후손에서는 왕비 3명을 배출하였는데, 세조비 정희왕후貞熹王后와 중종비 장경왕후章敬王后, 중종 계비中宗繼妃 문정왕후文定王后가 바로 그들이다. 그리고 문종 후궁 소용 윤씨昭容尹氏가 있고, 태종 숙녕옹주淑寧翁主와 혼인하여 파성군坡城君에 봉해진 윤우尹愚, 숙경옹주淑慶翁主와 혼인하여 파평군坡平君에 봉해진 윤암尹巖이 나왔다. 이들은 모두 윤호尹壕의 고조할아버지인 윤척尹陟의 후손들로 윤호와 10촌 내외의 친척들이다.

윤필상尹弼商

윤필상尹弼商(1427~1504)은 정현왕후와 6촌간으로 성종대 훈척을 대변하였다. 윤필상은 윤승순의 현손玄孫으로 세조 13년(1467) 도승지, 성종 2년(1471) 성종 즉위를 도운 좌리공신, 성종 5년(1474) 이조판서, 성종 9년 우의정, 성종 10년(1479)에 도원수都元帥가 되어 여진을 정벌하였다. 성종 15년(1484) 영의정을 지냈다. 연산군 10년(1504) 갑자사화 때, 지난 성종 때에 연산군의 생모인 윤비尹妃의 폐위를 막지 않았다고 추죄되어 진원珍原의 유배지에서 사사賜死의 명을 받았으나 스스로 목을 매어 죽었다.

【청송심씨 심온의 사위와 외손을 중심으로】

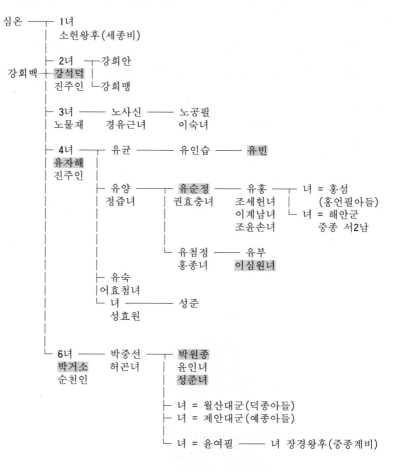

심온의 외손들이 중종반정을 주도하다.

연산군이 적장자로 즉위하자 무오사화가 일어나 사림이 화를 입고, 갑자사화로 연산군의 어머니를 폐하고 사약을 받고 죽게 하였던 훈척마저도 몰락하게 된다. 이러한 연산군을 몰아내고 중종반정을 주도하는 세력이 소헌왕후 아버지 심온의 외손들이었다. 순천박씨 박원종, 진주유씨 유순정이 그들이었다.

반정 당시에 유빈柳濱·이과李顆·김준손金駿孫 등 사림들도 죄를 받고 전라도에 있으면서 반정을 시도하여 격문을 돌렸는데 박원종 등이 먼저 반정을 주도하였다.

유빈柳濱(?~1509)의 본관은 진주로 심온의 넷째 사위 유자해의 증손자이자, 중종반정 1등 공신인 유순정의 5촌 조카이다. 종친으로 사림의 대표적 인물인 주계부정 이심원의 사위인 유부와는 육촌 형제간이다.

이과李顆의 아버지는 이창신이며, 정종 서10남 덕천군의 외손자이다. 또한 중종반정 1등 공신인 성희안과는 이종사촌 간이 된다. 이과의 어머니는 정종定宗의 손녀로 문묘에 배향되는 정여창의 부인과는 사촌간이 된다.

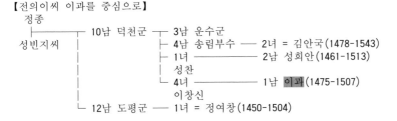

【전의이씨 이과를 중심으로】
```
정종
├─────── 10남 덕천군 ┬ 3남 운수군
성빈지씨    │          ├ 4남 송림부수 ── 2녀 = 김안국(1478-1543)
           │          ├ 1녀 ───────── 2남 성희안(1461-1513)
           │          │ 성찬
           │          └ 4녀 ───────── 1남 이과(1475-1507)
           │          이창신
           └ 12남 도평군 ── 1녀 = 정여창(1450-1504)
```

🏯 장경왕후 집안

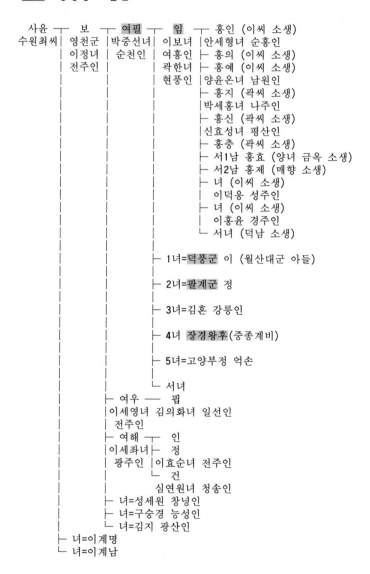

```
사윤 ┬ 보 ┬ 여필 ┬ 임 ┬ 홍인 (이씨 소생)
수원최씨│ 영천군 │ 박중선녀 │ 이보녀 │ 안세형녀 순흥인
      │ 이정녀 │ 순천인 │ 여흥인 ├ 홍의 (이씨 소생)
      │ 전주인 │       │ 곽한녀 ├ 홍예 (이씨 소생)
      │       │       │ 현풍인 │ 양윤은녀 남원인
      │       │       │      ├ 홍지 (곽씨 소생)
      │       │       │      │ 박세홍녀 나주인
      │       │       │      ├ 홍신 (곽씨 소생)
      │       │       │      │ 신효성녀 평산인
      │       │       │      ├ 홍충 (곽씨 소생)
      │       │       │      ├ 서1남 홍효 (양녀 금옥 소생)
      │       │       │      ├ 서2남 홍제 (매향 소생)
      │       │       │      ├ 녀 (이씨 소생)
      │       │       │      │ 이덕응 성주인
      │       │       │      ├ 녀 (이씨 소생)
      │       │       │      │ 이홍윤 경주인
      │       │       │      └ 서녀 (덕남 소생)
      │       │       │
      │       │       ├ 1녀=덕풍군 이 (월산대군 아들)
      │       │       │
      │       │       ├ 2녀=팔계군 정
      │       │       │
      │       │       ├ 3녀=김혼 강릉인
      │       │       │
      │       │       ├ 4녀 장경왕후(중종계비)
      │       │       │
      │       │       ├ 5녀=고양부정 억손
      │       │       │
      │       │       └ 서녀
      │       ├ 여우 ── 핍
      │       │ 이세영녀 김의화녀 일선인
      │       │ 전주인
      │       ├ 여해 ┬ 인
      │       │ 이세좌녀 ├ 정
      │       │ 광주인 │ 이효순녀 전주인
      │       │       └ 건
      │       │        심연원녀 청송인
      │       ├ 녀=성세원 창녕인
      │       ├ 녀=구숭경 능성인
      │       └ 녀=김지 광산인
      ├ 녀=이계명
      └ 녀=이계남
```

중종반정으로 정현왕후의 아들 중종이 즉위하자 정현왕후는 대왕대비가 되었다. 그리고 박원종의 조카딸 장경왕후 파평윤씨가 중종비가 되었다.

장경왕후의 할아버지는 파릉군坡陵君 윤보尹甫(?~1494)이며, 할머니는 영천군永川君 이정李定의 딸 전주이씨(?~1510)이다. 영천군은 태종 2남 효령대군의 다섯째아들이다.

아버지는 윤여필尹汝弼(1466~1555)이다. 어머니는 박중선朴仲善(1435~1481)의 딸인 순천박씨順天朴氏(?~1497)이다. 장경왕후에게 중종반정 1등 공신인 박원종은 외삼촌이 된다.

🎩 윤여필尹汝弼(1466~1555)

윤여필은 연산군 10년(1504) 갑자사화 때 죄인 윤필상尹弼商의 족친이라 하여 유배되었으며, 41세로 중종 1년(1506) 9월 2일 중종반정에 참여, 9월 8일 정국공신靖國功臣 3등에 녹훈되었다. 중종 2년(1507) 6월 17일 넷째딸이 왕비로 결정되고, 6월 19일 파원부원군坡原府院君에 봉해지고, 종1품 판돈녕부사判敦寧府事가 되었다.

중종 22년(1527) 동궁 내에 저주하는 물건이 나온 것을 우의정 심정沈貞에게 알려 조사하게 하였고, 그뒤 아들 윤임尹任과 함께 세자〔후일의 인종〕의 보호에 진력하면서 윤원형尹元衡 등의 소윤과 대립하였다.

80세인 명종 즉위년(1545) 8월 2일 파평부원군坡平府院君에 임명되었으나, 명종이 즉위하면서 윤원형尹元衡·이기 등에 의해 일어난 을사사화에서 윤임尹任·유관柳灌·유인숙柳仁淑이 삼흉三兇으로 몰려, 아들 윤임이 종사宗社를 모위謀危하였다는 죄목으로 9월 11일 참형에 처해졌다. 그리고 윤여필은 명종 1년(1546) 9월 10일 경기도 용인현龍仁縣에 부처付處 되었다가, 명종 6년(1551) 6월 1일에 풀려나, 명종 10년(1555) 6월 19일에 90세로 졸했다.

윤여필은 슬하에 적실에서 1남 5녀를, 첩실에서 1녀를 두었다. 아들은 찬성贊成 윤임尹任(1487~1545)이며, 맏딸 윤씨(1485~?)는 성종의 형인 월산대군月山大君 이정李婷(1454~1488)의 아들 덕풍군德豊君 이이李恞(1485~1506)에게 출가하였다.

둘째딸은 세종 4남인 임영대군(1420~1469)의 아들 팔계군八溪君 이정李淨(1445~1521)에게 출가하였다. 넷째 딸은 중종 계비 장경왕후章敬王后(1491~1515)이다. 다섯째 딸은 광평대군(1425~1444, 세종 5남)의 증손자인 고양부정高陽副正 이억손李億孫에게 출가하였다.

윤여필은 세조비 정희왕후의 아버지 윤번의 증손자이며, 월산대군과 제안대군 등과는 동서간이 된다.

🎩 윤임尹任(1487~1545)

중종의 장인 파원부원군坡原府院君 윤여필尹汝弼의 아들이며, 장경 왕후章敬王后의 오빠이다.

성종 8년(1487)에 태어났다. 무과에 급제, 여러 벼슬을 거쳐 경주부윤이 되었다. 중종 18년(1523, 37세) 충청도수군절도사로 왜선과 싸우다가 패하여 충군充軍되었다. 인종이 세자로 있을 때 중종의 계비 문정왕후文定王后가 경원대군慶源大君(뒤에 명종)을 낳자, 김안로金安老와 함께 세자를 보호해야 한다고 주장, 문정왕후와 알력이 생겼다. 중종 38년(1543, 57세)부터 대윤·소윤으로 나누어 싸움이 노골화 되면서 그는 대윤의 거두가 되었다. 인종 즉위년(1544, 58세) 중종이 죽고 인종이 즉위하자 형조판서를 거쳐 찬성에 올랐으나 재위 8개월 만에 인종이 죽자 명종 즉위년(1545, 59세) 명종이 11세로 즉위, 문정왕후의 수렴청정이 시작되었다. 이때 소윤 윤원형尹元衡 일파는 소위 을사사화를 일으켜 평소 반목하던 대윤 일파를 모두 숙청하였으며, 마침내 윤임은 남해로 귀양가다가 충주에 이르러 사사賜死되었다. 후일 대의를 보면 그에 대한 평가는 이이李珥는 죄가 없다 하였고, 이황李滉은 사직에 대한 죄가 없지 않다고 하여 엇갈리고 있다. 선조 10년(1577)에 신원伸寃되었다.

🏯 문정왕후 집안

```
 번  ┬ 사분
이문화녀│장안지녀 덕수인
인천인 ├ 사윤 ── 보 ┬ 여필 ┬ 임
    │수원최씨 영천군 │박중선녀└ 녀 장경왕후
    │     이정녀 │ 순천인    중종계비
    │     전주인 ├ 여우
    │       ├ 여해 ┬ 인
    │      │이세좌녀├ 정
    │      │ 광주인 └ 건
    │      └ 녀 = 김지 광산인
    ├ 사흔 ┬ 숙겸
    │김자온녀└ 계겸 ── 욱 ── 지임 ┬ 원개 ┬ 기
    │ 계림인 김진손녀 정제녀 이덕숭녀│ 이보녀├ 강
    │    김해인 연일인 전의인 │ 여주인 └ 녀 = 구윤 능성인
    │                │
    │                ├ 원량 ┬ 소
    │               │장일취녀├ 찬
    │               │ 순천인 ├ 치
    │               │    └ 녀 숙빈
    │               │        인종후궁
    │                │
    │                ├ 원필 ┬ 윤
    │               │ 정찬녀├ 위
    │               │ 경주인├ 회
    │               │    └ 집
    │                ├ 원로 ┬ 백원
    │               │ 이량녀│ 김희녀(김안로 손녀)
    │               │ 평창인├ 천원
    │               │    ├ 만원
    │               │    ├ 녀 = 한경우
    │               │    └ 녀 = 유귀수
    │                ├ 원형 ┬ 설
    │               │김안수녀├ 효원
    │               │ 연안인├ 충원
    │               │    ├ 담연
    │               │    ├ 녀 = 이조민
    │               │    └ 녀 = 김귀남
    │                │
    │                └ 녀 문정왕후(중종계비)
    │
    ├ 녀 = 홍원용 남양인
    ├ 녀 정희왕후(세조비)
    └ 녀 = 정사종 창원인
```

장경왕후가 승하하고 중종 계비가 문정왕후가 되면서 파평윤씨 세력은 오히려 을사사화를 일으키고 문정왕후가 수렴청정을 할 정도로 강화되었다.

문정왕후의 아버지는 윤지임尹之任(1475~1534)이다.

🎩 윤지임尹之任(1475~1534)

윤지임의 아버지는 내자시 판관內資寺判官 윤욱尹頊(1459~1485)이며, 어머니는 정몽주의 현손인 사헌부 감찰 정제鄭齊의 딸 연일정씨延日鄭氏(1460~1520)이다.

부인은 관찰사 이덕숭李德崇의 딸 전성부부인全城府夫人 전의이씨全義李氏(1475~1511)이다.

슬하에 8남 2녀를 두었다. 1남은 윤원개尹元凱(1493~1535)이다. 장예원 사평掌隷院司評을 지냈다. 2남은 윤원량尹元亮(1495~1569)이다. 돈녕 도정敦寧都正을 지냈다. 3남은 윤원필尹元弼(1496~1547)이다. 4남은 윤원로尹元老(?~1547)이다. 5남은 윤원형尹元衡(?~1565)이다. 영의정을 지냈다.

맏딸은 정식鄭式에게 출가하였다. 둘째딸이 중종 계비 문정왕후文定王后(1501~1565)이다.

둘째아들 윤원량의 딸은 인종仁宗 후궁 숙빈윤씨淑嬪尹氏이고, 셋째아들 윤원로의 맏아들 윤백원尹百源은 김안로의 아들인 중종 부마 김희金禧의 사위이다. 다섯째아들 윤원형의 부인은 현감縣監 김안수金安遂의 딸 연안김씨延安金氏이다. 김안로金安老(1481~1537)와 김안수는 사촌간이니 윤원형은 김안로의 사촌조카 사위이다.

【연안김씨 김안로와 파평윤씨 윤원형을 중심으로】

```
김우신 ┬ 김흔 ── 김안로 ── 김희 ── 녀
이계충녀 │ 윤지녀   채수녀   중종부마  윤백원
        │
        └ 김전 ┬ 김안도 ── 김오 ── 김제남 ── 녀 인목왕후
               ├ 김안우                    선조계비
               ├ 김안수 ── 녀
               │  강씨   윤원형
               └ 김안달
```

🎩 윤원형尹元衡(?~1565)

중종의 계비인 문정왕후의 동생이다. 중종 23년(1528) 생원시에 합격하고, 중종 28년(1533) 별시문과에 을과로 급제하여 벼슬길에 올랐다. 중종 32년(1537) 권신인 김안로에 의하여 파직, 유배되었다가 이해 김안로가 사사되자 풀려나왔다. 그뒤 수찬·교리·지평·응교 등을 역임하였다. 세자[뒤에 인종]를 폐위하고 문정왕후의 소생인 경원대군을 세자에 책봉하려는 모의를 진행함으로써 세자의 외숙인 윤임과 알력이 생겨, 중종 38년(1543) 윤임일파를 대윤, 윤원형을 중심으로 한 일파를 소윤이라 하여 외척간의 세력다툼이 시작되었다. 이해 성절사로 명나라에 다녀왔으며, 이듬해 좌부승지·좌승지·공조참판이 되었는데, 인종이 즉위하자 정권을 장악하게 된 대윤의 송인수의 탄핵으로 삭직당하였다. 그러나 인종이 8개월 만에 죽고, 11세의 어린 나이로 명종이 즉위하면서 문정왕후의 수렴청정이 시작되자, 이를 계기로 득세하여 예조참의에

복직되었다. 대윤일파를 숙청하기 위하여 이기·정순붕·임백령 등과 함께 을사사화를 일으켜 윤임과 유관·유인숙·계림군을 사사하였다.

명종 1년(1546) 형인 원로와 권력을 다투었으나 원로가 유배됨으로써 더욱 세력을 굳게 하고, 명종 2년(1547) 양재역벽서사건을 계기로 봉성군과 참판 송인수 및 이조좌랑 이약해는 사형되고, 이언적·정자·임형수·노수신·유희춘 등을 숙청하였다. 명종 3년(1548) 이조판서가 되었다. 명종 6년(1551) 우의정으로 이조판서를 겸직하고 명종 7년(1557) 영중추부사, 이듬해 다시 우의정이 되었으며, 명종 15년(1560) 서원부원군에 봉하여졌다. 명종 18년(1563) 영의정에 올라 영화를 누리다가 명종 20년(1565) 문정왕후가 죽자 실각하여 관직을 삭탈당하고 전리로 방귀되었으며, 강음에 은거하다가 죽었다.

명종비 인순왕후 집안

【청송심씨 왕실 연혼도】

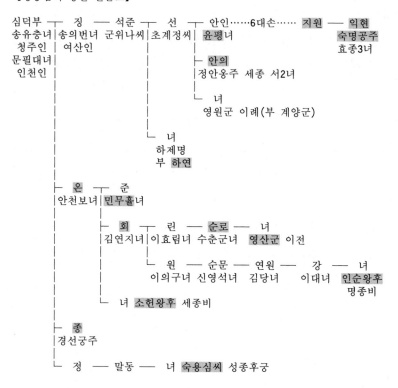

심덕부 ─┬─ 징 ─── 석준 ─┬─ 선 ─┬─ 안인……6대손…… 지원 ─── 익현
송유충녀 │ 송의번녀 군위나씨 │ 초계정씨 │ 윤평녀　　　　　　　　숙명공주
청주인　 │ 　　　　 여산인　 │ 　　　 │ 　　　　　　　　　　　효종3녀
문필대녀 │ 　　　　　　　　 │ 　　　 ├─ 안의
　인천인 │ 　　　　　　　　 │ 　　　 │ 정안옹주 세종 서2녀
　　　　 │ 　　　　　　　　 │ 　　　 │
　　　　 │ 　　　　　　　　 │ 　　　 └─ 녀
　　　　 │ 　　　　　　　　 │ 　　　　 영원군 이례(부 계양군)
　　　　 │ 　　　　　　　　 │
　　　　 │ 　　　　　　　　 └─ 녀
　　　　 │ 　　　　　　　　　 하제명
　　　　 │ 　　　　　　　　　 부 하연
　　　　 │
　　　　 ├─ 온 ─┬─ 준
　　　　 │ 안천보녀│ 민무휼녀
　　　　 │ 　　　 │
　　　　 │ 　　　 ├─ 회 ─┬─ 린 ─── 순로 ─── 녀
　　　　 │ 　　　 │ 김연지녀│ 이효림녀 수춘군녀 영산군 이전
　　　　 │ 　　　 │ 　　　 │
　　　　 │ 　　　 │ 　　　 └─ 원 ─── 순문 ─── 연원 ─── 강 ─── 녀
　　　　 │ 　　　 │ 　　　　 이의구녀 신영석녀 김당녀 이대녀 인순왕후
　　　　 │ 　　　 │ 　　　　　　　　　　　　　　　　　　　　 명종비
　　　　 │ 　　　 └─ 녀 소헌왕후 세종비
　　　　 │
　　　　 ├─ 종
　　　　 │ 경선궁주
　　　　 │
　　　　 └─ 정 ─── 말동 ─── 녀 숙용심씨 성종후궁

이러한 파평윤씨 세력을 몰아내고 선조를 등극시키고 사림이 정
계를 주도하게 하는 집안이 세종비 소헌왕후의 후손으로 명종비가
되는 인순왕후 청송심씨이다.

인순왕후仁順王后(1532~1575)는 갑자사화甲子士禍에 연루되어 참
수된 심순문沈順門(1465~1504)의 증손이며, 영의정 심연원沈連源
(1491~1558)의 손녀로 아버지는 청릉부원군靑陵府院君 심강沈鋼
(1514~1567)이다. 어머니는 효령대군의 후손인 이대李薱의 딸 전
주이씨李氏(1512~1559)이다.

🪵 인순왕후仁順王后(1532~1575)

조선 제13대왕 명종의 비妃이다. 슬하에 1남을 두었는데, 순회
세자順懷世子 이부李暊(1551~1563)이다.

인순왕후는 중종 27년(1532) 5월 25일 심강의 맏딸로 태어났
다. 어려서는 외할아버지 이대李薱의 집에서 자랐다. 중종 37년
(1542) 11월 19일 두 살 아래인 후일 명종이 되는 경원대군
(1534~1567)의 부인으로 결정되었다.

14세인 명종 즉위년(1545) 7월 6일 경원대군이 경복궁 근정문
에서 조선 제13대왕 명종으로 즉위하자, 왕비가 되었다. 20세인
명종 6년(1551) 5월 28일 아들을 낳았는데, 이가 후일 원자元子인
순회세자이다.

27세인 명종 13년(1558) 6월 19일 할아버지 영중추부사 심연원
沈連源(1491~1558)이 68세로 졸했다.

29세인 명종 15년(1560) 7월 20일 전 참봉 황대임의 딸을 세자
빈으로 삼았다. 명종 16년(1561) 5월 24일 세자빈이 된 황대임의
딸이 병이 있어 폐하여 양제로 삼았다.

명종 16년 7월 21일 다시 세자빈世子嬪을 정하였는데 호군護軍
윤옥尹玉의 딸이었다. 10월 21일 명종이 명정전에 나아가 세자빈
世子嬪을 책봉하는 예를 거행하였다.

32세인 명종 18년(1563) 9월 20일 열세 살의 왕세자王世子가
졸했다. 이름은 부暊요 자字는 중명重明이다.

34세인 명종 20년(1565) 4월 7일 문정왕후가 창덕궁 소덕당昭德
堂에서 춘추 65세로 승하하셨다.

명종 22년(1567) 6월 28일 명종이 승하하시자 내외에 거애토록
전교하였다. 6월 28일 이준경 등이 명종비 인순왕후에게 수렴청정
을 청하였다.

이준경 등이 아뢰기를, "사자嗣子(대를 이을 아들)가 처음으로 들
어오고 또 나이가 어리니 모든 정무政務는 수렴垂簾하고 임시로
함께 처분하셔야 합니다" 하니, 전교하기를, "내가 본래 문자文字
를 모르니 어떻게 국정에 참여하겠는가. 사자가 이미 성동成童이
지났으니 친히 정사를 볼 수 있을 것이다" 하였다.

— 사신은 논한다. 수렴하는 것이 비록 우리나라 조종의 가법
家法이나 이는 다만 어린 임금을 위해 부득이해서 하는 일이다.
지금 사군의 나이가 이미 성동을 넘었고, 자전께서 두세 번이나
사양했으니 대신된 자는 이로 인하여 여러 세대의 잘못됨을 바

로잡았어야 한다. 한갓 옛일 따르는 것만 알고 잘못된 일을 따라서는 안 된다는 것은 몰라 국정이 사군에게서 나오지 못하게 하고 사양하는 덕을 자전께 돌리지도 못했으니 대신의 도리가 본디 이래야만 하는가. 아, 애석하기 짝이 없다.『명종실록』권 34. 명종 22년 6월 28일

【전주이씨 덕흥대원군을 중심으로】

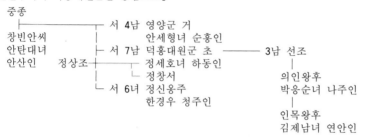

36세인 선조 즉위년(1567) 7월 3일 선조가 근정전勤政殿에서 즉위하자, 인순왕후는 왕대비가 되어 수렴청정하였다. 선조 8년 (1575) 1월 2일 4경更 4점點에 창경궁 통명전通明殿에서 춘추 44세로 승하하셨다.

선조 친인척과 인조반정

선조는 할머니 창빈안씨가 무수리 노비 출신이라 이를 대신할 사돈 집안이나 부마 집안을 명문으로 택하게 된다.

이 중에서도 인빈김씨는 선조의 총애를 한 몸에 받아 4남 5녀를 낳았다.

그리고 인빈김씨는 자기 소생들을 당시 명문 가문에 시집 장가를 보내 세력 기반을 다진다.

인빈김씨 소생 신성군과 사돈을 맺는 신립 장군과 동양위 신익성의 아버지 신흠으로 대표되는 평산신씨 집안, 정원군과 사돈을 맺는 구사맹으로 대표되는 능성구씨 집안, 달성위 서경주의 아버지 서성으로 대표되는 대구서씨 집안, 해숭위 윤신지의 아버지 윤방으로 대표되는 해평윤씨 집안, 금양위 박미의 아버지 박동량으로 대표되는 반남박씨 집안 등이 이들이다.

그리고 인목대비 딸인 정명공주 부마인 홍주원 집안인 풍산홍씨 등이 있다

그리고 이들이 인빈김씨의 손자 인조를 도와 인조반정을 일으키고 조선 후기를 끌어가는 주도적인 집안이 된다.

● 중종 후궁 창빈안씨와 선조 ※ 본서 부록 320쪽 참조

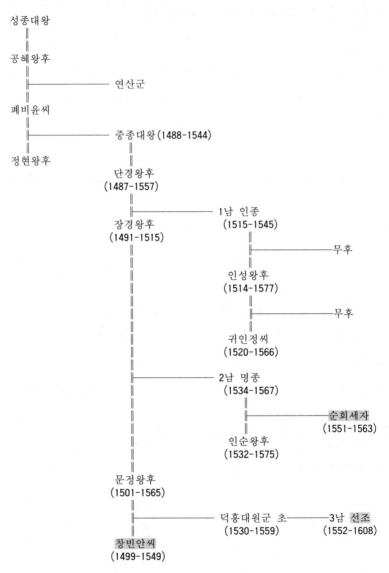

성종대왕
∥
공혜왕후
┠─────────── 연산군
∥
폐비윤씨
┠─────────── 중종대왕(1488-1544)
∥   ∥
정현왕후   단경왕후
                          (1487-1557)
                          ∥
                          ┠─── 1남 인종
                       장경왕후   (1515-1545)
                       (1491-1515)   ∥
                          ∥   ┠─────── 무후
                          ∥   인성왕후
                          ∥   (1514-1577)
                          ∥   ∥
                          ∥   ┠─────── 무후
                          ∥   귀인정씨
                          ∥   (1520-1566)
                          ∥
                          ┠─── 2남 명종
                          ∥   (1534-1567)
                          ∥   ∥
                          ∥   ┠────── 순회세자
                          ∥   (1551-1563)
                          ∥   인순왕후
                          ∥   (1532-1575)
                       문정왕후
                       (1501-1565)
                          ∥
                          ┠─── 덕흥대원군 초───3남 선조
                       창빈안씨   (1530-1559)   (1552-1608)
                       (1499-1549)

창빈안씨는 연산군 5년(1499) 7월 27일 태어났다. 창빈안씨昌嬪安氏(1499~1549)의 아버지는 적순부위迪順副尉〔정7품〕증 의정부우의정贈議政府右議政 안탄대安坦大이다. 어머니는 증 정경부인贈貞敬夫人 황씨黃氏이다

안탄대에 일화로 『대동기문』 "상의원의 개는 별다른 종자가 있느냐"는 내용을 소개하면 다음과 같다.

안탄대安坦大는 집안 형세가 매우 가난하였으나, 천성이 순박하고 근신하여 남과 서로 따지지 않았다. 딸이 궁중에 들어가서 중종中宗의 후궁後宮이 되었는데, 이 분이 창빈昌嬪이다. 이로부터 몸가짐을 더욱더 겸손하고 근신하게 하여 비록 이웃에 사는 어린아이가 집에 와서 힐책하더라도 오직 허물을 자인自引하여 겸손하게 사과할 뿐이고 한번도 원망하는 목소리를 낸 적이 없었다. 창빈昌嬪이 왕자王子를 낳자 문을 닫아걸고 외출을 삼가고 사람들이 혹 왕자의 외조부라고 부를까 두려워하였다. 창빈의 둘째아들 덕흥대원군德興大院君이 선조宣祖를 낳아 대통大統을 이으니, 안탄대는 처지가 더욱 존귀尊貴하여졌으나 미천할 때의 마음을 바꾸지 않고 몸에는 비단을 걸치지 않았다.

만년에 노병老病으로 눈이 어두워졌을 때 선조는 외증조부인 안탄대의 몸을 영화스럽게 하려는 마음으로 상의원尙衣院(임금과 왕비의 의복과 보물 등을 관장하는 관아)에서 올린 돈피갖옷〔貂裘〕을 꼭 안공에게 주려 하되 공의 고고한 뜻을 어길까 두려워하여 사람을 시켜 시험하여 말하였다. "주상이 방금 돈피갖옷을 지어 반

드시 공에게 하사할 터이니 이미 하사한 뒤에는 공이 감히 입지 아니할 수 없을 것입니다"그러자 안공은 대답하였다. "나는 천한 사람이다. 돈피갖옷을 입는 것도 죽을 죄를 짓는 것이고 임금의 명을 어기는 것도 죽을 죄를 짓는 것이니, 죽는 것이 같을진대 차라리 분수를 지키며 죽는 것이 낫지 않겠는가"주상은 그 검소하고 고아한 뜻을 빼앗을 수 없음을 알고 안공의 집안 사람에게 명하여 강아지 가죽이라 일컫고 올렸다.

안공이 손으로 돈피갖옷을 만지며 입었다. "상의원의 개는 별다른 종자가 있느냐? 털이 어찌 이처럼 부드럽고 곱단 말이냐?" 선조가 안공에게는 외증손자外曾孫子가 되었으나 일찍이 미관말

안탄대 묘소
경기도 안산시

직微官末職도 임명되지 못하였고 그 얻은 바는 적순부위迪順副尉의 품계로 원종공신原從功臣에 봉해졌는데, 이것은 관례로 얻은 것이지 사은私恩으로 얻은 것이 아니었다. 효종 때 우의정에 추증되었다.

중종의 후궁으로 슬하에 3남 1녀를 두었는데, 둘째아들 이이수李頤壽는 일찍 죽었다.

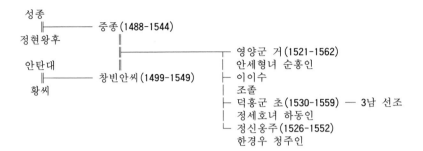

영양군永陽君 이거李岠(1521~1562)는 현감 안세형安世亨의 딸과 혼인하였으며, 덕흥군德興君〔덕흥대원군〕 이초李岹(1530~1559)는 지중추부사知中樞府事 정세호鄭世虎의 딸과 혼인하였으며, 정신옹주靜愼翁主는 청천위淸川尉 한경우韓景祐에게 출가하였다.

중종 2년(1507) 아홉살 어린 나이에 궁녀에 뽑혀 정현대비貞顯大妃를 시봉하였다. 20세인 중종 13년(1518) 후궁이 되었고, 22세인 중종 15년 정5품 상궁尙宮에 배수되었다. 23세인 중종 16년(1521) 맏아들 영양군 이거李岠를 낳았고, 28세인 중종 21년(1526) 딸 정신옹주를 낳았다.

31세인 중종 24년(1529) 종4품 숙원淑媛에 올랐으며, 중종 25년 3월 5일 덕흥군 이초李岹를 낳았는데, 이가 후일 선조의 아버지이다.

42세인 중종 35년(1540) 종3품 숙용淑容에 올랐다. 창빈안씨는 중종이 돌아갈 때 종3품 숙용이었다가, 선조 10년(1577) 3월 24일 소용昭容에서 빈嬪으로 추봉追封되어 창빈昌嬪이 되었다. 특명으로 대원군의 묘廟에 향사享祀되었다.

● 선조의 부인과 자녀 ※ 본서 부록 321쪽 참조

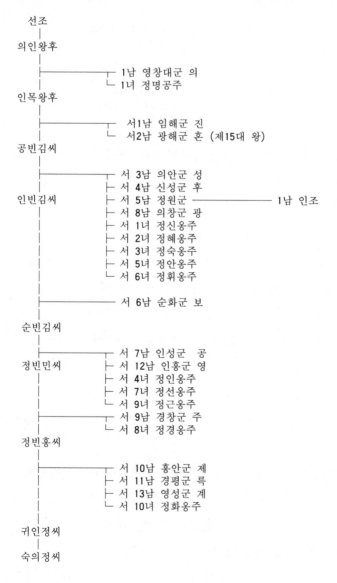

선조
|
의인왕후
├──────────┬ 1남 영창대군 의
          └ 1녀 정명공주
인목왕후
|
├──────────┬ 서1남 임해군 진
          └ 서2남 광해군 혼 (제15대 왕)
공빈김씨
|
├──────────┬ 서 3남 의안군 성
          ├ 서 4남 신성군 후
인빈김씨   ├ 서 5남 정원군 ──────────── 1남 인조
          ├ 서 8남 의창군 광
          ├ 서 1녀 정신옹주
          ├ 서 2녀 정혜옹주
          ├ 서 3녀 정숙옹주
          ├ 서 5녀 정안옹주
          └ 서 6녀 정휘옹주
          |
├────────── 서 6남 순화군 보
순빈김씨
|
├──────────┬ 서 7남 인성군 공
정빈민씨   ├ 서 12남 인흥군 영
          ├ 서 4녀 정인옹주
          ├ 서 7녀 정선옹주
          └ 서 9녀 정근옹주
          ┬ 서 9남 경창군 주
          └ 서 8녀 정경옹주
정빈홍씨
|
├──────────┬ 서 10남 흥안군 제
          ├ 서 11남 경평군 륵
          ├ 서 13남 영성군 계
          └ 서 10녀 정화옹주
귀인정씨
|
숙의정씨

선조대왕은 중종대왕의 손자로, 덕흥대원군德興大院君 이초李岹 (1530~1559)의 셋째아들이며, 어머니는 정세호의 딸인 하동정씨 河東鄭氏(1522~1567)이다.

명종 7년(1552) 11월 11일 태어나 16세인 선조 즉위년(1567) 7월 3일 조선 제14대 왕으로 등극하였다. 재위 40년 7개월 만인 선조 41년 2월 1일 57세로 승하하셨다.

대왕은 두분의 왕비와 여섯 분의 후궁, 자녀가 없어 『선원록』에 기록되지 못한 후궁 두 분을 합쳐 모두 열 분의 부인을 두었으며, 그들에게서 영창대군 광해군을 비롯하여 14남 11녀를 낳아 모두 스물 다섯 명의 자녀를 두었다.

첫 번째 비妃는 박응순朴應順(1526~1580)의 딸인 의인왕후懿仁王 后 반남박씨潘南朴氏(1555~1600)이다. 선조보다 세 살이 적으며 슬 하에 자녀가 없다.

두 번째 비는 김제남金悌男(1562~1613)의 딸인 인목왕후仁穆王后 연안김씨延安金氏(1584~1632)이다. 선조보다 서른 두 살이 적으며 슬하에 1남 1녀를 두었다. 1남은 영창대군永昌大君(1606~1614)이 고, 1녀는 정명공주貞明公主(1603~1685)이고 풍산홍씨豊山洪氏 홍주 원洪柱元(1606~1672)에게 출가했다.

붕당의 발단

명종이 승하하고 외척과 연관이 없는 할머니가 궁비인 선조가 즉 위하면서 정권은 비로소 사림의 손으로 넘어가고 역사상 처음으로

사림정치가 구현되었다. 이에 사림들은 선조 초년에 우선 조광조趙
光祖(1482~1519)를 영의정에 증직하고 문정이란 시호를 내리고,
남곤南袞(1471~1527)의 죄를 열거하여 관작을 추탈한다. 이어서
을사사화를 일으킨 사람들을 공신으로 책봉한 것은 잘못되었다 하
여 정난공신을 비롯하여 천여 명의 원종공신의 훈적을 삭제할 것을
요구하고, 이기李芑·정언각鄭彦愨·정순붕鄭順朋·임백령林百齡 등
의 죄상을 폭로하여 관작을 추탈하였다. 이와 함께 을사·정미사화丁
未士禍를 당한 사림들을 신원하고 유관柳灌(1484~1545)·유인숙柳仁淑
(1485~1545) 등을 신원 복관시켰다. 그러나 위훈삭제僞勳削除와 윤임
尹任(1487~1545)·계림군桂林君 이유李瑠(1502~1545)의 복관은 이
준경李浚慶(1499~1572) 등 구신의 반대로 이루어지지 않았다가 선
조 10년(1577) 인종비 공의대비恭懿大妃의 요청으로 윤임·계림군
이유의 복관이 이루어지고 위훈삭제도 이루어졌다.

이처럼 이상사회 건설을 추구하다가 이를 반대하던 훈구들에게
기묘·을사사화를 당한 사림들을 신원 복관하는데 적극적이던 사
림들과 소극적이던 사림들이 다시 대립하기 시작하였다. 이는 사
회구성원리인 철학에서도 차이를 나타내었고 이상사회 건설을 위
한 사회정책에서도 차이를 보이게 되어, 동인東人·서인西人의 붕
당朋黨으로 발전하게 되었다.

동·서분당

동·서분당은 선조 8년(1575)에 이조전랑吏曹銓郎 자리를 둘러싼

심의겸沈義謙(1535~1587)과 김효원金孝元(1542~1590)의 대립에서 비롯되었다. 이조의 전랑은 정5품의 벼슬에 불과하였으나 관리의 인사권을 장악하는 청요직淸要職이었다. 더구나 이 전랑직을 거치면 대개는 재상으로 쉽게 올라갈 수 있다는 요직이었다. 이러한 중요성 때문에 그 직에의 임명은 이조판서라도 간여하지 못하고 이임자가 추천하도록 되어 있었다. 처음 김효원이 문명이 높아 전랑에 천거를 받았는데 이조참의로 있던 심의겸은 그를 을사오적乙巳五賊의 한 사람인 윤원형尹元衡에 아부했던 자라 하여 반대하였다. 김효원은 마침내 전랑이 되었지만 그가 이임할 때는 심의겸의 동생이 천망에 오르게 되었다. 이번에는 김효원이 이를 거절하였다. 심의겸은 명종비 인순왕후의 동생으로 윤원형 집권 당시에 사류를 많이 옹호하여 선배先輩들 사이에 명망이 있던 사람이고, 김효원은 신진의 한 사람으로 후배後輩들 사이에 명망이 있었다.

처음에는 율곡의 조정이 효과를 거두어 김효원·심의겸 양인을 각각 삼척과 전주로 좌천도 시켰으나 근본적인 해결은 보지 못하였다.

결국 인사권을 쟁취하려는 이 두 사람의 싸움은 당시 관료와 유생을 두 파로 갈라지게 하였으며, 김효원의 지지세력을 동인이라 부르고 심의겸의 지지세력을 서인이라 불러 동·서분당이 시작되었다.

동인東人의 영수 허엽許曄(1517~1580)과 서인의 영수 박순朴淳(1523~1589)은 똑같이 화담 서경덕徐敬德(1489~1546)의 문하에서 나왔는데, 이를 계승한 동인에는 이황李滉(1501~1570)과 조식曺植

(1501~1572)의 문인이 많고 서인에는 이이李珥(1536~1584)와 성
혼成渾(1535~1598)의 계통이 많아서 붕당은 학파의 대립과 밀접한
관계가 있었다.

따라서 동・서의 붕당은 심・김 두 사람의 문제를 떠나서 정권
쟁탈로 변질하여 율곡의 조정에도 불구하고 싸움은 갈수록 심해졌
다. 이러한 가운데 율곡 자신도 서인 가운데 친구가 많고 그 제자
는 서인이 주류를 이루게 되니, 동인들에 의해 서인이라 지목을
받았으며 동인인 계미삼찬癸未三竄의 모함을 받기에 이르렀다. 그러
나 이 당시 명망이 있는 토정土亭 이지함李之菡(1517~1578)・우계
성혼 등이 율곡을 적극 지지하고 있었으므로 율곡이 관계에 있을
때는 서인이 우세한 편이었다.

계미삼찬

선조 16년(1583) 여진족이 침입하자 율곡이 병조판서로 이들을
막아내기 위하여 십만양병설을 주장하여 선조의 내락을 받아냈으
나, 유성룡柳成龍(1542~1607) 등이 반대하여 십만양병은 일단 저
지된다. 이처럼 율곡이 국난에 처하여 개혁을 하려는 것을 유성룡
등의 보수세력이 저지하는 가운데, 율곡은 여진족 침입을 막아내
느라 온갖 노력을 하다가 과로하여, 임금의 부름을 받고 오다가
어지럼증으로 쓰러져 임금을 알현하지 못하고 병조에서 조리하게
되었다.

이를 기회로 동인인 허봉許篈(1551~1588)・송응개宋應漑(1536~

1588)·박근원朴謹元(1525~1585) 등 계미삼찬이 왕명무시라는 죄명으로 모함하고, 허봉의 사주를 받은 삼사三司가 율곡을 탄핵하였다. 이에 율곡은 해주海州로 물러가고 성혼 등이 율곡의 억울함을 호소하고 율곡을 모함한 허봉·송응개·박근원 등을 탄핵하니 선조는 이들을 유배보내고 삼사를 교체하고 율곡을 다시 등용하였다.

그러나 율곡은 이때 모함당한 억울함 때문인지 아니면 정권욕에 눈이 어두운 보수세력 때문에 국난에 제대로 대처하지 못한 심려 때문인지 선조 17년(1584) 한창 일할 나이인 49세 장년의 나이로 임진왜란을 앞에 두고 숨을 거두게 된다.

이후 선조가 서인西人을 싫어하여 동인인 이산해李山海(1539~1609)를 이조판서에 10년이나 두니 서인은 실세하고 동인이 정권을 장악하였다.

정여립 모반 사건

선조 22년(1589) 10월에 황해감사 한준韓準이, 정여립鄭汝立(1546~1589)이 지함두池涵斗·길삼봉吉三峯 등과 황해 전라도의 군사를 모아 역모를 꾀한다고 고변하였다. 정여립은 원래 율곡과 우계 문하에 드나들면서 율곡을 성인聖人으로 받들다가 율곡이 졸하고 서인이 실세하자 동인에 붙어 이이를 비난하니 동인의 영수인 이발李潑(1544~1589)이 받아들인 자이다. 이를 잘 알고 있는 선조는 정여립을 등용하지 않았다.

이러한 연유로 이산해·정언신 등은 한준의 고변에도 불구하고 정여립이 모반을 할리가 없다고 옹호하면서 이는 서인의 모함이라고 하였다. 정여립은 진안군 죽도 별장에 도망하였다가 자살하고 그 도당인 변숭복도 그 옆에서 자결하여 정여립 모반 사건은 의문을 남기게 되었지만 정여립의 아들 정옥남鄭玉男이 잡혀와 자복하여 길삼봉·박연령朴延齡 등 소위 정여립 도당이 처벌을 받게 되었다.

그러나 정여립 모반 사건은 11월에 생원 양천회梁千會, 예조정랑 백유함白惟咸(1546~1618) 등이 상소를 하여 정여립과 관련된 조정 대신을 처벌할 것을 주장하여, 우의정 정언신鄭彦信, 이발李潑 형제를 비롯하여 김우옹金宇顒·정경세鄭經世·정인홍鄭仁弘(1535~1623)·정개청鄭介淸·유몽정柳夢井·최영경崔永慶(1529~1590) 등 동인 중 북인세력으로 확대되어 정여립을 옹호하던 동인은 큰 수난을 당하였고, 정철·조헌趙憲(1544~1592) 등으로 이루어지는 서인이 집권하였다.

건저문제

선조 24년(1591) 유성룡이 정승이 되자 정철鄭澈(1536~1593)에게, 선조에게 적자가 없자 서자 중에서 세자를 세울 것을 건의하기로 하고 이산해와 함께 모여 건의하기로 하였다. 그러나 이산해는 선조가 총애하는 인빈김씨仁嬪金氏의 오라비 김공량金公諒과 모의하여 정철이 세자를 세우고 인빈김씨와 그 아들 신성군信城君을 죽이

려 한다고 인빈김씨를 통하여 선조에게 은밀히 모함하였다. 이러
한 모함을 모르고 정철은 유성룡·이산해가 함께 모인 경연 자리
에서 세자 세우는 의논을 선조에게 아뢰었다. 이에 선조가 노하자
이산해 유성룡은 아무 말도 안하고 부제학 이성중李誠中1539~1593),
대사간 이해수李海壽(1536~1598)만이 같이 의논한 일이라 하였다.
이에 정철은 선조에게 크게 미움을 사게 되었는데 이를 틈타 유생
안덕인·이원장·윤홍·이진·이성경 등이 정철이 국정을 그르친다
고 탄핵하여 물러나고, 뒤이어 이산해와 홍여순洪汝諄(1547~1609)
의 공격을 받아 정철은 진주, 백유함白惟咸은 경흥慶興, 유공진柳拱辰
(1547~1604)은 경원, 이춘영李春英(1563~1606)은 삼수三水로 유배
되었다. 이어 우찬성 윤근수尹根壽(1537~1616), 판중추 홍성민洪聖民
(1536~1594), 목사 이해수, 부사 장운익 등을 탄핵하여 삭탈 관직시키
고 병조판서 황정욱黃廷彧(1532~1607), 승지 황혁黃赫(1551~1612),
호조판서 윤두수尹斗壽(1533~1601), 좌승지 유근柳根(1549~1627),
황해감사 이산보李山甫(1539~1594), 사성 이흡李洽(1549~1608) 등을
탄핵하여 서인을 몰아내기 시작한다. 이때 동인 중에는 서인에 대한
강경파와 온건파로 갈리어 남인南人과 북인北人의 대립이 생기었다.
이 남인과 북인의 분열도 학파로 보면 이황의 문인과 조식의 문인
간의 대립이었다.

임진왜란

이처럼 서인이 세자책봉 문제로 쫓겨나는 가운데 선조 25년(1592)

4월 14일 임진왜란이 발발하니 선조는 의주로 피난가고, 조헌·김천일 金千鎰(1537~1593)·고경명高敬命(1533~1592)·곽재우郭再祐 (1552~1617) 등의 의병이 일어나 왜군과 맞서게 되었다. 선조 25년 7월 이순신李舜臣(1545~1598) 장군의 한산도 대첩, 10월 김시민 金時敏(1554~1592)의 진주대첩으로 전라도 곡창이 보호되고, 25년 6월 명나라 원군 1진이 내려와 평양에서 대치하고 25년 12월에 명나라 대군이 내려 오면서 일본군이 퇴각하게 된다. 이런 과정에 서 26년 2월 권율權慄(1537~1599) 장군의 행주대첩이 이루어지 고, 26년 6월 김천일 장군의 제2차 진주성 전투가 벌어진다. 이후 일본과 화의가 이루어져 일본이 철수하게 된다.

그러나 다시 선조 30년(1597) 정유재란이 일어나 명군이 다시 원군으로 와서 싸우던 중 31년 8월 도요토미가 죽어 철수하는 일 본군을 11월 노량대첩에서 섬멸하는 과정에서 이순신 장군이 전사 하는 것으로 전쟁은 끝난다.

이렇게 임진왜란을 거치는 동안, 노비와 토지를 가진 훈척 등 기득권 세력은 피난의 와중에서 몰락하게 되고, 의병투쟁을 전개 하며 성장한 신진 사림세력은 전쟁 복구를 하며 주도권을 잡아간 다.

그러나 정철·조헌·성혼 등 서인의 원로 대신들이 의병투쟁 중 에서 또는 전쟁 전후로 죽게 되어 서인들은 의병투쟁을 주도하였 으면서도 정계의 주도권을 잡아가지 못하였다.

대신에 의주로 선조를 모시고 갔던 이항복李恒福(1556~1618), 이산해李山海의 사위인 이덕형李德馨(1561~1613), 남인 유성룡柳成

龍(1542~1607) 등의 원로 대신들이 선조 25년(1592) 4월 28일 전쟁의 와중에서 북인들에 의해 세자로 추대된 광해군(1608~1623)을 둘러싸고 정계를 주도하게 된다.

선조 32년 남이공南以恭(1565~1640)·김신국金藎國(1572~1657)이 홍여순을 탄핵하면서 대북 소북으로 갈리자, 남이공·김신국 등의 소북이 이이첨李爾瞻·기자헌奇自獻·정인홍 등의 대북에게 밀려나게 된다.

그러나 선조 35년(1602) 유영경이 이조판서로 등용되어 선조 37년 호성공신에 책봉되고 영의정에 오르면서 정계를 주도하게 된다.

이런 와중에서 선조 33년 6월 의인왕후 박씨가 승하하고 선조 35년 7월 인목왕후仁穆王后(1584~1632) 김씨가 왕비가 되어 뒤늦게 선조 39년(1606) 영창대군이 태어나니 왕위계승 문제가 다시 대두된다.

선조 41년(1608) 선조 사위 유정량柳廷亮의 조부인 유영경柳永慶 (1550~1608)은 영창대군을 지지하고 이산해는 광해군을 지지하였다.

그러나 선조 41년(1608) 2월 선조가 승하하고 광해군이 즉위하니 그동안 전개되었던 대북과 소북의 싸움은 대북의 승리로 일단락되고 소북의 유영경은 사사된다.

광해군 즉위

선조 41년(1608) 2월 1일 정릉동 행궁[지금의 덕수궁]에서 57세로 선조가 승하하시고, 2월 2일 정릉동 행궁의 서청西廳에서 즉위한 광해군은 북인세력을 기반으로 하면서 조선성리학 이념과는 괴리되는 정책을 펴나가며 사림들을 배척해간다.

광해군의 북인정권을 즉위초부터 불안하게 만드는 요소가 있었다. 그것은 임진왜란 때 의병투쟁을 하며 세력을 확대한 순정성리학자들의 비판과 즉위 직후 정세 변화에 따라서 왕위를 위협할지도 모를 친형 임해군臨海君과 유일한 적통인 영창대군永昌大君의 존재였다.

광해군 즉위년(1608) 5월 27일 추국청에서 임해군 일당의 역모가 드러났다고 아뢰어, 6월 20일 임해군은 다시 교동喬桐에 유배되었고, 9월 16일 영창대군을 옹립하려던 영의정 유영경을 임해군 옥사에 연루시켜 자진自盡[자살]하게 하였다.

그뒤 정인홍·이이첨 등은 임해군을 죽일 것을 주장하고 이항복李恒福(1556~1618)·이원익李元翼(1547~1634) 등은 죽이면 안된다고 하며 논란하는 가운데, 이이첨이 현감 이직李稷을 사주하여 광해군 1년 4월 29일 임해군을 교동도에서 죽였다.

인조의 할머니인 인빈김씨는 혼란한 광해군 대를 만나 능양군綾陽君[후일 인조] 등 후손들을 보호하느라 많은 노력을 하였다.

광해군 3년(1611) 8월 2일 박승종朴承宗(1562~1623)의 손녀이자 박자홍朴自興(1581~1623)의 딸이 세자빈으로 간택되자 박자홍,

이이첨, 유자신은 왕실과 인척관계를 맺었다.

【이이첨·박승종·유자신 혼맥을 중심으로】

```
신립 ── 녀
          │
이이첨 ┬ 이대엽
        └ 녀
          │
박승종 ── 박자홍 ── 녀
                     │
           광해군 ── 폐세자 이질
                     │
유자신 ┬ 녀 문성군 부인
        └ 유희분
```

또한 이이첨의 아들 이대엽은 신립의 사위로 인조의 큰아버지인 신성군과는 동서간이 된다.

김직재 무옥

그렇지만 정국은 계속 불안하여 광해군 4년 2월 봉산군수 신율申慄의 장계로 김직재金直哉(1554~1612)의 무옥巫獄이 발생했다. 김직재 무옥은 이이첨 등의 대북세력이 소북세력을 몰아내려고 일으킨 무옥이었다. 이 결과 소북세력인 이호민李好閔, 송상인宋象仁, 정호선丁好善 등 1백여 명이 유배가거나 처형당했다.

계축옥사

이러한 대북세력의 역모사건 조작은 서인세력을 몰아내는 데도 이용되었다. 광해군 5년(1613) 계축년 4월 25일 영창대군의 죽음과 직결되는 계축옥사癸丑獄事가 발생하였다.

이 계축옥사는 소양강을 무대로 시주詩酒를 즐기던 서양갑徐羊甲·박응서朴應犀 등 7명의 서출들이 역모를 꾸몄다는 이른바 '칠서七庶의 옥'으로, 이이첨 등은 이 역모 사건에 그들이 영창대군을 옹립하고 영창대군의 외조부 김제남도 관계한 것으로 진술을 유도하게 된다.

그리하여 광해군 5년 5월 22일 평소에 정인홍의 제자라고 자칭한 이위경李偉卿(1596~1623) 등이 계축옥사와 연관지어 대왕대비[인목대비]의 처벌을 촉구하면서 폐모론廢母論이 시작되었고, 5월 30일에는 영창대군의 관작을 삭탈하여 서인으로 만들었다.

또한 6월 1일 인목대비의 아버지 김제남金悌男에게 사약을 내려 서소문西小門 안에서 죽게 하였다.

이러한 혼란한 정국속에서도 능양군[인조] 집안은 할머니인 인빈김씨가 살아계시는 동안은 무사하였다. 그것은 선조대에 할머니 인빈이 선조의 총애를 받으면서 광해군을 보호하였기 때문이었다. 그러나 할머니 인빈김씨는 능양군이 19세 때인 광해군 5년 10월 29일 돌아가셨다.

광해군의 견제세력인 인빈김씨가 돌아가시자, 광해군 6년(1614) 1월 19일 기자헌奇自獻(1562~1624)을 영의정, 정인홍鄭仁弘(1535~1623)을 좌의정, 정창연鄭昌衍(1552~1636)을 우의정에 임명하여 삼정승이 모두 북인北人이 되는 북인정권을 구축하였다.

이를 기반으로 하여 반대세력을 철저히 제거하기 시작했다. 우선, 앞서 서인庶人으로 강등된 영창대군이 광해군 5년 8월 2일 강화에 위리안치圍籬安置되었다가, 광해군 6년 2월 10일 9세의 어린 나이로 강화부사江華府使 정항鄭沆에 의하여 참혹하게 살해되었다.

그리고 이이첨은 하수인인 이위경, 정조鄭造, 윤인尹訒, 유활柳活, 박홍도朴弘道 등으로 폐모론을 주도하게 하고, 광해군 6년 12월 저주와 흉서 사건으로 교서를 반포하도록 하여 본격적인 폐모론으로 비화하게 하였다.

신경희 옥사

이런 와중에서 능양군[인조] 집안을 보호해주시던 할머니 인빈김씨가 돌아가신 지 2년도 채 못된 광해군 7년(1615) 윤8월 2일 '신경희 옥사'가 일어나, 둘째아우인 능창군이 11월 10일 교동에 안치되었다가, 11월 17일 죽임을 당하는 참변이 벌어졌다.

이때 능양군의 나이 21세였고, 능창군의 나이는 17세였다. 능창군은 일찍이 할아버지 선조의 총애를 받아 세자 물망에 올랐던 큰 아버지 신성군이 일찍 죽자 그의 양자로 들어갔었는데, 이 당시 능창군이 수안군수 신경희申景禧(?~1615) 등의 모반에 추대되었다 하여 유배지로 보내져 죽임을 당했던 것이다.

신경희는 신화국의 손자이자 신잡의 아들로, 능창군이 양자로 들어간 신성군과는 사촌 처남 매부간이 된다.

▎폐모廢母와 폐모 정청庭請 반대 38인

결국 광해군 10년(1618) 1월 4일 한준겸의 숙부인 우의정 한효
순韓孝純의 발론發論을 계기로 급기야는 1월 28일 광해군에게는 계
모가 되는 35세의 인목대비를 서궁西宮(지금의 덕수궁)에 유폐시키
기에 이른다.

이때 분위기가 너무도 무시무시하여 사람들이 모두 정청庭請에
불참하면 꼭 죽을 줄로 알았기 때문에, 평소 명검名檢을 약간 지닌
자들마저 휩쓸려 따라가는 꼴을 면치 못하였다.

처음부터 끝까지 불참한 이들은 단지 영돈녕부사 정창연鄭昌衍,
진원부원군晉原府院君 유근柳根, 행 판중추부사 이정구李廷龜, 해창
군海昌君 윤방尹昉, 행 지중추부사 김상용金尙容, 금양위錦陽尉 박미
朴瀰, 행 부호군 이시언李時彦, 지중추부사 신식申湜, 진창군晉昌君
강인姜絪, 청풍군淸風君 김권金權, 동양위東陽尉 신익성申翊聖, 진안
위晉安尉 유적柳頔, 동지돈령부사 김현성金玄成, 복천군福川君 오백령
吳百齡, 행 부호군 이시발李時發, 행 사직 김류金瑬 · 권희權憘, 행
첨지중추부사 오윤겸吳允謙, 행 사직 송영구宋英耉, 행 사과 박동선
朴東善, 행 사정 정효성鄭孝成, 이경직李景稷뿐이었으며, 당하관으로
는 박자응朴自凝 · 강석기姜碩期밖에 없었다. 그런데 이신의李愼儀와
권사공權士恭의 경우는 의논을 수합할 때 지극히 명백하게 진달했
는 데도 결국은 그만 며칠 동안 따라 참여했으므로 사람들이 모두
애석하게 여겼다.

그리고 김지수金地粹는 의논드릴 때 우물쭈물했고 또 정청에 참

여했으므로 역시 유배당했는데, 당시에 그를 평가하기를 '이쪽과 저쪽을 모두 편들면서 양쪽 어깨를 다 드러낸 채 걸어다녔다.'고 하였다.(『광해군일기』권123 광해군 10년 1월 4일)

광해군 10년 2월 9일 정청에 시종일관 불참한 38인을 초계하였다.

정청庭請에 나아가 참여한 당상은 2백 45인이었다. 시종일관 참여하지 않은 38인을 초계抄啓하였는데, 그 명단은 정창연·유근·김상용·이정구·김권·신식·오윤겸·구성具宬·윤방·조응록趙應祿·김위金渭·이시발李時發·박동선·성진선成晋善·신익성·정효성鄭孝成·박미·홍우경洪友敬·박안세朴安世·이시언·권희權憘·유적柳頔·오백령吳百齡·김류金鎏·윤홍尹鴻·윤응삼尹應三·정사서鄭思緒·이계남李桂男·정호신鄭好信·이상준李尙俊·권극정權克正·강인·이사공李士恭·김경생金慶生·정승서鄭承緒·이상李祥과 입번入番한 이희李憘와 김현성金玄成이다.(『광해군일기』광해군 10년 2월 9일)

인조반정

선조의 뒤를 이어 왕위에 오른 광해군은 당론黨論의 폐해를 통감하고 이를 초월하여 좋은 정치를 해보려고 애썼으나, 자신이 대북파의 도움을 받아 왕위에 올랐기 때문에 당론을 초월할 수 없었다. 처음에는 이원익李元翼·이항복李恒福·이덕형李德馨 등 명망 높은 인사를 조정의 요직에 앉혀 어진 정치를 행하려 하였으나, 이이첨李爾瞻·정인홍鄭仁弘 등 대북파의 무고로 친형 임해군과 동생 영창대군을 죽였으며, 또 계모인 인목대비를 유폐하는 패륜을 자행하였다. 이와 같은 광해군의 실정失政이 계속되어 기강이 문란해지자 서인 이귀李貴·김자점金自點·김류金瑬·이괄李适 등은 반정反正을 모의, 1623년 3월 21일을 거사일로 정하고 모든 계획을 추진하였다.

광해군 15년(1623) 3월 12일 이들은 능양군綾陽君〔당시 29세〕을 왕으로 추대하여 창의문彰義門〔북소문으로 지금의 자하문〕으로부터 창덕궁으로 쳐들어갔다.

도중에 이이반李而攽의 누설로 탄로될 위기에 놓였으나 예정대로 거사를 단행하였다. 이서李曙는 장단長湍에서, 이중로李重老는 이천伊川에서 군사를 일으켜 홍제원弘濟院에서 김류의 군대와 합류하였다. 이 군대를 능양군이 친히 거느리고 이괄을 대장으로 하여 12일 밤에 창의문彰義門으로 진군하여 훈련대장 이흥립李興立의 내응으로 반정군은 무난히 궁궐을 점령하였다. 이어 왕대비〔인목대비〕의 윤허를 얻어 능양군〔인조〕이 왕위에 올랐다. 광해군은 의관醫官

안국신安國臣의 집에 피신하였다가 잡혀 서인庶人이 되었으며 강화
도로 유배되었다. 대북파 이이첨·정인홍·이위경李偉卿 등 수십
명은 참수되었으며, 추종자 200여 명은 유배되었다. 반정에 공을
세운 이귀·김류 등 33명은 3등으로 나누어 정사공신靖社功臣의 호
를 받고 권좌의 요직을 차지하였다.

그리고 광해군이 즉위한 무신년戊申年〔1608〕 이후 억지로 꾸민
옥사에 관련된 사람들을 모두 탕척蕩滌하고, 의금부와 전옥서를 열
어 죄인들을 모두 방면하였다.

또한 광해군 때 토목공사 등으로 만들어진 영건營建, 나례儺禮 등
12개 도감都監을 혁파하고, 각종 토목 공사와 그것을 맡아보던 관
리, 세금으로 축재한 자들을 물리치고 척족戚族이나 권귀權貴들의
전장田庄 등을 조사·개혁하며, 내수사內需司·대방군大房君에 빼앗
긴 민전民田을 일일이 환급하도록 하였다.

■ 공빈김씨

【김해김씨 공빈 족보】

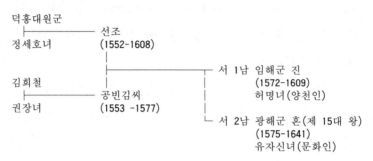

아버지는 사포司圃 김희철金希哲(?~1592)이며, 어머니는 권장權璋의 딸 안동권씨安東權氏이다.

슬하에 임해군臨海君(1572~1609)과 광해군光海君(1575~1641) 두 아들을 두었다.

명종 8년(1553) 10월 11일에 태어났다.

선조 5년(1572) 8월 14일 첫아들인 임해군을 낳았다. 이때 공빈의 나이는 20세였다. 공빈은 계속 총애를 받아 3년 뒤인 선조 8년(1575) 4월 26일 둘째아들 광해군을 낳는다. 선조 10년(1577) 5월 27일 산후병으로 인해 25세로 졸하였다.

김씨는 본디 선조의 총애를 입어 후궁後宮들이 감히 사랑에 끼어들지 못하였다. 병이 위독해지자 선조에게 하소연하기를, '궁중에 나를 원수로 여기는 자가 있어 나의 신발을 가져다가 내가 병들기를 저주하였는데도 상이 조사하여 밝히지 않았으니, 오늘

죽더라도 이는 상이 그렇게 시킨 것입니다. 죽어도 감히 원망하거나 미워하지 않겠습니다'하였는데, 선조가 심히 애도하여 궁인宮人을 만날 적에 사납게 구는 일이 많았다.

그후에 인빈김씨가 곡진히 보호하면서 공빈의 묵은 잘못을 들춰내자, 선조가 다시는 슬픈 생각을 하지 않으면서 '제가 나를 저버린 것이 많다'고 하였다. 이로부터 인빈김씨가 특별한 은총을 입어 방을 독차지하니 이는 전에 비할 바가 아니었다. — 애초 궁중에는 조종조로부터 금성金姓은 목성木姓에 해롭다는 말이 있었기 때문에 여자를 가릴 때 언제나 제외하였었는데, 상이 임금이 되어 3빈嬪이 모두 김씨였고, 인목왕후仁穆王后가 중전中殿의 자리를 잇게 되자 식자들은 불길하지 않을까 의심하였다.

선조 41년(1608) 2월 1일 선조가 정릉동 행궁行宮[덕수궁]에서 홍薨하자 광해군이 다음날인 2월 2일 정릉동 행궁의 서청西廳에서 즉위하였다.

광해군은 즉위하면서 자기의 친형인 임해군을 역모로 몰아 2월 14일에 유배보냈다.

그러면서 광해군 즉위년(1608) 5월 7일 공빈의 신주를 임해군 집에서 다른 곳으로 옮기라고 하였다.

"사친私親의 신주神主를 역모한 자의 집에 오래 둘 수 없으니 효경전孝敬殿(의인왕후 혼전)에 옮겨 두도록 하라"하니, 대사간 최유원崔有源이 아뢰기를, "효경전은 바로 별궁別宮이니, 사친의

신주를 봉안할 수 없습니다" 하였다. 이에 왕이 예조로 하여금
의논하여 처리하도록 하였다. — 사친은 바로 공빈恭嬪인데, 임
해군이 그 제사를 맡고 있었다.

이항복李恒福(1556~1618)의 건의에 따라 광해군이 즉위하기 전
에 있었던 잠저로 우선 옮겨 봉안하였다.

광해군은 보위에 오른 다음 2년(1610) 3월 29일에 그 선모先母
공빈김씨를 왕후로 추존한다. 따라서 공빈의 묘소도 능으로 격상
되니 성릉成陵이란 능호가 올려지고 그 석의石儀 상설像設도 능제陵
制의 격식에 맞게 추설追設된다. 뿐만 아니라 능침 원찰도 부근에
세우게 되니 그것이 바로 봉인사奉印寺이었다. 광릉光陵 봉선사奉先
寺, 선·정릉宣靖陵 봉은사奉恩寺, 경릉敬陵 정인사正因寺의 예에 따
른 것으로 이름도 이들 원찰의 이름을 조합해 짓고 있다. 그 생모
가 생시에 후궁이라는 미천한 신분이었기 때문에 광해군 자신이
감당해야 했던 열등감과 수모를 설분하기 위해 이런 법도에 어긋
나는 일을 저질렀던 듯하다.

이런 일들이 결국 광해군으로 하여금 왕좌를 지킬 수 없게 하는
명분이 되는데, 어떻든 광해군은 그 모후의 명복을 빌기 위해 그
12년(1620) 경신 5월 14일에 봉인사 동쪽 2백 보 떨어진 지점에
석가세존 사리탑을 세우고 이를 지킬 전당을 세우도록 한다. 석가
세존 사리는 전년에 중국으로부터 봉안해 온 것이었다. 이런 사실
은 탑중塔中 고문古文과 중수기重修記를 새긴 탑비명에 의해서 확인
할 수 있다. 이 탑비는 영조 35년(1759)에 절충折衝 최세환崔世煥

이 짓고 쓴 비석이다.

그 내용에 의하면 풍암楓巖 취우取愚선사가 영조 32년 금강산으로부터 오다가 이 탑이 퇴락한 것을 보고 중수할 뜻을 세워 당시 사도세자의 모빈母嬪인 영빈暎嬪이씨와 화완옹주和緩翁主 및 궁녀들의 시주를 받아 탑을 보수하고 그때 탑 내에서 출현한 고기古記 및 새로 지은 중수기를 함께 비석에 새겨 놓았다는 것이다. 그런데 이 탑 내에 봉안된 은제銀製 사리호 바닥에는 '세자 무술생, 수복무강, 성자창성, 만력 사십팔년 경신 오월世子 戊戌生, 壽福無彊, 聖子昌盛, 萬曆四十八年庚申五月'이라는 발원문이 새겨져 있어 광해 세자 질侄의 수복다남壽福多男을 기원했던 사실도 확인할 수 있다. 어떻든 이렇게 성릉 원찰로 세워진 이 봉인사와 부도암은 인조반정으로 성릉이 폐릉 환원되자 왕실 원찰의 지위를 박탈당하여 사리탑이 퇴락할 정도가 되었던 것이다. 그런데 풍암 선사가 영빈이씨의 원찰로 인연을 맺어 놓아 다시 왕실의 외호를 받게 만들어 놓았다.『명찰 순례』2권 79쪽.「봉선사奉先寺」

■ 인빈김씨 ※ 본서 부록 322쪽 참조

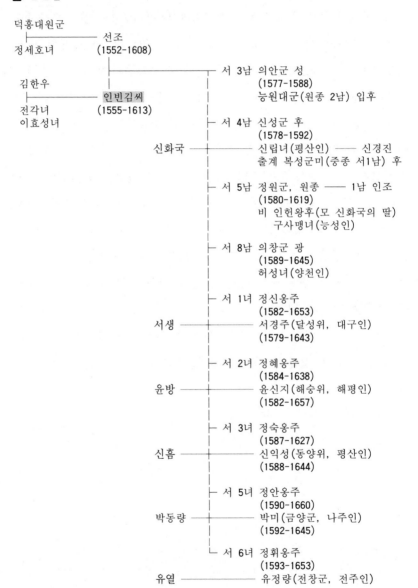

덕흥대원군
┌─────── 선조
정세호녀   (1552-1608)
                │
                ├─── 서 3남 의안군 성
김한우   │   (1577-1588)
┌─────── 인빈김씨 │   능원대군(원종 2남) 입후
전각녀   (1555-1613) │
이효성녀   ├─ 서 4남 신성군 후
                 │   (1578-1592)
            신화국 ─┼─── 신립녀(평산인) ─── 신경진
                 │   출계 복성군미(중종 서1남) 후
                 │
                 ├─ 서 5남 정원군, 원종 ─── 1남 인조
                 │   (1580-1619)
                 │   비 인헌왕후(모 신화국의 딸)
                 │   구사맹녀(능성인)
                 │
                 ├─ 서 8남 의창군 광
                 │   (1589-1645)
                 │   허성녀(양천인)
                 │
                 ├─ 서 1녀 정신옹주
                 │   (1582-1653)
            서생 ─┼─── 서경주(달성위, 대구인)
                 │   (1579-1643)
                 │
                 ├─ 서 2녀 정혜옹주
                 │   (1584-1638)
            윤방 ─┼─── 윤신지(해숭위, 해평인)
                 │   (1582-1657)
                 │
                 ├─ 서 3녀 정숙옹주
                 │   (1587-1627)
            신흠 ─┼─── 신익성(동양위, 평산인)
                 │   (1588-1644)
                 │
                 ├─ 서 5녀 정안옹주
                 │   (1590-1660)
            박동량 ─┼─── 박미(금양군, 나주인)
                 │   (1592-1645)
                 │
                 └─ 서 6녀 정휘옹주
                        (1593-1653)
            유열 ─────── 유정량(전창군, 전주인)

인빈은 현숙한 자질을 타고나 보통 사람과 달랐으므로 유순하고 침착하며 경건한 태도가 이미 어릴 적에 드러나서 비록 소꿉놀이를 하더라도 부녀의 규범을 어기지 않았다. 자매간인〔表姊〕 명종의 후궁 숙의이씨淑儀李氏가 데려다가 궁중에서 길렀는데, 명종비 인순왕후仁順王后가 보고 기특하게 여겨 선조에게 부탁하여 후궁으로 두게 하였다. 이때는 선조 1년(1568)으로 인빈의 나이 14세였다.

처음에 명종이 늦도록 후사後嗣를 얻지 못하자 문정대비文定大妃가 무척 걱정하였는데, 어느 날 밤 꿈속에서 이인異人이 고하기를 '상주尙州 이모李某의 딸을 받아들이면 길할 것이다' 하였다. 잠을 깨고 나서 사람을 시켜 물색해 보았으나 찾지 못하였는데 우연히 만난 어떤 승려가 가르쳐 준 집을 찾아가 마침내 얻어서 후궁後宮으로 데려왔으니, 그가 바로 숙의이씨淑儀李氏이다. 그런데 숙의 역시 끝내 아들을 낳지 못하였으나, 인빈이 그야말로 숙의를 통해 궁중으로 들어오게 되었고, 그뒤로 계속 후손이 번창해져 오묘五廟의 통서統緒가 마침내 자리잡히게 되었으니, 문정대비가 당시에 얻은 꿈이야말로 하늘이 계시해 준 것이 아니었던가 여겨진다.

『계곡집』 권13 「인빈김씨신도비명仁嬪金氏神道碑銘」

그리고 인빈김씨는 자기 소생들을 당시 명문 가문에 시집 장가를 보내 세력 기반을 다진다.

평산신씨 신립 장군과 신흠 집안, 능성구씨 구사맹 집안, 대구서씨 서성 집안, 해평윤씨 윤방 집안, 반남박씨 박동량 집안 등이 이들이다.

인빈김씨 아버지는 사헌부 감찰 김한우金漢佑(1501 ~1574)이며, 어머니는 이효성李孝誠의 딸 전주이씨全州李氏이다. 이효성은 태종 왕비 원경왕후 소생 2남 효령대군의 후손이다.

선조의 후궁으로 슬하에 4남 5녀를 두었다.

1남 의안군義安君(1577~1588)은 혼인하지 못하고 12세로 졸하였다.

2남 신성군信城君(1578~1592)은 신립申砬의 딸 평산신씨와 혼인하였다.

3남 정원군定遠君(元宗, 1580~1619)은 구사맹具思孟의 딸 인헌왕후仁獻王后 능성구씨와 혼인하였다.

4남 의창군義昌君(1589~1645)은 허성許筬의 딸 양천 허씨와 혼인하였다.

1녀 정신옹주는 달성위 서경주에게, 2녀 정혜옹주는 해숭위 윤신지에게, 3녀 정숙옹주는 동양위 신익성에게, 4녀 정안옹주는 금양군 박미에게, 5녀 정휘옹주는 전창군 유정량에게 출가하였다.

인빈김씨 묘
경기도 남양주시 진접읍榛接邑 내각리內閣里

┃ 인빈김씨와 혼맥을 맺은 가문

🏯 평산신씨 신익성 집안

인빈김씨 소생 4남 5녀 중 2남 1녀가 평산신씨平山申氏와 혼인
하였다. 신성군信城君은 신화국申華國의 아들 신립申砬(1546~1592)
의 사위이고, 인조의 아버지인 정원군定遠君은 신화국의 딸의 사위
이고, 정숙옹주貞淑翁主는 신흠申欽의 아들 신익성申翊聖의 처이다.

신립은 장절공壯節公 신숭겸申崇謙(?~927)의 후손이다. 5대조인
신개申槩(1374~1446)는 세종 때 대제학과 좌의정을 지냈고, 세종
묘정廟庭에 배향되었다. 할아버지 신상申鏛(1480~1530)은 중종 때
이조판서 형조판서를 지냈다. 아버지는 생원 신화국申華國
(1517~1578)이며, 어머니는 윤회정尹懷貞의 딸 파평윤씨이다. 부
인은 이담명李聃命의 딸 전주이씨와 최필신崔弼臣의 딸 전주최씨이
다.

슬하에 3남 2녀를 두었다. 전주이씨에서는 자식이 없고, 전주최
씨에서 3남 2녀를 두었다. 1남 신경진申景禛(1575~1643)은 조정현
趙廷顯의 딸 순창조씨淳昌趙氏와 2남 신경유申景裕는 김입흥金立興의
딸 원주김씨原州金氏와 3남 신경인申景禋(1590~1643)은 유몽웅柳夢
熊의 딸 고흥유씨高興柳氏, 이성길李星吉의 딸 전주이씨와 혼인하였
다.

1녀는 선조대왕 서4남인 인빈김씨 소생 신성군信城君 이후李珝
(1578~1592)에게 출가했고, 2녀는 광주이씨 이이첨의 아들인 이

대엽李大燁에게 출가했다.

신립은 인조의 아버지 정원군定遠君(1580~1619)에게는 처 외숙부가 된다. 선조 부마인 신익성과 그 아버지 신흠申欽(1566~1628)과는 먼 일가가 된다.

정원군은 선조의 서5남으로 어머니는 인빈김씨이다. 부인은 좌찬성 구사맹具思孟(1531~1604)의 딸 인헌왕후 능성구씨이다. 장모는 신화국의 딸인 평산신씨이다.

신화국의 아들 신립은 정원군의 처외삼촌이며, 신립의 아들 신경진申景禛(1575~1643)은 인조반정 1등 공신이다. 인헌왕후 구씨와 신립의 아들 신경진은 내외종 사촌간이고, 인조의 백부인 신성군은 신립의 사위이다.

【평산신씨 신립을 중심으로】

슬하에 4남을 두었는데, 인헌왕후에게서 인조仁祖 및 능원군綾原君(1598~1656), 능창군綾昌君(1599~1615) 등 3남을, 김씨에게서 능풍군綾豊君 1남을 두었다.

능원군은 유효립柳孝立(1579~1628)의 딸인 문화유씨와 혼인하였다. 인조 4년(1626) 어머니가 돌아가시자 주상主喪 일을 맡아 했고, 인조 10년 대군으로 되었다.

능창군은 신성군의 양자가 되었다가 광해군 7년(1615) 신경희 등이 역모하여 자신을 왕으로 추대하려 했다는 이른바 '신경희 옥사'에 연루되어 죽임을 당했다.

【평산신씨 신화국을 중심으로】

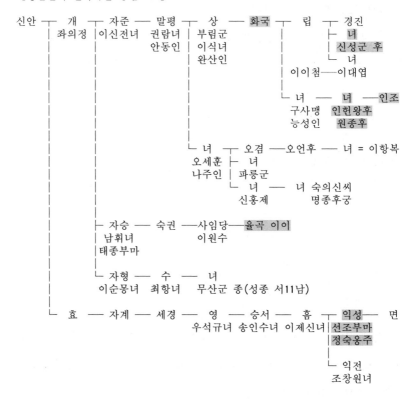

신익성의 아버지는 영의정 신흠이며, 어머니는 청강清江 이제신

李濟臣(1536~1584)의 딸인 전의이씨全義李氏이다. 부인은 선조의 서3녀로 인빈김씨 소생 정숙옹주貞淑翁主이다. 슬하에 5남 4녀를 두었다.

1남 신면申冕(1607~1652)은 윤훤尹暄의 딸인 해평윤씨와, 4남 신최申最는 심희세沈熙世의 딸 청송심씨와 혼인하였다. 심희세는 명종비 아버지 심강沈鋼(1514~1567)의 증손자이고, 심엄의 아들이며 택당 이식의 매부이다.

1녀는 요절하였고, 2녀는 홍명하洪命夏(1607~1667)에게, 3녀는 강석기姜碩期(1580~1643)의 아들 강문두姜文斗에게, 4녀는 김육金堉(1580~1658)의 아들 김좌명金佐明(1616~1671)에게 출가하였다.

동생 신익전申翊全(1605~1660)은 조창원趙昌遠(1583~1646)의 사위가 되어 인조와는 동서간이 된다.

【양주조씨 조창원을 중심으로】

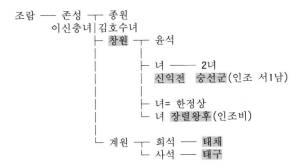

신익성은 임진왜란 때에는 선무원종공신 1등에 올랐으며, 병자호란 때 척화 5신斥和五臣의 한 사람이다.

🏯 능성구씨 구사맹 집안

증조부 구수영具壽永(1456~1524)은 12세에 세종의 아들 영응대
군永膺大君의 사위가 되었고, 성종이 즉위하자 원종공신이 되고, 중
종반정 직후 판돈녕부사로 정국공신靖國功臣이 되어 능천군綾川君에
봉해졌다.

아버지는 사헌부 감찰로 영의정에 추증된 구순具淳(1507~1551)
이며, 어머니는 의신군義信君 이징원李澄源의 딸인 전주이씨全州李氏
(1506~1572)이다. 의신군은 효령대군의 증손이며 주계군朱溪君 이
심원李深源(1454~1504)의 동생이다.

형 구사안具思顔(1523~1562)은 중종 왕비 문정왕후 소생 효순공
주孝順公主와 혼인하였다.

부인은 한극공韓克恭의 딸인 청주한씨와 신화국申華國의 딸인 평
산신씨이다.

슬하에 4남 6녀를 두었는데, 한씨에게서는 자녀가 없고, 신씨에
게서 4남 6녀를 두었다. 다섯째 딸이 인헌왕후仁獻王后(1578~1626)
가 되었다.

1남 구성具宬(1558~1618)은 호성공신扈聖功臣으로 능해군綾海君
에 봉해졌다. 아들 구인후具仁垕도 인조반정 공신으로 능천군綾川君
에 봉해졌다.

선조의 중년中年에 김공량金公諒이 인빈의 오빠로서 임금의 두
터운 사랑을 받으니 사람들이 그 집으로 몰려들었다. 그 중에도

조관朝官 한 사람이 더욱 지나치게 친하니 구성具宬이 마음속으로 그 하는 짓을 미워하여 여러 사람이 모인 자리에서 "내가 대각臺閣에 들어가면 반드시 이 사람을 탄핵할 것이라" 하였으므로 조관朝官이 구성具宬을 뼈에 사무치게 원망하여 김공량을 시켜 중상中傷할 계책을 꾸몄다. 이에 선조가 구성이 혹시 훗날에 인빈仁嬪 자손들에 해를 끼칠 것을 염려하여, 이때 정원군으로 있던 원종元宗을 구성의 누이동생의 배필로 삼았는데 이가 인헌왕후이다. 후에 인조가 왕위에 오르자 구성의 자제들은 훈척으로써 여러 대 세력이 혁혁했으니 그 까닭을 따져보면 모두 조관朝官이 구성을 중상하려고 계책한 것이 도리어 영화가 되었으니 재화災禍와 복이 오는 것은 사람의 힘으로는 이처럼 어쩔 수 없는 것이다. 『국역연려실기술』 「원종 고사본말」

2남 구홍具宖(1562~1636)은 백부인 중종부마 능원위綾原尉 구사안具思顏(1523~1562)에게 출계하였다. 3남 구용具容(1569~1601)은 사헌부 감찰을 지냈고 안경사安景泗의 딸인 죽산안씨와 혼인하였다.

4남 구굉具宏(1577~1642)은 조정趙玎의 딸인 순창조씨와 혼인하였다. 인조반정 공신으로 한성부 판윤을 지냈다. 아들 구인기具仁墍도 인조반정 공신이다.

1녀는 청송심씨 심엄沈㤗에게 출가하였고, 2녀는 남양홍씨 홍희洪憙에게, 3녀는 안동권씨 권유남權裕男에게, 4녀는 김덕망金德望에게 출가하였다.

5녀는 원종 비인 인헌왕후仁獻王后(1578~1626)이다. 6녀는 고성 이씨 이박李璞에게 출가하였다.

외손자인 심정세沈挺世는 인목대비의 아버지 김제남의 사위이므로, 심정세와 선조는 동서간이 된다.

【연안김씨 김제남을 중심으로】

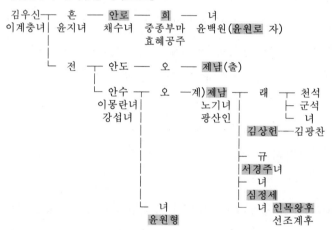

```
김우신┬ 혼 ── 안로 ── 희 ── 녀
이계충녀│ 윤지녀  채수녀  중종부마  윤백원(윤원로 자)
        │                효혜공주
        │
        └ 전 ┬ 안도 ── 오 ── 제남(출)
              │
              └ 안수 ┬ 오 ─계)제남 ┬ 래 ┬ 천석
              이몽란녀│        노기녀│      ├ 군석
              강섭녀  │        광산인│      └ 녀
                      │              │
                      │              ├ 김상헌──김광찬
                      │              │
                      │              ├ 규
                      │              ├ 서경주녀
                      │              ├ 녀
                      │              ├ 심정세
                      └ 녀          └ 녀 인목왕후
                      윤원형              선조계후
```

달성서씨 서경주 집안

서거정徐居正(1420~1488)의 형이 되는 서거광徐居廣의 5대손이다.

아버지는 판중추부사 서성徐渻(1558~1631)이며, 어머니는 송영宋寧의 딸 여산송씨이다. 영의정 송일宋軼의 증손이다.

서성은 율곡 이이, 구봉 송익필의 문인으로 이인기李麟奇(1549~1631)·이호민李好閔(1553~1634)·이귀李貴(1557~1633) 등과 남지기로회

南池耆老會를 조직, 역학易學을 토론했으며 서화書畵에도 뛰어났다.

부인은 선조의 서1녀로 인빈김씨의 소생인 정신옹주貞愼翁主이다. 슬하에 3남 5녀를 두었다.

1남 서정리徐貞履(1599~1664)는 심열沈說의 딸 삼척심씨, 이시발李時發의 딸 경주이씨와 혼인하였다.

2남 서정리徐正履(1617~1678)는 김남중金南重의 딸 경주김씨, 남호학의 딸 의령남씨와 혼인하였다.

3남 서진리徐晉履(1622~1661)는 김경여金慶餘의 딸 경주김씨와 혼인하였다. 김경여의 부인은 이귀李貴(1557~1633)의 딸이다.

1녀는 연안김씨 김제남金悌男(1562~1613)의 아들 김규金珪에게 출가했고, 2녀는 전주이씨 이명인李命寅에게, 3녀는 청송심씨 심항沈伉에게, 4녀는 안동권씨 권우權堣에게, 5녀는 전의이씨 이만웅李萬雄에게 각각 출가했다.

서경주의 형 서경수徐景需(1575~1646)의 증손자 서종제徐宗悌(1656~1719)의 딸은 영조비 정성왕후貞聖王后(1692~1757)이다.

해평윤씨 윤신지 집안

증조부는 군자감정을 지낸 윤변尹忭(1495~1549)이다. 조광조의 문인으로 기묘사화己卯士禍가 일어나자 성균관 유생들과 함께 조광조의 무죄를 호소하였다.

할아버지는 영의정을 지낸 윤두수尹斗壽(1533~1601)이다.

해원부원군 윤두수가 졸하였다. 윤두수는 젊어서부터 공보公輔의 기대를 받았는데, 전랑銓郎이 되어 이량李樑의 아들이 낭관직에 천거되는 것을 허락하지 않았다. 이때 이량의 기세가 커서, 윤두수가 드디어 이 때문에 죄를 얻었는데, 사론士論이 훌륭하게 여겼다. 광국훈光國勳에 녹공되고 정경正卿에 올랐다. 신묘년에 왜추倭酋가 우리나라에게 길을 빌려 달라고 하였는데 윤두수가 가장 먼저 중국에 그것을 고할 것을 청하였다. 이 때문에 임진년의 난리가 일어났을 때 중국이 끝내 우리나라를 의심하지 않았다. 상이 이 일로 그를 인재로 여겨 드디어 재상의 지위에 이르렀다. 그러나 당시에 꺼리는 바가 되어 이를 사양하고 한가하게 살다가, 이때에 이르러 졸하였다. 『선조수정실록』권 35. 선조 34년 4월 1일

아버지는 영의정을 지낸 윤방尹昉(1563~1640)이다. 윤방은 율곡 이이의 문인이다.

윤방을 우참찬으로 삼았다. 윤방은 위인이 중후하고 덕량이 있어 소시부터 공보公輔의 명망이 있었다. 그 아들 윤신지尹新之가 옹주를 아내로 삼았으되 스스로 경계하여 청렴과 검소로 처신하여 왕실의 인척으로 자처하지 않아 칠신七臣의 화에서 홀로 벗어났으므로 논자들이 그를 훌륭하게 여기었다. 급기야 폐모를 정청하던 날에는 마침 말미를 얻어 밖에 있다가 입궐하여 숙배를 드린 후 뒤돌아보지 않고 돌아갔으므로 조정에 가득한 신료들이

모두 부끄러운 기색을 지었다. 흉도들이 드디어 중한 율로 다스리려 하자 5~6년 동안 교외에서 두문 불출하였다. 이에 이르러 처음으로 이 직을 제수받고 얼마 안 되어 정승에 이르렀다.『인조실록』권1. 인조 1년 3월 15일

어머니는 한의韓漪의 딸 청주한씨이다. 한의는 중종의 2녀 의혜공주의 남편 한경록韓景祿의 아들이다.

부인은 선조의 서2녀로 인빈김씨 소생인 정혜옹주이다. 슬하에 4남 1녀를 두었으나 아들 윤지尹墀와 윤구尹坵만 남고 모두 요절하였다.

아들 윤지는 홍명원洪命元의 딸 남양홍씨와 혼인하였다. 부제학 경기도 관찰사를 지냈다. 윤구는 김신국金藎國의 딸 청풍김씨와 혼인하였다.

작은 할아버지 윤근수尹根壽(1537~1616)는 명종 17년(1562) 9월 21일 기묘사화 당시 화를 당한 조광조의 신원伸寃을 청하였다가 9월 23일 과천현감으로 체직되기도 하고, 선조 23년(1590) 8월 종계변무宗系辨誣의 공으로 광국공신 1등에 해평부원군으로 봉해졌으며, 선조 24년 6월 26일 우찬성으로 정철鄭澈이 건저문제建儲問題로 화를 입자, 대간의 탄핵으로 삭탈 관직되기도 했다.

윤근수의 아들 윤명尹眳은 한경우韓景祐의 사위이고, 한경우의 형 한경록韓景祿은 중종 2녀 의혜공주懿惠公主와 혼인하였다. 그리고 한경록의 아들 한의韓漪는 윤두수의 아들 윤방尹昉의 장인이다.

손녀인 윤지尹墀의 딸 해평윤씨는 김익겸金益兼(1614~1636)에게 출

가해 김만기金萬基(1633~1687)와 김만중金萬重(1637~1692)을 낳았
다. 김익겸은 김장생의 손자로 병자호란 때 김상용과 함께 강화도
에서 순절하였다. 해평윤씨는 다행히 배를 얻어 타고 빠져 나올
수가 있었는데 배 위에서 김만중을 낳았다.

　김만기는 숙종비 인경왕후仁敬王后(1661~1680)의 아버지이다. 김
만기는 어려서 부모를 잃어 외증조부인 윤신지에게 의뢰하여 양육
되었다.

【광산김씨 김만기를 중심으로】

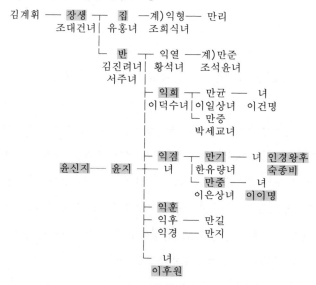

반남박씨 박미 집안

고려말 학자인 박상충朴尙衷의 8대손이다. 7대조인 박은朴訔 (1370~1422)은 이곡李穀의 외손이다. 태종을 도와 좌명공신佐命功 臣이 되었고 좌의정을 지냈다.

박은朴訔의 아들인 박강은 세조 1년(1455) 수양대군이 단종의 왕위를 수선受禪하는 일에 협력, 그 공으로 좌익공신 3등에 책정되 고 금천군錦川君에 봉하여졌다. 박강의 증손녀가 인종비 인성왕후 仁聖王后이다.

종조부인 박응순朴應順(1526~1580)은 선조비 의인왕후懿仁王后의 아버지이고, 아우 박응남朴應男과 같이 성제원成悌元의 문하에서 배 웠다. 따라서 아버지 박동량과 선조비 의인왕후는 사촌간이다.

또한 박응남의 아들 박동휴朴東烋는 이헌국李憲國(1525~1602)의 딸과 혼인하였는데 이헌국은 의창군義昌君(1589~1645)의 처외조부가 된다.

【전주이씨 이헌국을 중심으로】

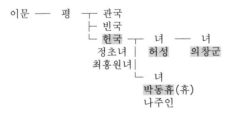

증조부 박소朴紹(1493~1534)는 조광조의 문인으로 사간원 사간 司諫이 되었으나 김안로 등의 탄핵으로 파면되어 합천陜川에 내려

가 살았다.

조부 박응복朴應福(1525~1598)은 성제원·이중호의 문인으로 형조참판을 지냈다.

아버지는 참찬 박동량朴東亮(1569~1635)이며, 어머니는 민선閔善의 딸 여흥민씨이다.

박동량은 선조로부터 한응인韓應寅·유영경柳永慶·서성徐渚·신흠申欽·허성許筬·한준겸韓浚謙과 함께 영창대군을 잘 보호하라는 부탁을 받은 이른바 유교 7신의 한 사람으로 대북파의 질시 대상이 되었다. 김상용金尙容(1561~1637)·김상헌金尙憲(1570~1652) 형제와 친교가 두터웠다.

부인은 선조의 서5녀로 인빈김씨 소생인 정안옹주貞安翁主이다.

사촌 형인 박호朴濠는 신흠의 사위이고, 동생 박의朴漪도 신흠의 사위이다. 박의의 아들이 소론의 영수가 되는 좌의정 박세채朴世采(1631~1695)이다. 동생 박유朴濰(1606~1626)는 김제남의 무옥誣獄에 연좌되어 여러 조신들과 함께 구금된 한양조씨 조위한趙緯韓(1558~1649)의 사위이다. 여동생은 월사 이정구李廷龜(1564~1635) 아들 이명한李明漢(1595~1645)에게 출가하여 박미와 이명한과는 처남 매부지간이 된다.

슬하에 1남을 두었다.

아들 박세교朴世橋(1611~1663)는 이석기李碩基의 딸 전의이씨全義李氏(1613~1666)와 혼인하였다. 효종 때에 군수를 지내고 첨정僉正에 이르렀다.

이항복의 문인으로 백사 문집을 정리하였다. 이항복은 어머니의 외삼촌이다. 계곡 장유와 송강 정철의 아들인 기암畸菴 정홍명鄭弘溟과 함께 사계 김장생에 찾아가 4일 동안 이치를 토론하기도 하였다.

【경주이씨 이항복을 중심으로】

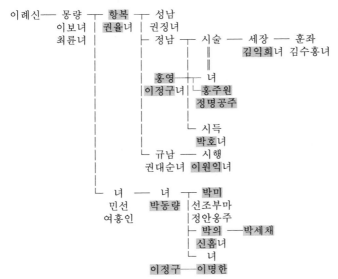

5장 현종대 예송과 왕실 친인척

예송은 조선 후기 최고의 정치적 논쟁으로, 효종과 현종의 왕위 계승과 종법을 중심으로 일어난 대 논쟁이다.

병자호란으로 피폐해진 나라를 바로 세우느라 개혁을 추진하던 효종이, 즉위 10년 만에 장년의 나이로 갑자기 승하하자, 지금까지 사회개혁을 이끌어 왔던 북벌론의 대의명분이 예송으로 비화하게 되었으니 이것이 효종에 대한 인조비 조대비의 복상문제를 둘러싼 1차 예송이었다.

1차 예송은 김상용·김상헌의 외손녀인 효종비 인선왕후가 대비로서 왕실을 주도하여 송시열·김수항 등 척화파가 승리하게 된다. 김상용은 병자호란 때에 강화도가 함락되자 화약으로 자결한 대표적인 척화파였고, 동생 김상헌도 남한산성에서 척화를 주도했다가 화의가 성립되자 자결을 하려다가 안동으로 낙향했던 대표적인 척화파였다.

그러나 효종비 인선왕후가 승하하자 일어난 2차 예송은 현종비 집안인 김우명 김석주 등 청풍김씨 세력이 남인들과 연합하여 주도하게 되면서, 효종비 외조부 김상용 집안인 안동김씨 세력이 밀려난다. 왕실세력으로는 현종비 청풍김씨와 연합한 인조 3남인 인평대군 세력과 인평대군의 처가인 동복오씨 세력이 등장한다.

그리고 송시열 등 서인세력이 실세하여 유배가고, 허적·허목·윤휴로 대표되는 남인세력이 주도하게 된다.

● 인조 · 효종 · 현종 · 숙종 ※ 본서 부록 323쪽 참조

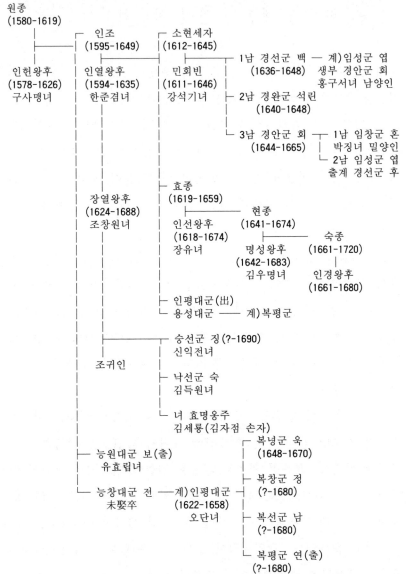

원종
(1580-1619)

┌ 인조
│ (1595-1649)

┌ 소현세자
│ (1612-1645)

인헌왕후
(1578-1626)
구사맹녀

인열왕후
(1594-1635)
한준겸녀

민회빈
(1611-1646)
강석기녀

├ 1남 경선군 백 ── 계)임성군 엽
│ (1636-1648)   생부 경안군 회
│   홍구서녀 남양인
├ 2남 경완군 석린
│ (1640-1648)
│
└ 3남 경안군 회 ┬ 1남 임창군 혼
  (1644-1665) │ 박징녀 밀양인
               └ 2남 임성군 엽
                 출계 경선군 후

장열왕후
(1624-1688)
조창원녀

├ 효종
│ (1619-1659)
│ ├──────── 현종
│ 인선왕후   (1641-1674)
│ (1618-1674) ├──────── 숙종
│ 장유녀   명성왕후   (1661-1720)
│   (1642-1683) │
│   김우명녀   인경왕후
│   (1661-1680)
│
├ 인평대군(出)
└ 용성대군 ── 계)복평군

조귀인

├ 숭선군 징(?-1690)
│ 신익전녀
│
├ 낙선군 숙
│ 김득원녀
│
└ 녀 효명옹주
  김세룡(김자점 손자)

├ 능원대군 보(출)
│ 유효립녀
│
└ 능창대군 전 ── 계)인평대군 ┬ 복녕군 욱
  未娶卒   (1622-1658) │ (1648-1670)
              오단녀   │
                           ├ 복창군 정
                           │ (?-1680)
                           │
                           ├ 복선군 남
                           │ (?-1680)
                           │
                           └ 복평군 연(출)
                             (?-1680)

명나라가 망하고 청나라에 끌려갔던 소현세자·봉림대군과 척화파의 수장인 김상헌金尙憲(1570~1652) 등이 돌아온다. 그러나 소현세자는 돌아오자마자 김자점金自點(1588~1651) 등의 친청 주화파 세력에게 독살당하고 그 부인인 강빈姜嬪은 인조 독살 음모의 누명을 쓰고 죽는다. 그 세 아들들은 제주도에 유배가서 10살, 6살인 두 아들은 죽고 2살인 막내아들만 살아남게 된다.

그리고 주화파인 장유張維(1587~1638)의 사위 봉림대군이 둘째 아들인데도 불구하고 적장손인 소현세자의 아들을 대신해서 세자로 책봉되고 효종으로 즉위하게 된다.

그러나 효종이 즉위하여 오히려 자신의 즉위를 반대했던 척화파를 등용하고, 북벌론을 추진하고, 김자점 등의 친청 주화파 세력을 처단하며 대동법 등의 개혁을 추진해 가며 개혁을 주도한다. 이렇게 북벌을 추진하던 효종이 10년 만에 승하하자 개혁은 주춤한다.

그리고 이를 빌미로 정권을 탈취하려는 윤선도尹善道(1587~1671)·허목許穆(1595~1682) 등 남인세력들이 조대비趙大妃〔인조계비仁祖繼妃 자의대비慈懿大妃〕의 효종에 대한 복상문제를 빌미로 예송논쟁을 일으킨다.

효종에게 신하들은 모두 신하로서 3년상을 하지만, 조대비는 효종에게는 어머니이므로 효종이 조대비에게 장자長子면 3년상을, 차자次子면 1년상을 하는 것이 당시 상례喪禮였다. 그리고 효종은 조대비에게는 차자라서 일반 집안 같으면 당연히 1년상이었다.

그러나 효종을 차자라 하여 1년상을 하게 되면, 적장자가 왕위에 오르는 것이 원칙인 조선사회에서 차자인 효종이 왕위에 오른 것은 원칙을 어긴 것이 되는 것이다. 그리고 실제로 효종을 세자로 책봉하여 왕위에 오르도록 하려고 소현세자빈 강빈과 원손인 소현세자의 아들들을 죽이기까지 하였던 것이다.

따라서 조대비의 효종에 대한 1년상·3년상 문제는 효종이 원칙에 맞게 왕위에 올랐는가를 판단하는 기준이 되는 논의였다. 게다가 소현세자의 막내아들이 살아 있었기 때문에 왕위 계승이 효종의 아들인 현종에게로 가야 하는가 아니면 적장손인 소현세자의 아들에게로 가야 하는가의 문제로까지 비화될 수 있는 문제였다.

이러한 예송禮訟 논쟁은 종가집 집안을 운영하는 가족제도의 원리이면서 왕위계승의 원칙이기도 한 종법宗法을 둘러싸고 일어나는 이념 논쟁이었고, 이는 종법에 따른 사회구성을 하는가 아니면 종법을 변용하여 사회구성을 하는가 하는 사회구성체 논쟁이었다. 왕에게도 똑같은 종법을 적용하는가〔천하동례〕, 아니면 왕에게는 사대부와는 다른 종법을 적용하는가〔왕자례부동사서〕 하는 논쟁이었다.

그래서 소현세자의 막내아들이 죽는 현종 6년(1665)까지 이상사회를 구현하려는 사람들이 대거 참여하는 예송이 벌어지게 되는 것이다.

기해예송

현종 즉위년(1659) 기해년 효종의 계모인 자의대비慈懿大妃〔장렬왕후〕 양주조씨楊州趙氏의 효종에 대한 복상服喪문제로 논쟁이 일어났는데, 이것이 기해예송이다.

당시는 조선성리학 이념에 따라 종법이 확립되어 있었기 때문에, 신분에 관계없이 모든 집안에서 부모에 앞서 자식이 죽으면 종통宗統을 잇는 적장자에 대해서는 3년상을 입지만 그 이하 차자次子에게는 1년상을 입었다. 그리고 종통은 적장자만이 이어받을 수 있고, 적장자가 불행히도 부모에 앞서 죽게 되면 적장자의 아들인 적장손이 이어받고, 만약에 적장자의 아들인 적장손이 없을 경우는 적장자의 동생이 종통宗統을 이을 수는 없고 양자養子를 세워 종통을 이어받게 했다. 이것은 왕위 계승에도 그대로 적용되는, 지금의 헌법 같은 성격을 가진 것이며, 성리학 이념의 핵심이기도 했다. 둘째·셋째아들이 정승 판서가 되어 힘이 세어졌다고 해도 그리고 임금이 되었다 해도 적장자의 위치를 뺏을 수는 없다는 것이다.

따라서 율곡 이이·사계 김장생을 이어, 당시 예학의 종장宗匠으로 추대된 우암 송시열 및 서인들은 현종 즉위년(1659) 5월 5일 효종이 비록 변칙적으로 왕위를 계승했지만 이는 왕가王家에 있을 수 있는 일이므로 인정한다 하더라도, 왕위를 계승했다고 하여 엄연히 적장자인 소현세자를 두고 효종을 적장자로 대우할 수는 없으니, 차자로서 1년상을 해야 한다고 주장하였다. 이를 통하여 송시열은 천하동례天下同禮에 입각하여, 성리학의 근본이념인 종법은 천리天理이므로 왕을 비롯한 어느 경우에도 똑같이 적용되어야 한다고 하여 성리학 이념에 따른 이상사회를 구현하려는 의지를 표명하였다.

이에 반해 퇴계退溪 이황李滉(1501~1570)의 제자인 한강寒岡 정
구鄭逑(1543~1620)를 잇는 미수眉叟 허목許穆(1595~1682) 등 기
호남인들은 왕자의 예는 사대부와 서민들과는 같지 않다는 왕자례
부동사서王者禮不同士庶에 입각하여, 현종 1년 4월 10일 비록 적장
자는 아니지만 차자로서 왕위를 계승했으므로 장자로 대우하여 재
최삼년상齊衰三年喪을 해야 한다고 주장함으로써 성리학의 이념구현
을 위한 예론禮論을 펴면서도 종법이 왕에게나 또는 어떤 경우에는
변칙적으로 적용될 수 있다는 여지를 남기어 보수적인 경향을 띠
었다.

이에 동조하여 소북계小北系인 윤휴는 좀더 급진적으로, 조대비
는 어머니이지만 효종이 왕위에 올랐으므로 신하로서 참최삼년상
斬衰三年喪을 입어야 한다는 신모설臣母說을 주장하며, 왕 앞에서는
어머니도 신하가 되어야 한다고 함으로써 기본적으로 성리학 이념
에 맞는 올바른 복제를 확립하려고 예론禮論을 전개하면서도 부자
간의 천륜을 기반으로 하는 성리학 이념을 근본적으로 부정하는
논의에까지 이르는 모순을 보인다.

우암 송시열의 입장에서는 형이 죽으면 동생이 잇는다는 형망제
급兄亡弟及의 변칙에 의해 왕위에 오른 효종의 종통도 훼손하지 않
으면서, 성리학의 근본이념이 표출된 종법도 지켜나가야 할 필요
가 있었던 것이다. 따라서 종법상으로 보면 인조의 원래 적장자는
소현세자이었고 효종은 차자이므로, 송시열은 인조 계비인 조대비
의 효종에 대한 복제는 차자에 대한 복인 1년상을 입어야 한다고
하였다. 이는 효종이 원래는 방계로서 왕위에 오른 성서聖庶, 즉

원칙적으로 왕위에 오를 수 없는 차자이지만 왕위계승에서 일어난 여러가지 사정으로 변칙적으로 올랐다는 것을 분명히 해주고 있었다. 적장자가 적통嫡統을 이어가야 한다는 종법은 왕이나 사서인士庶人이 모두 지켜야 할 불변의 천리天理이고, 다만 왕통은 끊어질 수 없으므로 왕위계승에서는 할 수 없이 변칙적으로 방계가 종통을 이어가는 경우가 생기는데, 이는 '성서탈적聖庶奪嫡'이라는 변칙으로, 나무에 비유하면 가지가 줄기로 변화되는 변칙이지, 가지가 변화한 줄기가 원래 줄기였던 것은 아니라는 것이다.

이에 비해 미수 허목은 차자가 왕위를 계승하면 장자가 되는 것이라 하여 차장자설次長子說을 주장하고, 백호 윤휴는 누구든지 왕위를 계승하면 왕 앞에서는 어머니도 신하가 되어야 한다는 신모설臣母說 입장에서 3년상을 주장하여, 왕자王者의 예禮는 사서인士庶人과는 다르다는 공통된 주장을 피력하게 된다. 이는 결국 왕에게는 성리학의 근본이념의 표출인 종법이 변칙적으로 적용되거나〔허목 경우〕 또는 부정되는 경우로〔윤휴 경우〕 나타나게 되고, 현실적인 정책에서도 자연스럽게 허목 등이 양반호포법을 반대하는 보수성을 띠게 되고, 윤휴의 경우는 급진적인 시행방법을 주장하는 양상으로 나타날 수 밖에 없었다.

율곡—김장생—송시열 계로 이어지는 순정성리학자들이 주도하는 현종 전반기인 1차 예송은, 윤선도·허목·권시·조경·홍우원·김수홍 등을 필두로 지방유생까지 이어지는 3년상을 주장하는 예송 논의에도 불구하고, 종법을 천하에 똑같이 적용해야 한다는 1년상의 입장이 천명되게 된다.

이와 같이 종법상 효종 승중, 즉 왕위 계승의 정당성 여부가 실질적인 논의이면서도 표면적으로는 단순한 전례문제典禮問題로 논의되던 예송이, 현종 1년 4월 18일 윤선도尹善道(1587~1671)가 '종통宗統=적통嫡統'설을 주장하면서 송시열의 주장을 '이종비주貳宗卑主〔종통을 둘로 하고 임금을 천하게 함〕'라는 역모와 같은 성격이라고 공격하여 정쟁政爭으로까지 비화되기에 이르렀다. 이로 인하여 4월 19일 윤선도는 단순한 전례문제典禮問題로 중신重臣을 역적으로 모는 간휼한 신하라고 지칭되었다.

조대비의 효종에 대한 복제는 변칙으로 왕위에 오르게 된 효종에게 종법을 어떻게 적용시키는가 하는 문제였다. 종법은 성리학 이념을 구현하는 핵심이었기 때문에 이를 어떻게 적용하는가 하는 문제는 성리학 이념에 따라 대동법大同法·양반호포법兩班戶布法·서얼허통庶孽許通·노비종모종량법奴婢從母從良法·궁방전혁파宮房田革罷 등 여러 사회개혁을 추진하려는 사림들에게는 대단히 중대한 논의였다.

복제논의服制論議는 천리인 종법을 모든 경우에 적용되어야 하는 불변의 법칙으로 보는가〔천하동례 天下同禮〕, 아니면 왕에게는 변형될 수 있는 가변적인 법칙으로 보는가〔왕자례부동사서 王者禮不同士庶〕에 따른 논의였던 것이다. 이러한 논의는 필연적으로 이발理發을 부정하고 기발氣發만을 인정하여 이理는 절대불변으로 하고 기氣의 가변성만을 인정하는 율곡학파인 서인과 이발·기발을 내세워 이理의 가변성을 인정하는 퇴계학파인 남인과의 대립으로 나타났다.

이처럼 현종 즉위 이후 소현세자의 막내아들 경안군慶安君 이회
李檜(1644~1665)가 살아 있었을 때에는 효종을 장자長子로 대우하
는가 차자次子로 대우하는가 하는 문제가 왕위 계승 문제와 아주
밀접히 관련하여 현종초 예송이 대두되었으나, 현종 6년(1665) 9
월 18일 경안군 이회가 졸함에 따라, 다음 해 7월 예송이 일단락
되었다.

갑인예송

그러나 현종 후반기에는 효종대에 한당漢黨·산당山黨으로 김육
과 김집이 분리되었던 것이, 다시 김육의 아들이자 현종의 장인인
김우명과 김좌명·김석주가 송시열·송준길·민유중과 대립하는
것으로 이어졌다. 이에 김우명 등은 인조의 3남이며 효종의 동생
인 인평대군의 세 아들과 결탁하여 척신세력을 이루고, 이들과 연
결된 허적·허목·윤휴 등 남인들과 일시적으로 결합하여 반송시
열 세력을 형성하게 되었다.

이때에 마침 효종비 인선왕대비 장씨가 인조 계비 조대비에 앞
서 승하하게 되니 2차예송인 갑인예송이 일어나게 되었다. 이때는
이미 척신 김우명과 김석주의 사주로 현종이 허목의 차장자설을
지지하고 있었으므로, 송시열의 입장을 잘못된 것으로 규정하고,
송시열의 입장을 따르던 김수흥을 빈청의례대신들을 대표하여 귀
양보낸다. 이런 결정이 논의되는 가운데 현종이 승하하게 되니 14
살의 어린 나이로 등극한 숙종은 부왕의 유지를 따라, 효종을 차

자로 보고 1년상을 주장했던 송시열 세력을 대거 쫓아내고, 송시
열은 유배가기에 이른다.

현종 14년 효종비가 승하하여 일어나는 2차 예송에서는 남인과
연합한 현종 장인 김우명金佑明과 그 조카 김석주金錫冑에 의해 서
인인 송시열 등이 패퇴하게 된다. 이후 남인은 송시열의 처벌문제
를 놓고 허목을 영수로 하는 청남과 허적을 영수로 하는 탁남으로
갈라졌다.

예송에서 3년상을 주장하는 허목 등 남인들은 인조의 셋째아들
인평대군과 인평대군 아들 복녕군福寧君, 복창군福昌君, 복선군福善
君, 복평군福平君과 가까운 친인척이었다. 그리고 복창군은 또 국구
國舅 김우명金佑明의 여동생과 결혼하였다. 복창군은 이 때문에 더
욱 친대親待를 받았으며, 여러 형제들과 더불어 금중禁中에 드나드
는 것이 절제가 없었다.

그래서 숙종이 후사 없이 죽으면 인평대군 아들 중에 한 명이
왕위에 오르게 된다. 이에 위협을 느낀 현종비 명성왕후와 김석주
는 김만기 등과 함께 남인을 몰아내고 남인 영수 허적과 복창군·
복선군을 죽인다. 그리고 인평대군 처가로 남인의 중심세력이었던
동복오씨 오정창 등을 죽인다. 오정창은 인평대군의 처남이요 복
창군·복선군의 외삼촌이었다.

이것이 숙종 6년(1680) 일어난 경신대출척이다. 그동안 대동법
·양반호포론·노비종모법·궁방전 등 진행되던 개혁이 오히려 저
지되자 남인은 다시 실각하게 된다.

송시열 초상, 황강영당본

오른쪽 위에 있는 김창협(金昌協, 1651~1708)의 찬문은 김창협의
동생인 김창업(金昌業, 1658~1721)이 초상을 그렸음을 말해 준다.

효종비 인선왕후 외가 집안

```
시조
김선평 ──── 김번 ──── 생해 ─→
              홍걸녀    이침(경명군)녀


생해 ┬ 대효 ─계)상헌 ─계)광찬 ──┬ 수증
이침녀 │ 이영현녀  좌의정  증영의정 │ 조한영녀
완산인 │ 광주인   이의노녀 김래녀 │ 창녕인
      │ 정태형녀 성주인 (김제남아들)│
      │ 연일인           연안인 ├ 수흥(출계광혁)
      │                         │
      │                         └ 수항
      ├ 원효 ── 상준            나성두녀
      │
      │
      └ 극효 ─ 상용 ┬ 광형 ── 수창
       정유길녀 │ 권개녀 │이헌심녀 유돈녀
       동래인  │ 안동인 ├ 광환 ── 수홍
               │       │ 이철녀  소광진녀
               │       │
               │       ├ 광현 ┬ 수인
               │       │ 심율녀 │성홍헌녀
               │       │
               │       └ 녀 ┬ 장선징
               │       장유 │
               │           └ 인선왕후(효종비)
               │
               ├ 상관 ┬ 광혁 ─계)수흥
               │      │
               │      └ 광찬(출계상헌)
               │
               ├ 상건
               │송응광녀
               │ 은진인
               │
               ├ 상헌(출계대효)
               │
               └ 상복 ── 2녀 을순
                이인기녀      윤집
                청해인
```

효종비 인선왕후仁宣王后(1618~1674) 아버지는 우의정 장유張維 (1587~1638)이며, 어머니는 우의정 김상용金尙容(1561~1637)의 딸인 안동김씨安東金氏(1587~1654)이다.

인선왕후는 외조부가 강화도에 순절하셔서 척화파와 가까울 수밖에 없었다. 이를 인조대는 외조부 김상용의 동생인 김상헌이, 효종·현종대는 외가로 6촌이 되는 문곡 김수항이 대변하고 있었다.

김상용金尙容(1561~1637)

효종비 인선왕후의 외조부인 김상용은 76세인 인조 14년(1636) 병자호란이 일어나자 12월 14일 묘사주廟社主를 받들고 빈궁·원손을 수행하여 강화도로 피란하였다가, 인조 15년(1637) 1월 22일 강화도가 함락되자 성의 남문루南門樓에 있던 화약에 불을 지르고 77세로 순절하였다.

김상용의 호는 선원仙源, 좌의정 정유길鄭惟吉의 외손이다. 선조 15년(1582, 22세) 진사가 되고 선조 23년(1590, 30세) 증광문과에 병과로 급제, 예문관검열藝文館檢閱이 되었다. 선조 25년(1592, 32세) 임진왜란이 일어나자 강화 선원촌江華仙源村〔지금의 江華郡 仙源面 冷井里〕으로 피란했다가 양호체찰사兩湖體察使 정철鄭澈의 종사관이 되어 왜군토벌과 명나라 군사 접대에 공을 세움으로써 선조 31년(1598, 38세) 승지에 발탁되고, 그뒤 왕의 측근에서 전란중의 여러 사무를 보필하였다. 선조 34년(1601, 41세) 대사간이 되었으나 북인의 배척을 받아 정주목사로 출보黜補, 이후 상주목사 등을 전

전하다가 광해군 즉위년(1608, 48세) 잠시 한성우윤·도승지를 지낸 뒤 계속 한직에 머물렀다. 광해군 9년(1617, 57세) 폐모론廢母論이 일어나자 이에 반대하여 벼슬을 버리고 원주로 거처를 옮겨 화를 피했다. 인조반정 뒤 병조·예조·이조의 판서를 역임하였으며, 인조 5년(1627, 67세) 정묘호란 때는 유도대장留都大將으로서 서울을 지켰다. 인조 10년(1632, 72세) 우의정에 발탁되었으나 늙음을 이유로 바로 사퇴하였으며, 인조 14년(1636, 76세) 병자호란 때 빈궁·원손을 수행하여 강화도에 피난하였다가 성이 함락되자 성의 남문루南門樓에 있던 화약에 불을 지르고 순절하였다.

김상헌金尙憲(1570~1652)

김상용의 동생 김상헌金尙憲(1570~1652)은 호는 청음淸陰 석실산인石室山人〔중년 이후 양주석실楊州石室에 퇴귀退歸해 있으면서 사용〕·서간노인西磵老人〔만년에 安東에 은거하면서 사용〕이다.

광해군 즉위년(1608) 문과중시에 급제, 교리·응교·직제학을 거쳐 동부승지가 되었으나 이황李滉 배척에 앞장선 정인홍鄭仁弘을 탄핵하였다가 좌천되었다. 광해군 5년(1613) 칠서지옥七庶之獄이 발생, 인목대비의 아버지인 김제남金悌男이 죽음을 당할 때 김상헌의 아들 김광찬金光燦이 김제남의 아들 김래金琜의 사위가 됨으로 인해 파직되자, 집권세력인 북인의 박해를 피하여 안동부 풍산으로 이사하였다.

1623년 인조반정 이후 이조참의에 발탁되자, 공신세력의 정치에 반대, 서인 청서파淸西派의 영수가 되었다. 이어 대사간·이조참의·도승지·부제학을 거쳐, 인조 4년(1626) 명나라에 가서 강홍립 투항 문제를 해결하고 정묘호란에 명나라가 후방을 치는 외교를 이루고 왔으며, 인조 13년(1635) 대사헌으로 재기용되자 군비의 확보와 북방 군사시설의 확충을 주장하였고, 이듬해 예조판서로 병자호란이 일어나자 주화론主和論을 배척하고 끝까지 척화론을 펴다가 인조가 항복하자 안동으로 은퇴하였다. 1639년 청나라가 명나라를 공격하기 위해 요구한 출병에 반대하는 상소를 올렸다가 청나라에 압송되어 6년 후 풀려 귀국하였다. 1645년 특별히 좌의정에 제수되었다. 효종이 즉위하여 북벌을 추진할 때 그 이념적 상징으로 대로大老라고 존경을 받았으며, 김집金集 등 서인계 산림山林의 등용을 권고하였다. 현종 2년(1661) 효종묘정에 배향되었다.

김상용의 동생 김상복의 사위인 윤집尹集은 삼학사로 청나라에 끌려가 죽었다.

김상헌의 양자 김광찬金光燦(1597-1668)은 아버지가 부사 김상관金尙寬이며, 작은아버지인 좌의정 김상헌金尙憲의 양자로 들어갔다. 광해군 때는 벼슬에 뜻을 두지 않고 있다가 인조 5년(1627) 생원시에 합격하였다. 병자호란 때 아버지를 따라 남한산성으로 인조를 호종하였다. 통진·교하의 현감 등 지방관을 역임하던 중, 아들 김수흥金壽興·김수항金壽恒이 출세하자 현종 2년(1661) 공조참의에 특제되었다. 뒤에 청풍군수·파주목사를 거쳐 동지중추부사에 올랐다.

문정공 청음 김선생 상헌지묘

文正公淸陰金先生尙憲之墓

경기도 남양주시 와부읍 덕소리

🎩 김광현金光炫

김광현金光炫(1584~1647)의 호는 수북水北으로 우의정 상용尙容의 아들이다.

광해군 4년(1612, 29세) 생원·진사 양과에 모두 합격하였으나, 광해군의 어지러운 정치를 비판하며 관직에 나가지 않고 있다가, 1623년(40세) 인조반정이 일어나자 숨은 인재로 뽑혀 연원도찰방連源道察訪을 제수받았다. 그러나 부임하기 전, 인조 3년(1625, 42세) 정시문과에 병과로 급제하고 승문원부정자, 정언을 거쳐, 인조 4년(1626, 43세) 수찬·교리·암행어사를 거쳐 인조 5년(1627, 44세) 정묘호란 때 호조판서 심열沈悅의 종사관으로 기읍畿邑에 파견되어 기민구제에 힘썼으며, 대사헌·대사간·예조참의를 거쳐, 인조 12년(1634, 51세) 부제학이 되었다. 이때 대사간 유백증兪伯曾이 인조의 사친추숭私親追崇을 옹호함을 임금에게 아부한다 하여 탄핵하다가 삼수三水로 유배당하였다. 인조 13년(1635, 52세) 재이災異가 빈발함을 이유로 방면되어 돌아왔다. 인조 14년(1636, 53세) 병자호란이 일어나 인조를 모시고 남한산성에 갔다. 그의 아버지 상용이 강화로 피난하였다가 강화가 함락당하매 그곳에서 분신자살하자, 그 복상으로 홍주洪州〔충남 홍성〕에 내려갔으며, 그도 홍주의 오촌동鰲村洞에 은거하였다. 조정에서 그 호종扈從의 공을 수록하고 대사간을 제수하였으나 나가지 않았다. 다시 청주목사에 제수되었으나, 모든 문서에 청나라 연호 쓰기를 거부하고 단지 간지만 씀으로써 파직당하였다. 그뒤 이조참판을 배수하였으나 사직하였다.

인조 24년(1646, 63세) 소현세자빈 강씨의 옥이 일어나 강씨가 사사되자, 강빈의 오빠 문명文明이 그의 사위였던 까닭에 순천부사로 좌천되었다가 인조 25년(1647, 64세) 그곳에서 울분 끝에 죽었다.

김수항金壽恒

김상헌의 손자인 김수항金壽恒(1629~1689)의 호는 문곡文谷이다. 아버지는 김광찬金光燦이다.

인조 24년(1646, 18세) 반시泮試에 수석하고, 진사시에 장원하였으며, 효종 2년(1651, 23세) 알성문과謁聖文科에 장원급제, 성균관 전적이 되었다. 경기도사·지평·정언을 거쳐, 효종 5년(1654, 26세) 홍문관부수찬·교리를 거쳐 이조정랑이 되었다.

효종 6년(1655, 27세) 호당湖堂에 사가독서하고 수찬이 되었다가, 효종 7년(1656, 28세) 문과중시文科重試에 을과乙科로 급제하고 정언正言·교리校理 등 청환직淸宦職을 거쳐 이조정랑·대사간에 올랐다.

현종 즉위년(1659, 31세) 승지가 되었고, 현종 1년(1660, 32세) 대제학에 특진하였다. 현종 3년(1662, 34세) 왕의 특명으로 예조판서에 발탁되었다. 그뒤 육조의 판서를 두루 거쳤고, 특히 이조판서로 있으면서 명사들을 조정에 선임하는 데 힘썼다.

현종 13년(1672) 44세로 우의정에 발탁되고, 이어 좌의정에 승진하여 세자부世子傅를 겸하였다. 그러나 서인 송시열宋時烈 등이 왕의 경원을 받고 물러남을 보고 남인 재상 허적許積을 탄핵한 대간을 힘써 변호하다가 도리어 판중추부사로 물러났다.

현종 15년(1674, 46세) 효종비 인선왕후仁宣王后가 죽었을 때 자의대비慈懿大妃〔인조의 계비〕의 복상문제로 2차 예송禮訟이 일어나자 〔갑인예송〕 김수흥金壽興과 함께 대공설大功說〔9개월〕을 주장했으나, 남인이 주장한 기년설朞年說〔1년〕이 채택되어 서인이 패하자 영의정이던 형 수흥壽興이 쫓겨나고, 대신 좌의정으로 다시 임명되었다. 숙종 즉위 후 허적·윤휴를 배척하고 종실 복창군福昌君 정楨·복선군福善君 남枏 형제의 추문을 들어 그 처벌을 주장하다가 집권파인 남인의 미움을 받아 영암에 유배되고, 숙종 4년(1678, 50세) 철원으로 이배되었다.

숙종 6년(1680, 52세) 이른바 경신대출척이 일어나 남인들이 실각하자 영중추부사로 복귀, 영의정이 되어 남인의 죄를 다스리는 한편 송시열·박세채 등을 불러들였다. 이후 8년 동안 영의정으로 있다가, 숙종 13년(1687, 59세) 태조어용太祖御容을 전주에 모셔놓고 돌아오는 길에 기사환국이 일어나 남인이 재집권함으로써, 남인 명사를 남살하였다는 장령 김방걸金邦杰 등의 탄핵을 받고 진도로 유배, 위리안치되었다. 뒤이어 예조판서 민암閔黯을 비롯한 6판서·참판·참의 등 남인 경재卿宰 수십인의 공격과 사헌부·사간원의 합계合啓로 사사되었다. 이는 경신 이후의 남인옥사를 다스림에 있어 그가 위관으로 있었고, 특히 소론의 반대에도 불구하고 남인 재상 오시수吳始壽를 처형하였기 때문에 입게된 보복이었다.

그는 절의로 이름 높던 김상헌의 손자로 가학家學을 계승한데다 김장생金長生의 문인인 송시열·송준길宋浚吉과 종유하였다. 특히 송시열이 가장 아끼던 후배로 한때 사림의 종주로 추대되었다. 그러나 서인이 노론과 소론으로 분열할 때 송시열을 옹호하고 외척과 가까운 노론의 영수가 되었던 관계로, 소론 명류들로부터 배척을 받기도 하였다. 숙종 20년(1694) 신원, 복관되었다. 고종 23년(1886)에 현종 묘정廟庭에 배향되었다.

김수항을 그리며 김창집에게 내린 숙종 어필
국립고궁박물관

🏛 현종비 아버지 김우명 집안

```
김경문 ── 질 ── 숙필 ── 식 ── 덕수 ┐
┌─────────────────────────────────────┘
└ 비 ┬ 녀=이춘영
  박위녀 │
  밀양인 ├ 홍우 ┬ 욱 ┬ 녀=김숭문
  김광제녀 │조희맹녀│ 윤급녀 ├ 녀 ── 녀=복창군 이정
          │        │ 파평인 │ 황도명
          │        │        ├ 녀=서원리
          │        │        │
          │        │        ├ 좌명 ── 석주 ── 도연 ── 성하 ── 최묵
          │        │        │신익성녀 이후원녀 정재륜녀 이직유녀 유연녀
          │        │        │평산인  전주인           신의화녀
          │        │        │        황일호녀
          │        │        │        창원인
          │        │        └ 우명(出)
          │        │
          │        └ 정 ── 취명
          │
          ├ 홍록 ┬ 녀=변제항
          │백유함녀├ 지 ─ 계)우명 ┬ 만주 ─ 계)도제 ── 성집 ── 시묵
          │수원인 │ 정속녀 송국택녀│ 민임녀 이민적녀 이표녀 홍상언녀
          │       │ 연일인 은진인 │ 여흥인 전주인
          │       │              │
          │       │              ├ 석익 ┬ 계)도영 ┬ 성하(출)
          │       │              │ 윤협녀│윤하명녀│ 성응 ┬ 시묵(출)
          │       │              │ 파평인│ 해평인 홍우녕녀├ 지묵
          │       │              │      │              └ 치묵
          │       │              │      │
          │       │              │      └ 녀= 홍중연(풍산인)
          │       │              │
          │       │              ├ 석연 ┬ 도제(출)
          │       │              │이정한녀├ 도함
          │       │              │ 전주인 ├ 도영(출)
          │       │              │어상준녀├ 도협(출)
          │       │              │ 함종인 └ 도흡
          │       │              │
          │       │              ├ 석달 ─ 계)도협
          │       │              │복녕군 이경녀
          │       └ 기            │이욱녀 전주인
          │                      │
          │                      └ 녀 명성왕후 현종후
          │
          └ 녀=성직
```

김우명의 5대조는 김식金湜(1482~1520)이다. 김식은 기묘명현으로 중종 14년(1519) 정암 조광조趙光祖(1482~1519) 등의 천거로 현량과賢良科에서 장원으로 급제하였다. 그러나 이 해 11월 기묘사화가 일어나 조광조는 사사되고, 김식은 김정金淨·김구金絿와 함께 절도안치絶島安置의 처벌이 내려졌으나, 영의정 정광필鄭光弼 등의 비호로 선산善山에 유배되었다. 뒤따라 일어난 신사무옥에 연좌되어 다시 절도로 이배된다는 소식을 전해 듣고, 거창에 있다가 자결하였다고 한다.

김우명의 아버지는 김지金址(1585~1631)이며, 어머니는 정속鄭涑의 딸 연일정씨延日鄭氏(?~1645)이다.

생부生父는 잠곡潛谷 김육金堉(1580~1658)이며, 생모生母는 윤급尹汲의 딸 파평윤씨坡平尹氏(1585~1659)이다.

🎩 김육金堉(1580~1658)

김육은 선조 38년(1605)에 사마회시에 합격하여 성균관으로 들어갔다. 광해군 1년(1609)에 동료 태학생들과 함께 김굉필金宏弼·정여창鄭汝昌·조광조趙光祖·이언적李彦迪·이황李滉 등 5인을 문묘에 향사할 것을 건의하는 상소를 올린 것이 화근이 되어 문과에 응시할 자격을 박탈당하게 되자, 성균관을 떠나 경기도 가평 잠곡 청덕동에 은거하였다. 청덕동에 머물며 회정당을 짓고 홀로 학문을 닦으니, 스스로 호를 잠곡이라 한 것은 이때부터였다.

1623년에 서인의 반정으로 인조가 즉위하자 의금부도사에 임명되었으며, 이듬해 2월에는 음성현감이 되어 목민牧民의 직분을 다하는 한편, 증광문과에 장원으로 급제하였다. 이해 10월에 정언에 임명되었으며, 인조 11년(1633) 9월에 안변도호부사安邊都護府使로 나가 청나라의 침입에 대비하는 중요한 직임을 맡기도 하였다. 이어 예조참의·우부승지를 거쳐 인조 16년(1638) 6월에 충청도관찰사에 올랐다. 도정道政에 임하여 대동법의 시행을 건의하였으며, 도승지·대사헌·예조판서 등의 현직顯職을 지내면서 중국에 두 차례〔1643년과 1645년〕나 더 다녀왔다. 그 과정에서 화폐의 주조·유통, 수레의 제조·보급 및 시헌력時憲曆의 제정·시행 등에 착안하고 노력하는 한편, 『유원총보類苑叢寶』 등을 저술, 간행하기도 하였다.

1649년 5월 효종의 즉위와 더불어 대사헌이 되고 이어서 9월에 우의정이 되자, 대동법의 확장 시행에 적극 노력하였다. 71세의 늙은 몸을 무릅쓰고 중국에 다녀온 뒤, 잠시 향리에 머무르다가 이듬해 1월 영의정에 임명되었다. 대동법의 확장 실시에 또다시 힘을 기울여 충청도에 시행하는 데 성공하였다. 그리고 12월에는 원임原任 정태화鄭太和가 영의정에 복귀함에 따라 좌의정으로 물러앉아 지내면서도 대동법 시행에 따른 몇 가지 문제점을 개선하였다. 효종 5년(1654) 6월에 다시 영의정에 오르자 대동법의 실시를 한층 확대하고자 효종 8년(1657) 7월에 전라도에도 대동법을 실시할 것을 건의하였다.

김좌명金佐明(1616~1671)

김우명의 형은 현종의 묘정廟庭에 배향된 병조판서 김좌명金佐明
(1616~1671)이다. 형수가 되는 김좌명의 부인은 상촌 신흠申欽의
손녀가 되는 선조 부마 동양위東陽尉 신익성申翊聖(1588~1644)의
딸 평산신씨이다. 신익성의 부인은 선조 서3녀 인빈김씨仁嬪金氏
(1555~1613) 소생 정숙옹주貞淑翁主(1587~1627)이다. 신익성의 1
녀는 홍명하洪命夏와 혼인하였다. 2녀는 강석기姜碩期(1580~1643)
의 아들 강문두姜文斗와 혼인하였다. 강석기는 소현세자빈昭顯世子嬪
의 아버지이다. 3녀는 김좌명과 혼인하였다.

신익성의 동생 신익전申翊全은 인조 계비 장렬왕후莊烈王后의 아
버지 조창원趙昌遠(1583~1646)의 딸 양주조씨와 혼인하여 인조와
동서간이 되었다. 한편 조창원의 동생인 조계원趙啓遠은 신흠의 2
녀와 혼인하여 조창원 집안과 신흠 집안은 겹사돈을 맺었다.

신흠의 3녀는 박동량朴東亮의 아들 박의朴濔와 혼인하였는데, 박
의는 선조 부마 금양위 박미朴瀰(1592~1645)의 동생이다. 신흠의
4녀는 강석기의 아들 강문성과 혼인하여 신흠은 강석기와도 겹사
돈을 맺었다.

【평산신씨 신익성을 중심으로】

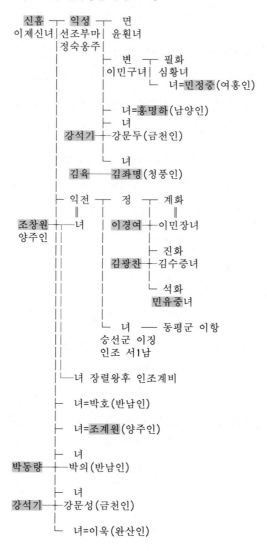

신흠 ┬ 익성 ┬ 면
이제신녀│선조부마│ 윤휜녀
　　　　│정숙옹주│
　　　　│　　　　├ 변 ┬ 필화
　　　　│　　　　│이민구녀│ 심황녀
　　　　│　　　　│　　　　└ 녀=민정중(여흥인)
　　　　│　　　　│
　　　　│　　　　├ 녀=홍명하(남양인)
　　　　│　　　　├ 녀
　　　　│ 강석기 ┬ 강문두(금천인)
　　　　│　　　　│
　　　　│　　　　└ 녀
　　　　│ 김육 ─ 김좌명(청풍인)
　　　　│
　　　　├ 익전 ┬ 정 ┬ 계화
　　　　│　　　 ‖　│　　　‖
조창원 ┬ 녀 │ 이경여 ┬ 이민장녀
양주인 ││ 　│　　　　│
　　　 ││ 　│　　　　├ 진화
　　　 ││ 　│ 김광찬 ┬ 김수증녀
　　　 ││ 　│　　　　│
　　　 ││ 　│　　　　└ 석화
　　　 ││ 　│ 민유중녀
　　　 ││ 　│
　　　 ││ 　└ 녀 ── 동평군 이항
　　　 ││ 숭선군 이징
　　　 ││ 인조 서1남
　　　 ││
　　　 │└녀 장렬왕후 인조계비
　　　 │
　　　 ├ 녀=박호(반남인)
　　　 │
　　　 ├ 녀=조계원(양주인)
　　　 │
　　　 ├ 녀
박동량 ┬ 박의(반남인)
　　　 │
　　　 ├ 녀
강석기 ┬ 강문성(금천인)
　　　 │
　　　 └ 녀=이욱(완산인)

🎩 김석주金錫胄(1634~1684)

김좌명의 아들은 우의정을 지낸 김석주이다. 김석주의 장인은 인조반정 공신으로 우의정을 지낸 우재迂齋 이후원李厚源(1598~1660)이다. 이후원의 어머니는 황정욱黃廷彧의 딸 장수황씨長水黃氏로 황혁의 여동생이다. 이후원은 세종 5남 광평대군廣平大君 이여李璵의 7대손으로 사계沙溪 김장생金長生의 문인이며 병자호란 때 척화斥和를 주장하고 효종대에 우의정에 이르러 북벌을 추진했으며 송시열·송준길 등을 등용하는데 힘썼다.

【장수황씨 황혁을 중심으로】

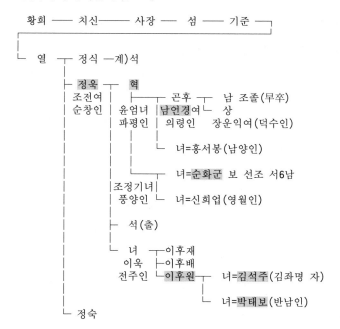

이후원의 부인은 사계 김장생金長生(1548~1631)의 손녀가 되는 허주虛舟 김반金槃(1580~1640)의 딸 광산김씨이다. 이후원의 1녀 가 김석주와 혼인하였고, 2녀는 정재定齋 박태보朴泰輔(1654~1689) 와 혼인하였다. 박태보의 아버지는 박세당朴世堂(1629~1703), 어머 니는 남일성南一星의 딸 의령남씨이다. 외숙이 약천藥泉 남구만南九 萬(1629~1711)이다. 박태보는 숙종 15년(1689) 기사환국己巳換局 당시 인현왕후의 폐위를 반대하다가 국문을 당하였고, 진도로 유 배 가던 도중 노량진에서 옥독獄毒으로 졸하였다.

🎩 김우명

김우명의 부인은 부윤府尹 송국택宋國澤(1597~1659)의 딸인 은 진송씨恩津宋氏(1621~1660)이다. 송국택은 동춘당 송준길宋浚吉 (1606~1672)과 10촌 형제가 되는 사이이다.

김우명은 슬하에 적실에서 4남 2녀를 두었다.

1남 김만주金萬冑(1639~1657)는 민임閔恁의 딸인 여흥민씨와, 2 남 김석익金錫翼(1645~1686)은 윤협尹悏의 딸인 파평윤씨와 혼인 하였다.

3남 김석연金錫衍(1648~1723)은 이정한李挺漢의 딸인 전주이씨 와 어상준魚尙儁의 딸인 함종어씨와 혼인하였다. 이정한은 선조 아 버지 덕흥대원군의 장남인 하원군河原君 이정李鋥의 적장증손으로 덕흥대원군의 봉사손이다. 이정한의 다른 딸은 우암 송시열의 아 들인 송기태宋基泰(1629~1711)와 혼인하였다.

4남 김석달金錫達(1657~1681)은 복녕군福寧君 이욱李栯(1639~1670)의 딸인 완산이씨와 혼인하였다. 복녕군은 인평대군의 맏아들이다. 그의 동생들이 복창군福昌君 등을 비롯한 이른바 삼복三福형제들이다.

1녀는 현종비인 명성왕후明聖王后(1642~1683)이다.

2녀는 안동인安東人 권익흥權益興과 혼인하였다.

🎩 인평대군

【인평대군과 김육 집안 혼인도】 ※ 본서 부록 324쪽 참조

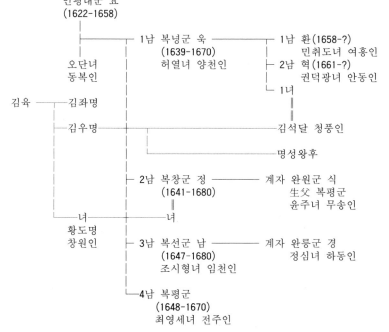

예송에서 삼년상을 주장하는 허목 등 남인들은 인평대군과 그 아들과 가까운 친인척이었다.

인평대군은 인조의 셋째아들로 어머니는 인열왕후仁烈王后 한씨韓氏이다. 효종의 동생이다. 인평대군은 숙부인 인조 동생 능창대군綾昌大君의 후사가 되었다.

부인은 감사 오단吳端(1592~1640)의 딸인 동복오씨同福吳氏이다.

슬하에 4남 2녀를 두었는데, 아들은 복녕군福寧君(1639~1670), 복창군福昌君(1641~1680), 복선군福善君(1647~1680), 복평군福平君(1648~1700) 네 아들을 두었다.

인평대군에게 네 아들이 있었는데, 장자長子는 '이욱李楈'으로 일찍 죽었고, 차자次子는 '이정李楨', '이남李柟', '이연李㮒'이라고 하였다. 인평대군이 졸하자, 효종이 그 아들들을 무휼撫恤하여 은혜와 사랑이 더욱 돈독하였는데, 현종이 즉위하고는 이미 왕에게 친형제가 없었기 때문에 정·남 형제가 가장 가까운 친속親屬이었다. 이정은 또 국구國舅 김우명金佑明의 여동생〔妹女〕과 결혼하였다. 이정은 이 때문에 더욱 친대親待를 받았으며, 여러 형제들과 더불어 금중禁中에 드나드는 것이 절제가 없었다. 또 교유交遊를 널리 하고 모의謀議를 두루 하여, 오정창의 무리와 더불어 밤낮으로 비밀히 계책을 꾸며서 자기와 뜻을 달리하는 일단의 사람들을 배제排除하려고 꾀하였다. 임금이 유충幼沖한 나이로서 왕위王位를 잇게 되자, 이남이 빈전殯殿의 대전관代奠官이 되어 항상 궁궐 안에 머물고, 오정창 등이 드디어 그와 더불어

교통하고 지시를 받으니, 조정의 모든 권한이 그의 손안에 돌아
갔다. 이정·이남의 족속과 당여黨與가 권세와 요직을 모조리 차
지하였다. 또 욱楠의 딸이 훈련대장訓鍊大將 유혁연柳赫然의 손부
孫婦가 되자, 이어서 서로 더불어 교유交遊를 맺어 왕래하였는데,
그 종적蹤跡이 음흉하고 비밀스러웠으므로, 나라 사람들이 한심
하게 여기지 않음이 없었다. 『숙종실록』 숙종 6년 윤8월 4일

처음에 이정·이연이 인선대비仁宣大妃의 상喪을 당하여 일을
다스리기 위하여 대내大內에 들어갔다가 궁녀宮女를 간음奸淫하였
는데, 이정이 간음한 자는 바로 현종에게 은총을 받은 자로서
이야기가 자자藉藉하게 전파되므로, 김우명金佑明이 상소上疏하여
그 일이 발각되었다. 이정·이연을 장차 법대로 복주伏誅하려는
데, 오정창이 그의 심복 허목·윤휴 등을 부추겨서 극력 구원하
게 하였다. 허목이 따르려 들지 않으므로, 오정창이 노하여 '공
公의 무리를 이끌어 나오게 한 것이 누구의 힘인가? 지금 큰 은
혜를 저버리려고 하는가?'하자, 허목이 드디어 허락하고서 김우
명을 구문究問하자고 청하였고, 윤휴는 자성慈聖의 동정을 관리
감독하자고 청하였으니, 그 말이 지극히 패역悖逆하였다. 이정·
이연은 마침내 가벼운 죄율에 따라 유배하기로 논하였으나, 도
로 석방시켜 보냈다. 그뒤에 오정창이 또 그 딸을 후궁으로 바
쳐 곤위壼位의 질서를 어지럽히려고, 윤휴로 하여금 내관內官에
갖추라고 청하게 하였으나, 그 계획은 실행되지 못하였다. 임금
이 조금 자라자, 흉악한 역당逆黨들이 비로소 위구심危懼心을 가

지게 되어 마침내 반역할 뜻을 가졌는데, 이남·허견許堅의 반역을 모의한 일이 발각되자, 오정창도 또한 안치安置되었다가, 이때에 이르러 다시 붙잡아 와서 자복하므로 복주伏誅되었다.『숙종실록』숙종 6년 윤8월 4일

김우명 신도비
강원도 춘천시

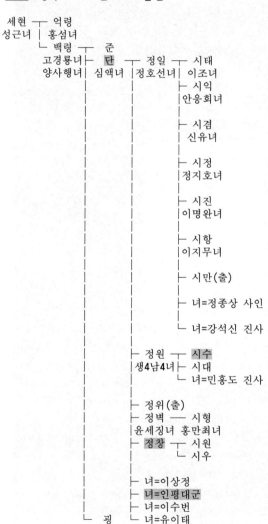

동복오씨 오단吳端 집안

```
세현 ┬ 억령
성근녀 │ 홍섬녀
      └ 백령 ┬ 준
      고경룡녀├ 단 ┬ 정일 ┬ 시태
      양사행녀│ 심액녀│정호선녀│ 이조녀
              │       │       ├ 시익
              │       │       │안응회녀
              │       │       │
              │       │       ├ 시겸
              │       │       │ 신유녀
              │       │       │
              │       │       ├ 시정
              │       │       │정지호녀
              │       │       │
              │       │       ├ 시진
              │       │       │이명완녀
              │       │       │
              │       │       ├ 시항
              │       │       │이지무녀
              │       │       │
              │       │       ├ 시만(출)
              │       │       │
              │       │       ├ 녀=정종상 사인
              │       │       │
              │       │       └ 녀=강석신 진사
              │       │
              │       ├ 정원 ┬ 시수
              │       │생4남4녀├ 시대
              │       │       └ 녀=민홍도 진사
              │       │
              │       ├ 정위(출)
              │       ├ 정벽 ── 시형
              │       │윤세징녀 홍만최녀
              │       ├ 정창 ┬ 시원
              │       │       └ 시우
              │       │
              │       ├ 녀=이상정
              │       ├ 녀=인평대군
              │       ├ 녀=이수번
              └ 굉     └ 녀=유이태
```

오단吳端의 할아버지는 직장 오세현吳世賢이다. 아버지는 이조참판吏曹參判 오백령吳百齡(1560~1633)이며, 어머니는 고경룡高景龍의 딸인 제주 고씨와 양사행梁思行의 딸이다. 생모는 고씨이다. 부인은 이조판서 심액沈詻(1571~1654)의 딸인 청송심씨이다.

슬하에 5남 4녀를 두었는데, 아들은 대사헌 오정일吳挺一, 승지 오정원吳挺垣, 참의參議 오정위吳挺緯, 오정벽吳挺璧, 진사 오정창吳挺昌이다. 둘째사위가 인평대군이다.

오단은 선조 25년(1592)에 태어났다. 진사시에 합격하고, 인조 1년(1623, 32세) 음보蔭補로 직장이 되었다가, 인조 2년(1624, 33세) 알성문과謁聖文科 병과丙科로 급제하였다. 인조 3년 11월 7일 교리를 거쳐, 인조 5년 정언이 되었으며, 인조 6년 지평을 역임하였다.

인조 12년(1634, 43세) 2월 28일 수찬에 임명되었고, 윤8월 17일 둘째딸을 인평대군의 부인으로 정하였다.

인조 16년(1638) 6월 22일 충청감사, 10월 11일 동부승지, 12월 5일 황해감사에 임명되었다. 인조 18년 5월 10일 오단이 49세로 졸했다. 우의정으로 추증하였다.

오단은 사람됨이 관대하였으며, 반정反正 후에 등과登科하여 삼사三司를 두루 거쳤고, 관직이 관찰사에 이르렀다. 그는 성품이 겸손하여 진취를 좋아하지 않았고 광해군의 폐모 정의廷議에는 불참하였다. 내외요직을 지내면서 두 차례의 호란 때 근왕병 동원과 군수조달에 진력하였다.

오정일吳挺一(1610~1670)은 인조 5년(1627) 진사가 되어 성균
관 유생으로 인조 13년 이이李珥・성혼成渾의 문묘종사文廟從祀 논
의가 있자 반대상소를 하고 퇴관하였다. 인조 17년 알성謁聖문과,
인조 24년 문과중시에 급제, 효종이 즉위한 뒤 승지가 되었다. 이
어 황해도・경기도의 관찰사를 지내고 효종 6년(1655) 사은부사로
청나라에 다녀와 이듬해 도승지가 되었다. 효종 8년 이조참판을
거쳐 대사헌이 되고 효종 10년 경기도관찰사, 현종 1년(1660) 도
승지로서 『효종실록孝宗實錄』 편찬에 참여하고 현종 4년 형조판서
에 이어, 한성부판윤을 거쳐 호조판서에 올랐다.

오정창吳挺昌(1634~1680)은 현종 3년(1662, 29세)에 정시문과에
병과로 급제하여 설서・정언을 거쳐 현종 13년(1672, 39세) 지평
에 올랐다. 숙종 즉위년(1674, 41세) 자의대비慈懿大妃의 왕대비에
대한 상복논쟁에서 남인의 주장이 받아들여진 뒤 득세하여 헌납에
특제되었다. 이듬해 도당록都堂錄에 들었으며, 그뒤 부교리를 거쳐,
동부승지에 특진되었고, 부제학・대사간 등과 숙종 2년(1676, 43
세)에 대사성을 역임하였다. 숙종 초년, 현종에 대한 자의대비의
상복논의 등에서 윤휴尹鑴의 설을 따라 예론을 주장하였다. 숙종 4
년(1678, 45세) 경부터 남인의 논의가 준격한 청남淸南과 온건한
탁남濁南으로 나누어지자 탁남에 가담하여 송시열宋時烈의 처벌 등
에 온건론을 주장하였다. 숙종 5년(1679, 46세) 탁남이 중용되면서
대사간・부제학・한성부우윤・이조참판・대사헌 등을 역임하고,
숙종 6년(1680, 47세) 예조판서로 재임중 경신대출척이 일어나 남

인이 몰락할 때 정원로鄭元老의 옥사에 연루되어 처형당하였다. 숙
종 15년(1689) 기사환국 때 관작이 회복되었다.

오정위吳挺緯(1616~1692)는 당숙 오전吳竱에게 입양되었다. 인
조 23년(1645, 30세) 별시문과에 병과로 급제, 효종 3년(1652, 37
세) 부교리·수찬을 지내고, 현종 즉위년(1659, 44세) 승지를 역임
하였다. 현종 5년(1664, 49세) 예조참의가 되었으며 그뒤 충청도
관찰사를 지냈는데, 이때 공주의 옛 성을 개축하고 두 곳에 절을
세워 성을 지키게 하는 등 크게 치적을 올렸다. 그뒤 양주목사·
경기도관찰사 등을 거쳐, 현종 13년(1672, 57세) 호조·형조·공
조의 판서를 지냈다. 숙종초에 서인 송시열宋時烈에 대한 처벌문제
로 남인이 온건파와 강경파로 분열될 때 청남淸南에 속하여 강경론
을 지지하였고, 숙종 3년(1677, 62세) 동지사冬至使로 청나라에 다
녀와 예조판서·우참찬 등을 역임하였다. 숙종 6년(1680, 65세)
경신대출척으로 무안에 유배되었다가 삭주·보성에 이배되었다.
숙종 15년(1689, 74세) 기사환국으로 풀려나와서 다시 공조판서에
등용되었고, 이어 기로소에 들어갔다.

오시수吳始壽(1632~1681)의 아버지는 관찰사 오정원吳挺垣이다.
인조 26년(1648, 17세)에 진사가 되었고, 효종 7년(1656, 25세)
별시문과에 병과로 급제하여 6품에 승품, 가주서假注書가 되었고,
정언·문학·지평·교리·이조정랑을 역임하였다. 현종 5년(1664,
33세) 사복시정司僕寺正이 되어 평안도 암행어사로 다녀왔다. 현종

7년 중시문과에 장원하였으며, 예빈시정·승지를 거쳐 현종 11년
전라도관찰사, 현종 15년 도승지가 되었다.

숙종이 즉위한 뒤 강화부 유수를 거쳐 형조판서에 발탁되었으
며, 숙종 1년(1675, 44세) 총융사 김만기金萬基 등과 북한산성의
축성을 건의하였고, 이어 이조판서로 발탁되었다. 숙종 5년 우의
정에 배수되었다. 숙종 6년(1680, 49세) 경신대출척으로 유배되었
다가, 앞서 청나라 조제사가 왔을 때 왕에게 왕약신강설王弱臣强說
등 허위보고를 했다는 이유로 탄핵받고 사사되었다.

6장 숙종대 인현왕후와 장희빈

숙종은 김만기의 딸 광산김씨를 첫째왕비 인경왕후로 맞이하였다. 그러나 숙종 6년에 후사가 없이 승하하였다.

그래서 민유중의 딸 여흥민씨를 둘째왕비 인현왕후로 맞이하였다. 그러나 아들을 못 낳고 있는 사이에 후궁으로 들어온 장희빈이 총애를 받으면서 아들을 낳았다.

그래서 숙종은 장희빈의 아들을 원자로 세우면서 적처인 인현왕후를 내쫓고 첩인 후궁 장희빈을 왕비로 삼았다. 이러한 과정에서 일어난 정치적인 사건이, 서인이 실각하고 남인이 정권을 주도하는 기사환국이었다.

이때 인현왕후 폐위를 반대하던 영의정 김수항이 죽고 산림 재상이던 송시열이 83세로 죽게 된다.

그러나 숙종은 잘못을 뉘우치고, 숙종 20년 인현왕후를 다시 왕비로 복위시키고 장희빈을 다시 후궁으로 강등시켰다. 이러한 과정에서 일어난 정치적인 사건이, 남인이 실각하고 서인이 정권을 주도하는 갑술환국이었다.

숙종 27년 장희빈이 인현왕후를 저주하다가 이를 숙빈최씨가 숙종에게 알려 장희빈은 사약을 받고 죽게 된다.

그러나 장희빈의 아들 경종이 왕위에 오르니 신임사화가 일어나 장희빈을 반대하던 노론세력은 사화를 당하고 소론이 득세하게 된다. 그러나 숙빈최씨 아들 영조가 즉위하자 노론이 정계를 주도하게 된다.

● 숙종 ※ 본서 부록 325쪽 참조

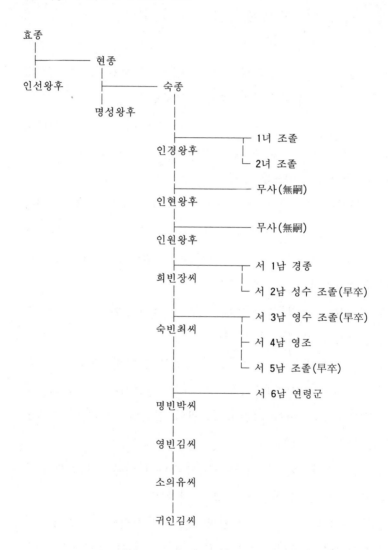

효종

인선왕후 ─── 현종

명성왕후 ─── 숙종

인경왕후 ┬ 1녀 조졸
         └ 2녀 조졸

인현왕후 ── 무사(無嗣)

인원왕후 ── 무사(無嗣)

희빈장씨 ┬ 서 1남 경종
         └ 서 2남 성수 조졸(早卒)

숙빈최씨 ┬ 서 3남 영수 조졸(早卒)
         ├ 서 4남 영조
         └ 서 5남 조졸(早卒)
         ── 서 6남 연령군

명빈박씨

영빈김씨

소의유씨

귀인김씨

첫 번째 비는 김만기金萬基(1633~1687)의 딸인 인경왕후仁敬王后 광산김씨(1661~1680)이다. 숙종과 나이가 같다. 슬하에 2녀를 두었으나 요절하였다.

두 번째 비는 민유중閔維重(1630~1687)의 딸인 인현왕후仁顯王后 여흥민씨(1667~1701)이다. 숙종보다 여섯 살이 적으며 슬하에 자녀가 없다.

세 번째 비는 김주신金柱臣(1661~1721)의 딸인 인원왕후仁元王后 경주김씨(1687~1757)이다. 숙종보다 스물여섯 살이 적으며 슬하에 자녀가 없다.

후궁인 희빈장씨禧嬪張氏(1659~1701)는 인동인仁同人 장형張炯(1623~1669)의 딸로 숙종보다 두 살이 많으며, 2남을 두었다. 첫째아들은 조선 제20대 왕 경종이다. 둘째아들 성수盛壽는 일찍 졸하였다.

후궁 숙빈최씨淑嬪崔氏(1670~1718)는 해주인海州人 최효원崔孝元의 딸로 숙종보다 아홉 살이 적으며, 슬하에 3남을 두었다. 1남 영수永壽는 일찍 졸하였다. 2남은 조선 제21대 왕 영조이다. 3남은 일찍 졸하였다.

후궁 명빈박씨禖嬪朴氏는 박효건朴孝建의 딸이다. 슬하에 1남 연령군 이훤을 두었다. 연령군은 김동필金東弼(1678~1737)의 딸인 상산김씨와 혼인하였다.

후궁 영빈김씨寧嬪金氏(1669~1735)는 김창국金昌國(1644~1717)의 딸 안동김씨이다. 숙종보다 여덟 살이 적으며 슬하에 자녀가 없다.

현종비 외조부 송국택宋國澤(1597~1659)과 숙종비 외조부 송준

길 집안인 은진송씨가 안동김씨, 광산김씨, 여흥민씨, 청풍김씨 등
과 현종 숙종대를 주도하게 된다.

그러나 숙종 초에는 남인이 집권하였다. 2차 예송에서 김석주金
錫胄가 남인을 지지하였기 때문이다.

그러나 남인이 정권을 주도하는 것에 위협을 느낀 숙종과 현종
비 명성왕후가 인경왕후 아버지 김만기와 김석주를 시켜 남인을
내쫓고 서인을 다시 집권하게 하였다. 그리고 민유중의 딸 인현왕
후 여흥민씨를 계비로 맞아들여 서인 정권을 안정되게 하였다.

기사환국

숙종 15년(1689)에 숙종은 희빈장씨가 낳은 왕자의 명호名號 문
제로 원자元子의 정호定號를 반대하던 서인의 영수 송시열과 김수
항을 사사하고 남인을 등용하였는데, 이를 '기사환국己巳換局'이라
고 한다.

이보다 앞서 인경왕후 승하 후 총애를 받던 희빈장씨가 명성왕
후에 의하여 궁궐에서 쫓겨났는데, 숙종 9년에 명성왕후가 승하하
자, 인현왕후의 청으로 다시 입궐하여 총애를 받게 되었다. 그후
숙종 14년 8월에 희빈장씨를 돌봐주던 인조 계비 장렬왕후 조씨가
승하하였고, 동년 10월에 희빈장씨가 왕자[후일 경종]를 낳았다.

숙종은 왕자를 낳게되자 기뻐하여 세자로 봉하려 하였으나 송시
열 등 서인이 지지하지 않았기에 남인들의 동조를 얻어 책봉하려
하였다. 그리하여 숙종 15년 1월 왕자를 원자로 정하였다. 이에

송시열은 아직 중전에게서 왕자가 탄생할 수 있으니 지금 세자를
봉하는 것은 너무 이르다고 상소하였다. 그러나 숙종은 이미 결정
된 일이라고 하면서 송시열을 파직시켰고, 영의정 김수흥 등 서인
의 영수들을 일시에 파직하였다. 그리고 목내선 등 남인들을 대거
등용하였다. 더 나아가 숙종은 송시열을 제주도에 위리 안치한 후
다시 서울로 압송하던 중 정읍에서 사사賜死하였고, 김수항도 영암
의 유배지에서 사사하였다.

그리고 김수항의 종손녀가 되는 숙종 후궁 영빈김씨를 폐출한
후 왕비인 인현왕후까지 폐서인시키기에 이르렀다. 그리고 인현왕
후의 폐위를 반대하던 박태보·오두인 등을 장살杖殺하고 유배보내
고, 왕후의 숙부 민정중의 관작을 삭탈하였다. 그리하여 이후의 정
국은 민암·김덕원·권대운·목내선 등 남인이 정권을 장악하게
되었다.

갑술환국과 단종복위

숙종 20년(1694) 노론계의 김춘택과 소론계의 한중혁 등이 인현
왕후 복위 운동을 하다 실권을 쥐고 있는 남인 민암 등에게 국문
을 받게 되었다. 이즈음 폐비 사건을 후회하고 있던 숙종은 국문
을 주관하던 우의정 민암과 판의금부사 유명현·권대운·목내선
등을 귀양보낸 후 남구만·신여철·윤지완 등 소론계 인사들을 등
용하여 정국을 일변시켰다. 그리하여 인현왕후가 다시 복위되었고,

인현왕후 복위를 바라던 숙빈최씨가 이해에 연잉군[후일 영조]을 낳았다.

당시 인현왕후 민씨가 폐서인 되어 별궁에 내쫓겨져 있었는데, 본래 인현왕후 궁의 무수리였던 숙빈최씨가 인현왕후의 복위를 지극 정성으로 기도하는 것을 숙종이 보고 그를 총애하여 결국 후궁이 되었고, 인현왕후도 복위되었다고 한다.

이경직(1577~1640)의 증손자 이문정(1656~1726)이 영조 초년에 지은 『수문록隨聞錄』에는 '숙빈최씨가 인현왕후 탄신일에 인현왕후를 위해 음식을 차려놓고 내쫓긴 인현왕후를 사모하고 있었는데, 숙종이 지나다가 보고 가상하게 여겨 총애하여 왕자를 임신하였다.

장희빈이 이를 투기하여 숙빈최씨를 잡아다 혹독하게 고문하여 독속에 가두어 유산하게 하려 하였는데, 숙종의 꿈에 현몽하여 숙종이 직접 장희빈 방으로 가서 조사하여 담장 밑 독속에 가두어진 숙빈최씨를 구하면서, 장희빈이 악랄한 것을 알고 장희빈을 희빈으로 강등하고 인현왕후를 복위시킬 것을 생각하였다'고 하였다.

연화방蓮花坊[종로구 예지동] 효교孝橋 옆에 유경관劉敬寬이란 사람이 있었는데, 사람됨이 근후謹厚하고 글을 알았다. 일찍이 사알司謁로 선대왕先大王[숙종]을 6, 7년간 모시다가 병으로 퇴거하였다.

그 사람이 말하기를, 선대왕이 하루는 밤이 깊은 후에 지팡이를 짚고, 궁궐 안을 두루 다니다가 나인들 방을 지나는데, 오직

한 나인 방에 촛불이 휘황하게 켜있어 밖으로부터 몰래 들여다 보니, 음식을 성대하게 차려놓고 한 나인이 상 아래에서 공손하게 두 손을 마주잡고 무릎을 꿇고 앉아 있었다.

선대왕이 심히 괴이하게 여겨 문을 열고 들어가 그 까닭을 물으니, 나인이 엎드려 아뢰기를, "소녀는 중전中殿〔인현왕후〕의 시녀로 특별히 총애를 받았습니다. 내일이 바로 중전의 탄신일인데, 중전께서는 서궁西宮에 폐해 있으면서 죄인으로 자처하셔서 수라水刺를 들지 않으시고 조석朝夕으로 드시는 것이 다만 추려麤糲〔거친 음식〕뿐입니다. 내일이 탄신일인데 누가 생일 음식을 올리겠습니까. 소녀가 정리情理상 슬픔을 이기지 못하여, 중전께서 좋아하시던 음식을 차려놓았는데, 만에 하나라도 올려 드릴 길이 없어, 올려 드린 것처럼 소녀 방에다 차려 놓고 정성을 드리고 있었습니다"

임금이 비로소 생각해보니 내일이 과연 중전의 탄신일이라. 즉시 감격하여 깨닫는 바가 있어 그 성의를 가상히 여겼다. 이로부터 가까이 총애하여 태기胎氣가 있게 되었다.

장희빈이 이를 알고, 그 나인을 잡아들여 결박하여 놓고 악랄하게 때리어 거의 사경死境에 이르게 한 뒤에, 담장 밑에 두고 큰 독을 엎어 덮어두었다.

선대왕이 베개에 기대어 잠깐 조는 사이에, 홀연히 꿈에 신룡神龍이 나타나 땅속으로부터 나오려다가 나오지 못하고, 가까스로 머리 뿔을 드러내고 울면서 선대왕에게 고하기를, "전하께서는 속히 저를 살려주십시오"라고 하였다.

선대왕이 놀라서 깨어나 심히 괴이하게 여기고 희빈 침방寢房으로 들어가 두루 살펴보았지만 처음에는 이상한 것이 없었다. 홀연히 담장 밑을 보니 큰 독이 엎어져 있어 "저 독은 어찌하여 거꾸로 서 있느냐"고 물었다. 희빈이 교묘한 말로 "빈 독은 본래 거꾸로 세워놓습니다"고 대답하였다.

선대왕이 즉시 내시에게 명하여 바로 세우게 하니, 그 속에서 결박한 여인이 드러났다. 선대왕이 크게 놀라서 보니, 이에 지난밤 가까이한 나인이라. 피가 흘러 온몸에 가득하고, 명이 곧 끊어지려고 하였다. 급히 결박을 풀게하고 먼저 약물을 입에 흘려 넣고, 미음을 목구멍에 넣으니, 한 식경食頃이 지난 후에야 비로소 생기生氣가 돌았다. 드디어 정침에 딸린 방에 두고 조석으로 구호하여 다행이 회생하게 되었고 뱃속의 아이도 괜찮았다.

선대왕이 이로부터 희빈의 악랄함을 알고, 드디어 소원하게 배척하는 마음이 있었고, 사뭇 중전에게 향하는 뜻이 있었다.

숙빈최씨가 왕자를 낳으니, 선대왕이 십분 기쁘고 다행하게 여겨, 최씨에게 하교下敎하기를, "네가 중전에게 지극한 정성이 있어 신명神明이 도와서 나로 하여금 너를 가깝게 하여 왕자를 탄생하게 하였으니, 이것은 바로 중전 덕분이 아니겠느냐. 만약 중전 탄신날이 아니면 네가 어찌 등불을 밝히고 음식을 차려놓고 내가 지나는 때에 맞춰 보이었겠느냐. 지금 왕자를 낳은 복은 바로 중전이 내리신 것이다"하니,

최씨가 우러러 대답하기를, "금일今日 하교는 절절히 지당하신 말씀이십니다. 만약 왕자를 낳은 복이 과연 중전 덕분이었다고

하면 마땅히 중전을 복위시키는 처분이 있어야 합니다"고 하였다. 『수문록隨聞錄』 권1.

숙종 22년(1696)에는 인현왕후와 빈궁嬪宮이 태묘太廟를 알현하였는데, 우리나라 후비后妃가 종묘宗廟를 알현하는 것은 처음으로 이로부터 시행되었다.

숙종 24년(1698) 세종대왕의 손자이며 문종대왕의 맏아들인 노산군이 수양대군에 의해 왕위에서 폐위된 지 240여 년 만에 전 현감 신규와 송시열의 수제자 권상하의 주도로 드디어 단종으로 복위되었다. 이보다 앞서 숙종 17년에 단종을 복위하려다 순절한 사육신死六臣을 추숭하였다.

장희빈 사사와 인원왕후

숙종 27년(1701) 인현왕후가 복위된 지 7년 만에 춘추 35세로 승하하였다. 그런데 이후 장희빈이 왕후가 죽기를 기도한 일이 발각되어 장희빈과 장희재가 죽게 되었다. 숙종은 장희빈에게 자진自盡하라는 비망기를 내려 죽게 하였는데, 당시 장희빈의 나이 43세이었다. 숙종은 이후 빈어嬪御가 후비后妃의 자리에 오를 수 없도록 국법으로 만들어 버렸다.

이듬해인 숙종 28년 숙종은 직접 김주신의 딸 경주김씨를 왕비[인원왕후]로 간택하였다. 이분이 후일 대비大妃로서 경종 연간의 신임사화辛壬士禍 때 연잉군을 보호하였던 분이다.

이 당시 장희빈에 대하여 관대한 태도를 취한 남구만·최석정 등 소론계 인사들도 몰락하게 되어 정국은 노론이 주도하게 되었다.

그러나 장희빈 아들 경종이 즉위하자 신임사화가 일어나 노론 4대신이 죽고 소론이 집권하게 된다. 이때 죽은 노론 4대신의 한 대신이 김상헌의 증손자이며 김수항의 아들인 영의정 김창집이다.

경종이 후사없이 4년만에 승하하고 숙빈최씨 소생인 영조가 즉위하자 다시 노론이 집권하게 되고, 신임사화에 역적으로 죽은 노론 4대신은 신원된다.

숙빈최씨 소령원

경기도 파주시 광탄면 영장리 267 소재

여흥민씨

```
민여건 -계)기 ─┬─ 녀=윤창원(해평인)
   홍익현녀│
   남양인 ├─ 광훈 ─┬─ 녀 ─── 녀=한후상(청주인)
       │ 이광정여│ 이연년
       │ 연안인 │ 한산인
       │ 외조허잠│
       │     ├─ 시중 ─┬─ 진하=조구석녀(양주인)
       │     │ 홍탁여 │
       │     │ 풍산인 └─ 진주
       │     │
       │     ├─ 정중 ─┬─ 녀 ─── 녀=홍치중(남양인)
       │     │ 신승여 │ 이인식
       │     │ 평산인 │ 경주인
       │     │ 홍처윤여│
       │     │ 남양인 └─ 진장=남이성녀(의령인)
       │     │
       │     ├─ 유중 ─┬─ 녀 ─── 이재
       │     │ 이경증여│ 이만창
       │     │ 덕수인 │ 우봉인
       │     │ 송준길녀│
       │     │ 은진인 ├─ 진후 ─┬─ 녀=조규빈(양주인)
       │     │ 조귀중녀│ 이단상녀├─ 녀=김광택(광산인)
       │     │ 풍양인 │ 연안인 ├─ 익수
       │     │     │ 이덕로녀│
       │     │     │ 연안인 └─ 우수
       │     │     │
       │     │     ├─ 진원 ─┬─ 창수=김창집녀(안동인)
       │     │     │ 윤지선녀├─ 형수
       │     │     │ 파평인 └─ 통수=송상기녀(은진인)
       │     │     │
       │     │     ├─ 녀 인현왕후
       │     │     │
       │     │     ├─ 녀=신석화(평산인)
       │     │     ├─ 녀=이장휘(완산인)
       │     │     │
       │     │     ├─ 진영
       │     │     │ 이명승녀(한산인)
       │     │     │ 송상진녀(은진인)
       │     │     │
       │     │     └─ 녀=홍우조(남양인)
       │     │
       │     ├─ 녀 ─┬─ 홍중모
       │     │ 홍만형 └─ 홍중해
       └─ 녀  │ 풍산인
        조석윤 │
        배천인 └─ 녀=정보연(연일인)
```

인현왕후는 여흥민씨이다. 아버지는 민유중이다. 외조부는 당시 정계를 주도하던 양송 중의 한 사람인 은진송씨인 송준길宋浚吉 (1606~1672)이다.

민유중의 할아버지는 민기閔機(1568~1641)이다. 민기의 둘째딸 즉 민유중의 고모가 조석윤趙錫胤(1605~1654)과 혼인하였다. 조석 윤은 계곡谿谷 장유張維(1587~1638)와 청음淸陰 김상헌金尙憲(1570 ~1652)의 문인이다. 조석윤은 인조 6년(1628) 문과에 장원급제 하였고, 병자호란 당시 척화를 주장하였고, 효종 때 이조참판과 대 제학을 지냈다.

민유중의 아버지는 강원도 관찰사 민광훈閔光勳(1595 ~1659)이 다. 어머니는 이조판서 이광정李光庭(1552~1627)의 딸 연안이씨 (1594~1653)이다.

어머니 연안이씨는 허잠許潛의 외손녀이다.

허잠은 성종 서5녀 경숙옹주 부마 여천위 민자방閔子芳의 손녀가 되는 민희열閔希說의 딸 여흥민씨와 혼인하였다. 허잠의 셋째아들 허한許僩의 아들이 남인의 영수인 허적許積(1610~1680)이다. 허잠 의 딸은 이광정과 혼인하였는데, 그 슬하의 딸이 민광훈과 혼인하 여 민유중閔維重(1630~1687)을 낳았다. 그래서 민유중의 어머니 연안이씨와 허적은 사촌남매가 되는 것이다.

민유중의 맏형은 대사헌을 지낸 인재認齋 민시중閔蓍重(1625~1677) 이다. 효종 1년(1650) 생원시에 장원하였고, 현종 5년(1664)에 춘당대 문과에서 장원급제하였다. 증 좌찬성 홍적洪靍의 딸 풍산홍 씨와 혼인하였다. 홍적은 홍이상洪履祥의 아들로 선조 부마 영안위

永安尉 홍주원洪柱元의 아버지가 되는 홍영洪霙의 동생이다. 따라서 홍주원과 민시중의 부인은 사촌남매간이다.

둘째형은 노봉老峯 민정중閔鼎重(1628~1692)이다. 민정중은 우암 송시열의 문인으로 인조 27년(1649) 문과 정시에 장원급제 하였다. 사간원 정언, 홍문관 교리 등을 지냈고, 숙종 때 좌의정에 올랐다. 그러나 숙종 15년(1689) 기사환국으로 남인이 집권하자 유배가게 되어 그곳에서 졸하였다. 첫째부인은 신승申昇의 딸 평산 신씨이다. 둘째부인은 홍처윤洪處尹의 딸 남양홍씨이다.

민유중의 첫째부인은 이경증李景曾(1595~1648)의 딸 덕수이씨이 다. 둘째부인은 동춘당 송준길宋浚吉(1606~1672)의 딸 은진송씨이 다. 셋째부인은 조귀중趙貴中의 딸 풍양조씨이다.

슬하에 5남 7녀를 두었는데 이씨李氏에게서는 자식이 없고, 송씨 宋氏에게서 2남 3녀, 조씨趙氏에게서 1남 2녀를 두었고 측실에서 2 남 2녀를 두었다.

송씨 소생 1남은 민진후閔鎭厚(1659~1720)이다. 부인은 정관재 靜觀齋 이단상李端相(1628~1669)의 딸인 연안이씨이다. 이단상은 선조 때 대제학을 지낸 월사月沙 이정구李廷龜(1564~1635)의 손자 이고, 아버지는 대제학을 지낸 이명한李明漢(1595~1645)이다.

송씨 소생 2남은 민진원閔鎭遠(1664~1736)이다. 윤지선尹趾善 (1627~1704)의 딸인 파평윤씨와 혼인하였다. 윤지선은 윤지완尹趾 完(1635~1718)의 형이다.

송씨 소생 1녀는 우봉인牛峰人 이만창李晩昌과 혼인하였다. 이만

창은 도암陶菴 이재李縡(1680~1746)의 아버지이므로 민유중은 이
재에게 외조부가 된다. 이재는 농암農巖 김창협金昌協(1651~1708)
의 문인으로 노론 가운데서도 준론峻論에 해당하는 인물이다.

송씨 소생 2녀는 숙종 계비繼妃 인현왕후仁顯王后이다. 송씨 소생
3녀는 평산인平山人 신석화申錫華와 혼인하였다.

민유중閔維重(1630~1687)

효종 즉위년(1649) 진사가 되고, 효종 2년 증광문과에 병과로
급제하여 승문원을 거쳐 예문관검열이 되었다.

이어 대교·세자시강원설서·성균관전적을 거쳐 사헌부감찰·병
조좌랑을 지내다가 어머니의 상을 당하였다. 상을 마친 뒤 사간원
정언과 세자시강원사서에 임명되었으나 사직하고, 효종 7년 병조
정랑이 되었다.

그뒤 사헌부지평·사간원정언 등을 지내면서 대신들과 시폐時弊
를 놓고 다툰 끝에 조정에서 물러났다가 이듬해 함경도 경성판관
으로 나갔다. 이때 선정을 베풀어 7개 고을의 주민이 송덕비를 세
웠다.

이듬해 중앙에 돌아와 예조정랑이 되었다가 현종 3년(1662) 잠
시 여주로 물러나 앉기까지 홍문관 부교리·이조정랑 등을 지냈다.
현종 4년 이후 이조정랑·홍문관 교리·사간원 사간·의정부 사인
등을 두루 역임하다가, 36세의 약관의 나이로 현종 5년(1665) 전
라도관찰사로 발탁되어 당상관에 올랐다.

그러나 몇 달 만에 다시 중추부첨지사가 되어 내직으로 들고, 이어 사간원 대사간·승정원 승지를 지냈다.

현종 8년(1667) 이조참의 승지 등을 지내다가 병조판서 김좌명 金佐明과 다툰 끝에 벼슬을 버리고 광주에 은거하였다.

39세인 현종 9년(1668) 1월 22일 충청도 관찰사로 나갔다. 11 월 23일 민유중의 계청으로 충청도의 21곳과 황해도의 4곳에 양 전을 실시하였다. 겨울에 충청 균전사均田使를 겸했다.

40세인 현종 10년 2월 3일 현종이 감사의 체직을 허락하고 양 전하는 일을 전담하게 하였다. 균전을 끝내기 전에 2월 13일 대사 성에 임명되었다. 3월 19일 균전사로서 현종을 뵈니, 현종이 균전 의 일로 하문하였다. 4월 21일 평안감사에 발탁되었다.

42세인 현종 12년(1671) 7월 13일 임기가 다 되었지만 평안감 사에 유임되었다.

평안감사 민유중을 유임시켰다. 이때 내외의 저축이 모두 비었 으나 관서만이 다른 도보다 조금 나았고 민유중이 여러모로 힘 썼으므로 국가의 일상적인 경비를 오로지 관서에 힘입고 있었 다. 또 밀 보리는 여러 도가 똑같이 큰 흉작이었는데 민유중이 보리 종자가 없을 것을 미리 근심하여 천류고泉流庫에 남겨 둔 쌀을 내어 5천여 석을 사서 배로 경창京倉에 날라 보내어 종자가 없는 다른 도에 보내게 하였다. 그가 사전에 요리하는 것이 대 부분 이와 같았다. 민유중의 임기가 찼으므로 갈아야 할 것인데 조정에서 대체할 만한 사람이 없어서 어려워하였다. 이에 허적許

積·정치화鄭致和가 아뢰기를, "민유중은 마음을 다하여 직무에 봉사하였으므로 본도의 일이 힘입어 잘 거행되었을 뿐더러 함께 구제하려는 뜻도 있습니다. 앞으로 농사가 어떨지 알 수는 없으나, 모든 일을 요리하여 잘 처리하는 것은 이 사람이 아니면 안 될 것이니, 유임시키소서"하니, 상이 이르기를, "내 뜻도 바로 그러하다"하고, 드디어 올해 동안만 유임시키라고 명하였다. 『현종실록』권19. 12년 7월 13일

10월 4일 형조판서에 임명되었다. 평안감사를 맡을 만한 사람이 없어 한나라 증질增秩 고사를 인용하여 자급을 올려 평안감사를 맡게 하였다. 그리하여 10월 23일 평안감사에 유임되었다.

현종 12년부터 형조판서·대사헌·의정부우참찬·한성부판윤·호조판서 겸 총융사 등 요직을 역임하였다.

숙종이 즉위하면서 남인南人이 집권하자, 벼슬을 내놓고 충주에 내려가 지내다 끝내 흥해興海로 유배되었다.

그러나 경신대출척으로 남인이 실각하자, 다시 조정에 들어와 공조판서·호조판서 겸 선혜청당상·병조판서 등을 역임하며 서인 정권을 주도하였다. 그리고 이듬해 3월 국구國舅가 되자, 여양부원군驪陽府院君에 봉해지고 이어 영돈녕부사領敦寧府事가 되었다.

이듬해 금위영禁衛營의 창설을 주도하여 병권과 재정권을 모두 관장하였는데, 이후 점차 외척으로서 정권을 오로지 한다는 비난이 일어 관직에서 물러나 두문불출하다가 졸했다. 여주 섬락리에 안장되고, 효종의 묘정에 배향되었다.

민진후閔鎭厚(1659~1720)

　　민유중의 아들이며, 어머니는 좌참찬 송준길宋浚吉의 딸이다. 숙종비 인현왕후仁顯王后의 오빠이자 유수 민진원閔鎭遠과 현감 민진영閔鎭永의 형이다. 송시열의 문인으로 숙종 7년(1681, 23세) 생원이 되고, 숙종 12년(1686, 28세) 별시문과에 병과로 급제하여 승문원정자承文院正字가 되었다. 그러나 곧이어 기사환국이 일어나 아버지를 비롯한 일가친척들과 함께 관작을 삭탈당하고 귀양살이를 하였다. 숙종 20년(1694, 36세) 갑술옥사로 인현왕후가 복위됨에 따라 세자시강원 설서世子侍講院說書로 다시 기용되었고, 사간원 정언・홍문관부교리・사헌부집의 등을 거쳐 숙종 23년(1697, 39세) 충청도관찰사가 되었다. 관찰사로 부임한 지 7개월 만에 사간원 대사간이 되었으며, 이어 강화부유수・형조참의・한성부판윤 등을 역임한 뒤 숙종 32년(1706, 48세) 의금부지사義禁府知事가 되었다. 이때 유생 임보林溥가 세자모해설世子謀害說을 발설하여 일어난 옥사를 함부로 다루었다고 해서 소론측의 탄핵을 받아 벼슬에서 물러났다. 숙종 43년(1717, 59세) 또다시 기용되어 돈녕부판사・홍문관제학・예조판서 겸 수어사・한성부판윤・공조판서 등을 역임하고, 숙종 45년(1719, 61세) 의정부 우참찬에 올랐으나 질병으로 사양하고, 그뒤 개성부유수로 재직중 죽었다. 그의 인품은 선비의 기운을 돋우고 사문斯文을 지키는 데 힘쓰며 외척의 호귀豪貴한 습속이 전혀 없었다고 한다. 경종의 묘정廟庭에 배향되었다.

민진원閔鎭遠(1664~1736)

송시열의 문인으로 숙종 17년(1691, 28세) 증광문과에 을과로 급제하였으나, 숙종 15년(1689, 26세)의 기사환국 이후 인현왕후가 유폐되고 노론 일파가 크게 탄압을 받고 있던 때였기 때문에 등용되지 못하다가, 숙종 20년(1694, 31세) 갑술옥사로 장희빈이 강봉降封되고 인현왕후가 복위되어 노론이 집권하자 이듬해 예문관 검열로 기용되었다. 숙종 22년(1696, 33세) 세자시강원 겸설서世子侍講院兼說書가 된 뒤 사서에 올랐으나 척신戚臣이라는 이유로 면직되었다가 이듬해 이광좌李光佐 등과 함께 홍문록에 뽑히고 수찬修撰에 재등용되었다. 숙종 24년(1698, 35세) 병조좌랑이 된 뒤 사헌부의 지평·부수찬 등을 역임하고 숙종 27년(1701, 38세) 사복시정司僕寺正에 이어 사헌부 집의가 되었다. 숙종 29년(1703, 40세) 전라도관찰사로 승진하였는데, 이때 서원의 남설濫設이 지방 재정을 한층 곤궁하게 하며 당쟁을 더욱 치열하게 하는 것을 보고, 서원 건립을 억제하고 그 수를 줄일 것을 상소하였다. 숙종 31년(1705, 42세) 공조참의가 되고 장희빈사건으로 부처付處된 남구만南九萬의 감형을 상소하여 이를 실현시켰다. 이듬해 강화부유수를 지내고 이어 평안도 관찰사를 지냈다. 숙종 41년(1715, 52세) 대사성이 되었는데 『가례원류家禮源流』의 간행을 둘러싸고 노론·소론간에 당론이 치열해지자 노론 정호鄭澔를 두둔하다가 파직, 문외출송門外黜送당하였다. 그러나 이듬해 노론이 득세하자 다시 등용되어 평안도의 시관試官이 되었고, 숙종 44년(1718, 55세) 예조판서가 되고, 이조판서·호조판서를 지냈다.

경종 1년(1721, 58세) 공조판서로 있으면서, 또한 왕세제王世弟 [후의 영조]의 대리청정을 건의하여 실현하게 하는 등 정계의 중심적 구실을 하였다. 이듬해 신임사화로 노론이 실각하여 성주星州로 유배되었으나 영조 즉위년(1724, 61세) 영조의 즉위와 더불어 노론이 집권하게 되자 풀려나 우의정에 올랐다. 영조 1년 소론의 영수로 영조의 탕평책에 따라 좌의정의 직에 있던 유봉휘柳鳳輝를 신임사화를 일으킨 주동자라 하여 탄핵, 유배시켰으며, 그해에 좌의정이 되었다. 이듬해 영중추부사가 되었으나, 영조 3년(1727, 64세) 당색이 강한 자를 제거하여 탕평하려는 영조의 정책으로 정미환국이 일어나자 파직되어 순안順安에 안치되었다가 이듬해 풀려났으며, 영조 5년(1729, 66세) 판중추부사가 되었다. 그뒤 당쟁을 종식시키려는 영조의 노력에도 불구하고 그는 끝까지 소론과 타협하지 않고 소론을 배격하는 노론의 선봉장으로 활약하였다. 영조 6년(1730, 67세) 기로소에 들고 영조 9년(1733, 70세) 봉조하奉朝賀가 되었다.

인현왕후 금보(숙종 20년)
국립고궁박물관 소장

■ 장희빈 집안

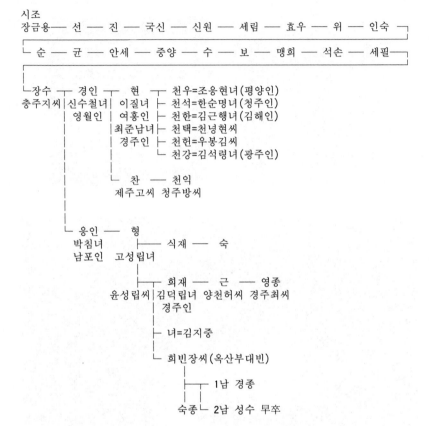

시조
장금용── 선 ── 진 ── 국신 ── 신원 ── 세림 ── 효우 ── 위 ── 인숙 ┐

└ 순 ── 균 ── 안세 ── 중양 ── 수 ── 보 ── 맹희 ── 석손 ── 세필 ┐

└장수 ┬ 경인 ┬ 현 ┬ 천우=조웅현녀(평양인)
충주지씨│신수철녀│ 이질녀 ├ 천석=한순명녀(청주인)
　　　│ 영월인 │ 여흥인 ├ 천한=김근행녀(김해인)
　　　│　　　 │최준남녀├ 천택=천녕현씨
　　　│　　　 │ 경주인 ├ 천헌=우봉김씨
　　　│　　　 │ 　　　 └ 천강=김석령녀(광주인)
　　　│　　　 │
　　　│　　　 └ 찬 ── 천익
　　　│　　　　제주고씨 청주방씨
　　　│
　　　└ 응인 ── 형
　　　　박침녀　　　├── 식재 ── 숙
　　　　남포인　고성립녀
　　　　　　　　　　 │
　　　　　　　　　　 ├┬ 회재 ── 근 ── 영종
　　　　　　윤성립씨│김덕립녀 양천허씨 경주최씨
　　　　　　　　　　 │ 경주인
　　　　　　　　　　 │
　　　　　　　　　　 ├ 녀=김지중
　　　　　　　　　　 │
　　　　　　　　　　 └ 희빈장씨(옥산부대빈)
　　　　　　　　　　　　　 │
　　　　　　　　　　　　　 ├┬ 1남 경종
　　　　　　　　　　　　　 │ │
　　　　　　　　　　 숙종└ 2남 성수 무졸

* 장경의 큰아들 '식재(杙載)' 경우 신도비에는 '희식(希杙)'으로 나옴

시조는 고려의 개국공신 장금용張金用이고 그뒤 조선 태조때 덕녕부윤德寧府尹 장안세張安世가 있다.

　인동장씨仁同張氏는 나라의 큰 성씨이다. 시조 장금용張金用은 고려의 개국공신으로 벼슬이 삼중대광三重大匡 신호위 상장군神虎衛上將軍이었고, 그뒤 고려 말에 장안세張安世는 덕녕부윤德寧府尹으로 조선의 태조께서 잠저潛邸 시 곽성霍城에 사셨을 때, 그 이웃 덕녕德寧에 사셨다. 그때 많은 은혜를 받아 오다가 태조가 조선을 혁명하게 되자, 옥산玉山 사저私邸로 물러나 살았다. 태조께서 여러 차례 조서를 내려 불렀으나 끝내 벼슬에 응하지 않고, 아들 장중양張仲陽을 벼슬에 나가게 하여 벼슬이 한성부 좌윤에 이르렀다. 그 사적事跡이 『동국여지승람 』에 실려 있다. 그 아들 장수張修는 벼슬이 사헌부 장령에 이르렀다. 「장형신도비張炯神道碑」

고조부는 장석손張碩孫이다.

　그후 여러 세대를 지나 장석손張碩孫이 계셨는데, 향교의 유생으로 있을 적에 아사亞使가 여러 고을을 순행할 때, 글 외우는데 불통不通(강講하라고 주어진 책을 전혀 외우지 못함)하여 유적儒籍에서 제거되고 군대에 편입되었으니 이가 곧 공의 고조高祖이다. 「장형신도비張炯神道碑」

증조부는 장세필張世弼이다.

장세필張世弼은 공로功勞가 있어 정3품 절충장군折衝將軍의 품계品階를 받았고, 정3품 돈녕부도정敦寧府都正에 추증되었다. 「장경신도비張烱神道碑」

할아버지는 장수張壽(1553~1632)이며, 할머니는 충주지씨忠州池氏이다.

장수張壽는 의정부 우의정에 추증되었다. 공公은 타고난 자질이 중후하고 모습은 의젓하였으며, 마을에 어떤 어려운 문제가 생기면 나서서 모두 바로잡아 주었다. 그리하여, 공의 한 마디 말에 결판이 나니 비록 그 송사訟事에 패한 자들도 마음속으로는 승복承服하였다. 80세를 넘게 살았기 때문에 종2품 가의대부嘉義大夫에 제수除授 받았다. 빛나는 흰 눈썹과 흰 머리의 단아한 모습으로 거리를 지날 때면 주위까지 환해지며 마치 지상에 신선이 나타난 것 같았다고 한다. 「장형신도비」

아버지는 장응인張應仁(1594~1660)이며, 어머니는 박침朴沈의 딸인 남포박씨藍浦朴氏이다.

의정부 좌의정에 추증된 행첨지중추부사行僉知中樞府事 장응인張應仁이다. 성품이 호탕하며 재물에 마음을 쓰지 않았다. 글읽기를 좋아하며 문장에 능하였고 노래도 잘했다. 가도椵島의 전쟁에 편비偏裨(副將)로 따라다녔는데, 그때 길바닥에 금은金銀이 떨어져 있어 사람들은 줍기에 정신이 없었으나, 공公만은 못 본척 혼자서 노래를 부르고 있었다고 한다. 집에서 가르치는 학생이 항상 수십 명이 넘었고, 그들은 모두 나라의 훌륭한 인재가 되었다. 돌아가실 무렵에 유언遺言을 내리기를, '나는 평생 동안 선善한 사람 좋아하기를 내 친족親族 대하듯이 했고, 악惡한 사람 미워하기를 마치 원수와 같이 했다. 후세 자손들은 나의 말을 가슴속에 새겨 두어라' 라고 하였다. 부인은 정경부인 박씨朴氏로서 본관은 남포藍浦이고, 산학 별제算學別提 침沈의 딸이다. 계해년 (광해군 15, 1623) 2월 25일에 장형을 낳았다. 「장형신도비」

품격이 우아 호방하고 의협심이 있으며, 또 문필에 능하고 중국 말을 잘하였다. 번번이 중국 사신과 차관差官이 오면 차비관으로서 말을 잘하였으므로 비록 탐오한 중국 사람이라도 감히 함부로 요구하지 못하였다. 『통문관지通文館志』권7. 장응인

장응인 이후로 인동장씨 집안에서는 20여 명의 역관이 나왔는데, 그중 역과譯科에 수석으로 합격한 사람이 7명일 정도로 실력이 뛰어났다.

장형의 사촌으로 장현張炫(1613~1695)의 동생 장찬張燦(1626~1699)은 평소 행실은 측량할 수 없으나 복선군 이남과 아주 친밀했고, 그의 아들 장천익張天翼은 복창군 이정李楨과 복선군 이남李

枏의 활쏘는 친구로 숙종 6년 경신대출척 때 형벌을 받고 유배되었다.

장형의 부인은 고성립高誠立의 딸인 영주부부인瀛洲府夫人 고씨高氏(1625~1645)와 사역원 첨정司譯院僉正 윤성립尹誠立의 딸인 파산부부인坡山府夫人 윤씨尹氏(1626~1698)이다.

공公의 이름은 형熲이요 자는 백야伯夜다. 공은 어려서부터 단정하고 씩씩하였으며 총명이 다른 아이들 보다 뛰어났다. 10세에 처음으로 서당에 들어갔는데 글을 두어 번만 읽으면 당장 줄줄 외우곤 했다. 가훈家訓을 늘 외우면서 문밖을 나가지 않고 부지런히 공부만 하였고 잠시도 게으른 행동을 하지 않아 늘 어른처럼 의젓하니 마을 사람들이 모두 칭찬하였다. 장성해서는 벼슬이 사역원 부봉사司譯院副奉事가 되었다.

공의 집안 종형제從兄弟들은 돈을 많이 모아서 일국一國의 갑부甲富가 되었다. 그러나 공만은 늘 청빈한 생활을 하며 돈 버는 일에는 마음을 두지 않았고, 자기 분수를 지키며 남들이 잘 사는 것을 부러워하지 않았다. 불행히도 병이 나자 조용한 방에 가만히 앉아서 거문고와 노래를 즐겼다. 그래서 사람들이 남북완南北阮[1]이라고 불렀다.

기유년(현종10, 1669) 정월 12월에 병으로 집에서 돌아가시니

---

1) 남북완南北阮: 진晉나라의 완함阮咸과 완적阮籍 등을 말한다. 항상 거문고와 술을 가까이 하며, 예의를 중요시하지 않았음

향년이 46세다. 불광리佛光里(현재 서울 은평구 불광동) 묘좌유향
卯坐酉向의 언덕 선영先塋 옆에 장례지냈다. 그후 영의정 옥산부
원군玉山府院君에 추증되었고 임금이 베풀어주신 은혜가 삼대三代
에 미쳐 봉작封爵이 위와 같으니 임금의 장인으로서 귀하게 대접
을 받았기 때문이다.

처음에는 절충折衝 고성립高誠立의 딸에게 장가들어 아들 희식希
栻을 낳았으나 일찍 죽었다. 다시 얻은 부인 윤씨는 사역원첨정
司譯院僉正 성립誠立의 딸이다. 1남 2녀를 두었는데, 둘째딸이 바
로 우리 왕비 전하[장희빈]이시다. 어린 나이에 간택되어 대궐에
들어갔고, 성장하자 빈嬪을 거쳐 왕비 자리에 올라 우리 원자元
子를 길렀다. 본래 성스런 자질을 타고났으니 실로 우리나라의
무궁한 복이다. 아 아름답고 거룩하다.

첫째딸은 관상감 직장觀象監直長 김지중金志重에게 출가하여 3남
1녀를 낳았다. 둘째아들 희재希載는 무과武科에 급제하여 종3품
훈련원부정訓練院副正 겸 내승內乘이고, 사과 김덕립金德立의 딸에
게 출가하여 3남을 낳았다. 「장형신도비張烱神道碑」

🎩 장희재

장희재는 효종 2년(1651)에 태어나 숙종 27년(1701) 10월 29
일 한성부에서 51세로 죽었다.

장희재의 부인은 김덕립金德立의 딸인 작은아기者斤阿只이고, 첩
은 기생 숙정이다. 숙정은 동평군東平君의 계집종이었다. 장희재는

이렇게 해서 동평군과 가까워지게 되었다.

"… 종반宗班이 외조外朝와 교결交結하는 것은 금지하는 것이 지극히 엄한데, 동평군東平君 이항李杭은 왕실의 가까운 종친으로서 장희재와 결탁하여, 그 계집종 숙정淑正을 값도 받지 않고 장희재에게 속량贖하여 주고 심복으로 만들었으니, 치밀하게 꾸미고 교통交通한 자취에 대해 온 나라의 언론이 떠들썩합니다. 지금 숙정의 흉악하고 간특하며 고독蠱毒으로 기도한 죄가 밝게 드러나 남김이 없어 왕법을 시원스레 시행하였으며, 역적의 괴수 장희재도 또한 마땅히 차례로 잡아오게 되었으니, 그 징토懲討를 엄하게 하는 법에 있어서 끝내 그대로 두고 논하지 아니할 수 없습니다. 청컨대 동평군 이항을 멀리 극변으로 유배하도록 하소서. …"하니, 임금이 답하기를, "윤허하지 아니한다"하였다. 『숙종실록』 권35 숙종 27년 10월 12일

장희재는 숙종 18년 3월 6일 42세로 총융사에 임명되었다.

장희재를 발탁하여 총융사摠戎使로 삼았는데, 비국備局의 추천에 따른 것이다. 장희재는 시장〔市廛〕에서 입신 출세한 사람으로 초방椒房(후비后妃를 가리킴)의 세력에 의지하고, 민암閔黯의 무리와 결탁하여 심복心腹이 되어서, 계급이 뛰어올라 장수의 소임에 이르게 되므로 미워하지 않는 사람이 없었다.

숙종 19년 2월 18일 한성부 우윤右尹에 임명되었다. 숙종 19년 4월 3일 포도대장에서 체임되었다.

숙종 20년(1694) 인현왕후가 복위한 뒤로 이를 시기하는 희빈과 함께 인현왕후를 해하려는 음모를 꾸미다가 발각되어 사형을 받게 되었으나, 후환이 세자에게 미칠 것을 염려한 남구만南九萬 등 소론의 주장으로 사형은 면하고 제주도에 유배되었다.

숙종 27년(1701) 인현왕후가 승하한 뒤 희빈장씨가 앞서 인현왕후를 무고巫蠱, 저주한 사실이 발각되어 장희재를 극형에 처할 것을 요구하는 상소가 있자, 왕은 처음에는 거절하였으나 마침내 제주도 유배지에서 잡혀와 사형에 처해졌다.

인동장공희재천혼합분仁同張公希載遷魂合墳

■ 숙빈최씨

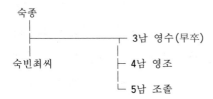

조부는 최태일崔泰逸이며, 증조부는 최말정崔末貞이다.

아버지는 행 충무위 부사과行忠武衛副司果 최효원崔孝元이며, 어머니는 통정대부通政大夫 홍계남洪繼南의 딸 남양홍씨南陽洪氏이다. 「최효원 묘비」

슬하에 3남을 두었다. 1남 영수永壽와 3남은 일찍 죽었고, 2남은 조선 제21대 왕 영조대왕英祖大王이다.

숙빈최씨는 현종 11년(1670) 11월 6일 태어났다.

7세인 숙종 2년(1676) 선발되어 궁궐에 들어갔다.

24세인 숙종 19년(1693) 4월 26일 처음으로 내명부內命婦 품계인 숙원淑媛[종4품]이 되었다.

10월 6일 소의昭儀로 있을 때 왕자를 낳았는데, 슬하의 첫째아들인 영수永壽이다. 12월 13일 새로 태어난 왕자 즉 영수永壽가 만 세 달도 못되어 졸하였다.

당시 인현왕후 민씨가 폐서인 되어 별궁에 내쫓겨져 있었는데, 본디 인현왕후 궁의 무수리였던 숙빈최씨가 인현왕후의 복위를 지극 정성으로 기도하는 것을 숙종이 보고 그를 총애하여 결국 후궁이 되었고, 인현왕후도 복위되었다고 한다.

25세인 숙종 20년(1694) 6월 2일 숙의熟議[종2품]가 되었다. 9월 13일에 숙의최씨가 창덕궁 보경당寶慶堂에서 왕자를 낳았는데, 이가 바로 후일 영조대왕이 되는 연잉군延礽君이었다. 9월 20일에 숙종은 준례대로 호산청護産廳을 설치하고 환시宦侍와 의관醫官에게 내구마를 하사해 주었다.

26세인 숙종 21년 6월 8일 귀인貴人이 되었다.

30세인 숙종 25년(1699) 10월 23일 단종 복위 기념으로 후궁들의 품계를 올려주었는데, 최씨는 후궁으로서 가장 높은 숙빈淑嬪[정1품]이 되었다.

30세인 숙종 25년(1699) 12월 24일 후일 영조가 된 아들이 연잉군延礽君에 봉해졌다.

32세인 숙종 27년(1701) 8월 14일 인현왕후가 창경궁 경춘전에서 35세의 젊은 나이로 승하하였다.

9월 23일 인현왕후를 무고한 죄인 장희재張希載를 처형하라는 비망기備忘記를 내렸는데, 무고巫蠱의 사건을 숙빈최씨가 몰래 숙종에게 고했다고 했다.

밤에 임금이 비망기備忘記를 내려 이르기를, "대행 왕비大行王妃가 병에 걸린 2년 동안에 희빈장씨는 비단 한번도 기거起居하지 아니하였을 뿐만 아니라, '중궁전中宮殿'이라고 하지도 않고 반드시 '민씨閔氏'라고 일컬었으며, 또 말하기를, '민씨는 실로 요사스러운 사람이다'라고 하였다. 이뿐만이 아니다. 취선당就善堂의 서쪽에다 몰래 신당神堂을 설치하고, 매양 2, 3인의 비복婢僕들과 더불어 사람들을 물리치고 기도하되, 지극히 빈틈없이 일을 꾸몄다. 이것을 참을 수가 있다면 무엇인들 참지 못하겠는가? 제주에 유배시킨 죄인 장희재를 먼저 처형하여 빨리 나라의 형벌을 바로잡도록 하라"하였다.

이보다 앞서 대행 왕비大行王妃가 병들어 누워 있을 때에 민진후閔鎭厚 형제가 입시하니, 왕비가 하교하기를, "갑술년에 복위한 뒤 조정의 의논이 세자의 사친私親을 봉공俸供하는 등의 절목을 운위하면서, '마땅히 여러 빈어嬪御들과는 구별이 있어야 한다'고 하였는데, 이때부터 궁중의 사람들이 모두 다 희빈에게로 기울어졌다. 궁중의 구법舊法에 의한다면 빈어에 속한 시녀들은 감히 대내 근처에 드나들 수가 없는데, 희빈에 속한 것들이 항상 나의 침전寢殿에 왕래하였으며, 심지어 창에 구멍을 뚫고 안을 엿보는 짓을 하기까지 하였다. 그러나 침전의 시녀들이 감히 꾸짖어 금하지 못하였으니, 일이 너무나도 한심했지만 어찌할 수가 없었다. 지금 나의 병 증세가 지극히 이상한데, 사람들이 모두 말하기를, '반드시 빌미가 있다'고 한다. 궁인 시영時英이란 자에게 의심스러운 자취가 많이 있고, 또한 겉으로 드러난 사건도 없지 아니하였으나, 어떤 사람이 주상께 감히 고하여 주상으로 하여금 이것을 알게 하겠는가? 다만 나는 갖은 고초苦楚를 받았으나, 지금 병이 난 두 해 사이에 소원은 오직 빨리 죽는 데 있으나, 여전히 다시 더하기도 하고 덜하기도 하여 이처럼 병이 낫지 아니하니, 괴롭다"하고, 이어서 눈물을 줄줄 흘렸다.

이때에 이르러 무고巫蠱의 사건이 과연 발각되니, 외간外間에서

는 혹 전하기를, "숙빈최씨가 평상시에 왕비가 베푼 은혜를 추모
追慕하여, 통곡痛哭하는 마음을 이기지 못하고 임금에게 몰래 고
하였다"하였다. 『숙종실록』권35. 27년 9월 3일

8월 14일 인현왕후가 창경궁 경춘전에서 승하한 다음에 장희빈
이 취선당就善堂 서쪽에다 신당神堂을 설치하고 왕비가 죽기를 기도
한 일이 발각되었다. 그리하여 9월 25일 숙종은 장희빈을 자진自
盡하게 하라는 비망기를 내렸고, 10월 8일 자진하게 하라고 승정
원에 하교하였다.

35세인 숙종 30년(1704) 4월 17일 숙종이 아들 연잉군의 저택
값을 주도록 전교를 내렸다.

숙종 44년(1718) 3월 9일 숙빈최씨가 창의동彰義洞 사제私第에서
향년 49세로 졸하였다.

7장 세도정치와 안동김씨

19세기 세도정치를 하려면 17세기 18세기에 최고의 명문 집안이어야 가능하다. 따라서 17, 18세기 가장 명문 집안이 어느 집안인가를 짚어보면, 사계 김장생 집안인 광산김씨, 우암 송시열 집안인 은진송씨, 송강 정철 집안인 연일정씨, 백강 이경여 집안인 완산이씨, 이귀 이정구 집안인 연안이씨를 들 수 있다.

이 중에서 척화와 북벌로 인조·효종대를 대표하는 청음 김상헌金尙憲(1570~1652), 장희빈 사건으로 현종·숙종대를 대표하는 문곡 김수항金壽恒(1629~1689), 신임사화로 숙종·경종대를 대표하는 몽와 김창집金昌集(1648~1722), 산림으로 영조대를 대표하는 미호 김원행金元行(1702~1772)을 배출하여, 인조대부터 영조대까지 명문 집안으로 등장하는 집안이 바로 안동김씨이다.

이러한 명성으로 순조비 순원왕후를 배출하면서 세도를 잡고, 이어서 헌종비 효현왕후, 철종비 철인왕후를 배출하면서 60년 세도를 장악하여 19세기 세도정치를 하여간 집안이 바로 안동김씨인 것이다.

개화기에는 갑신정변을 일으킨 김옥균, 김삿갓이라 칭해지는 김병연, 경술국치에 순절한 김석진, 일제강점기에는 독립운동을 한 김좌진 장군 등이 있다.

안동김씨 가문

【안동김씨 김창집 후손 왕비를 중심으로】

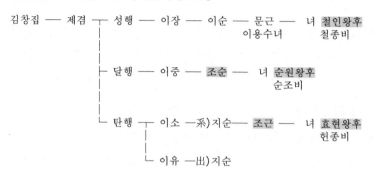

```
김창집 ── 제겸 ┬ 성행 ── 이장 ── 이순 ── 문근 ──── 녀 철인왕후
              │                        이용수녀      철종비
              │
              ├ 달행 ── 이중 ── 조순 ──── 녀 순원왕후
              │                           순조비
              │
              └ 탄행 ┬ 이소 ─系)지순 ── 조근 ──── 녀 효현왕후
                     │                             헌종비
                     └ 이유 ─出)지순
```

【안동김씨 김창집 후손을 중심으로】

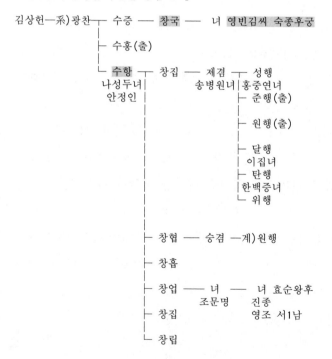

```
김상헌─系)광찬 ┬ 수증 ── 창국 ──── 녀 영빈김씨 숙종후궁
               │
               ├ 수흥(출)
               │
               ├ 수항 ┬ 창집 ── 제겸 ┬ 성행
               │ 나성두녀│        송병원녀│홍중연녀
               │ 안정인 │              ├ 준행(출)
               │       │              │
               │       │              ├ 원행(출)
               │       │              │
               │       │              ├ 달행
               │       │              │ 이집녀
               │       │              ├ 탄행
               │       │              │한백증녀
               │       │              └ 위행
               │       │
               │       ├ 창협 ── 숭겸 ─계)원행
               │       │
               │       ├ 창흡
               │       │
               │       ├ 창업 ──── 녀 ──── 녀 효순왕후
               │       │          조문명      진종
               │       ├ 창집               영조 서1남
               │       │
               │       └ 창립
```

　병자호란에 순절과 척화로 인조 효종대를 대표하는 선원 김상용
金尙容(1561~1637)과 청음 김상헌金尙憲(1570~1652), 장희빈 사
건으로 죽은 현종 숙종대를 대표하는 문곡 김수항金壽恒(1629~
1689), 신임사화로 죽은 숙종 경종대를 대표하는 몽와 김창집金昌
集(1648~1722), 산림으로 영조대를 대표하는 미호 김원행金元行
(1702~1772)을 배출하여, 인조대부터 영조대까지 가장 명문 집안
으로 등장하는 집안이 바로 안동김씨이다.

　정조가 승하하고 순조가 즉위하자 영조 계비 정순왕후 경주김씨
가 수렴청정을 하면서 경주김씨가 주도하는 세도정치가 시작되었
다.

　순조 5년(1805) 1월 12일 정순왕후가 승하하면서, 순조비 안동
김씨의 아버지 김조순金祖淳(1765~1832)이 주도하는 안동김씨 세
도정치가 시작되었다.

　순조 아들 익종은 부인을 조만영趙萬永(1776~1846)의 딸 풍양조
씨를 맞이하였다. 그러나 세자로서 4년 동안 대리청정을 하던 익
종은 순조 30년 5월에 세자로서 죽었다. 그래서 순조 34년 11월
순조가 승하하니, 익종의 아들 헌종이 8세의 어린 나이로 즉위한
다. 이에 순조비가 대왕대비로서 헌종이 14세가 되는 헌종 6년까
지 수렴청정을 하게 된다.

　그리고 헌종 3년(1837) 3월 영흥부원군 김조근金祖根(1793~1844)
의 딸을 왕비[효현왕후]로 하여 안동김씨 세도를 이어갈 기반을 마련
하였다. 그러나 헌종 9년(1843)에 효현왕후가 승하하였다. 효현왕
후가 승하하고 새로 등장한 외척 풍양조씨 일문의 세력이 우세해

지면서, 안동김씨 세도가 불안해졌다.

이 와중에 헌종 15년(1849) 헌종이 23세의 젊은 나이로 후사 없이 승하하였다. 그러자 헌종에게는 숙부벌이 되는 강화도령 철종을 허수아비 왕으로 맞아들인다.

철종은 정조의 아우 은언군恩彦君의 손자로, 전계대원군全溪大院君의 셋째아들이다. 당시 영조의 혈손으로는 헌종과 원범[철종] 두 사람뿐이었다.

헌종 15년 6월 6일 헌종이 후사가 없이 죽자 대왕대비 순원왕후純元王后[순조비]의 명으로, 정조의 손자, 순조의 아들로 입승하게 해서 왕위를 계승하였다. 이때 나이 19세였으며, 학문과는 거리가 먼 농군으로서, 헌종 10년(1844) 형 회평군懷平君 명明의 옥사로 가족과 함께 강화도에 유배되어 있었다.

안동김씨들은 철종 2년(1851) 윤8월 24일 순원대비純元大妃의 8촌 남동생 김문근金汶根(1801~1863)의 딸[15세]로 왕비 간택을 하여 다시 세도의 기틀을 튼튼하게 하였다.

이에 12월 28일에는 순원대비純元大妃가 형식상 수렴청정을 거두는데 이제는 세도를 대비의 하나밖에 남지 않은 막내동생 김좌근金左根(1797~1869)에게 주어 김흥근金興根(1796~1870), 김병기金炳冀(1818~1875)와 함께 안동김씨 세도를 이끌게 한다.

● **철종** ※ 본서 부록 326쪽 참조

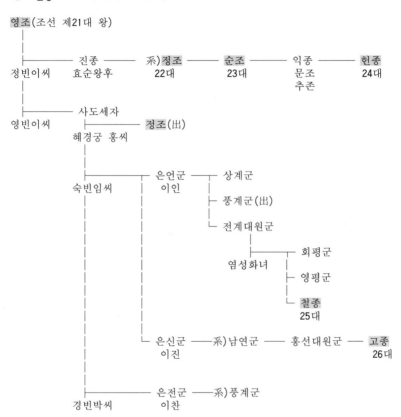

영조(조선 제21대 왕)

정빈이씨 ── 진종 ── 系)정조 ── 순조 ── 익종 ── 헌종
　　　　　　효순왕후　22대　　23대　　문조　　24대
　　　　　　　　　　　　　　　　　추존

영빈이씨 ── 사도세자
　　　　　혜경궁 홍씨 ┬── 정조(出)

숙빈임씨 ── 은언군 ── 상계군
　　　　　　이인 ┬── 풍계군(出)
　　　　　　　　└── 전계대원군

염성화녀 ┬── 회평군
　　　　　├── 영평군
　　　　　└── 철종
　　　　　　　25대

　　　　── 은신군 ── 系)남연군 ── 흥선대원군 ── 고종
　　　　　　이진　　　　　　　　　　　　　　　　26대

경빈박씨 ── 은전군 ── 系)풍계군
　　　　　　이찬

【안동김씨 김생해 후손을 중심으로】
시조
김선평 ───김번 ── 생해 ➡

```
생해 ┬ 대효 ─계)상헌 -계)광찬 ┬ 수증 ── 창국 ┬계)치겸
이침녀 │이영현녀 이의노녀  김래녀 │조한영녀 이정영녀├─ 익겸
완산인 │ 광주인  성주인   금제남자│ 창녕인        └ 녀 영빈
       │정태형녀        연안인  │              숙종후궁
       │ 연일인                │ 수흥(출계 광혁)
       │이억정녀               ├ 수항 ┬ 창집
       │ 전주인                나성두녀│박세남녀
       │                            │
       │                            ├ 창협
       │                            ├ 창흡
       │                            ├ 창업
       │                            ├ 창집
       │                            └ 창립
       │
       │                      ├ 1녀 부희 = 이정악(용인인)
       │                      │
       │                      ├ 2녀 계희 = 홍주천(남양인)
       │                      │
       │                      ├ 3녀 영희 = 이중휘(전주인)
       │                      │
       │                      ├ 4녀 태희 = 송규렴(은진인)
       │                      │
       │                      └ 5녀 묘현 = 이광직(한산인)
       │
       ├ 원효 ── 상준 ┬ 광욱
       │이승설녀 이천우녀│ 광위
       │
       └ 극효 ┬ 상용 ┬ 광형 ── 수창
       정유길녀│ 권개녀│이헌심녀  유돈녀
       동래인 │ 안동인 │
              │       ├ 광환 ── 수홍
              │       ├ 광현 ── 수인
              │       │        │
              │       └ 녀 ┬ 선징
              │       장유 └ 인선왕후(효종비)
              │
              ├ 상관 ┬ 광혁 -계)수홍
              │       └ 광찬 출계 상헌
              ├ 상건
              ├ 상헌 출계 대효
              └ 상복 ── 2녀 = 윤집
```

안동김씨 가문

안동김씨는 김방경金方慶(1212~1300)을 중시조로 하는 구안동이 있고, 김선평金宣平을 시조로 하고 김극효金克孝(1542~1618)를 중시조로 하는 신안동이 있다. 김번金璠(1479~1544)부터 장동(현재의 청운동)에 세거하면서 신안동을 이룬다.

김상용金尙容(1561~1637)

조선 인조 때의 상신相臣이며, 병자호란 때의 순절인殉節人이다. 좌의정 김상헌의 형의 외손이다. 임진왜란이 일어나자 정철鄭澈의 종사관이 되어 왜군토벌에 공을 세움으로써 선조 31년(1598) 승지에 발탁되고, 그뒤 왕의 측근에서 전란중의 여러 사무를 보필하였다. 광해군 즉위년(1608, 48세) 잠시 한성우윤·도승지를 지낸 뒤 계속 한직에 머물렀다. 광해군 9년 폐모론廢母論이 일어나자 이에 반대하여 벼슬을 버리고 원주로 거처를 옮겨 화를 피했다.

인조반정 뒤 판돈녕부사에 기용되었고, 이어 병조·예조·이조의 판서를 역임하였으며, 인조 5년(1627, 67세) 정묘호란 때는 유도대장留都大將으로서 서울을 지켰다. 인조 10년(1632, 72세) 우의정에 발탁되었으나 늙음을 이유로 바로 사퇴하였으며, 인조 14년(1636) 병자호란 때 빈궁·원손을 수행하여 강화도에 피난하였다가 성이 함락되자 성의 남문루南門樓에 있던 화약에 불을 지르고 순절하였다. 일찍이 외할아버지인 정유길에게서 고문古文과 시를 배웠고, 성혼成渾과 이이李珥의 문인으로서 황신黃愼·이정구李廷龜·신흠申欽 등과 친밀했다.

김상헌金尙憲(1570~1652)

청음 김상헌은 선조대에 태어나 광해군대 인조대를 거치며, 명나라 청나라가 교체되는 와중에서 정묘 병자호란을 겪으면서 선비의 절개를 꿋꿋이 지키며 살아간 인물이다.

김상헌은 광해군 부인과는 이종 사촌간이나 폐모론을 반대하였다. 예조판서로 있던 인조 14년(1636) 병자호란이 일어나자 남한산성으로 인조를 호종하였다. 대세가 기울어 항복하는 쪽으로 굳어지자 최명길이 작성한 항복문서를 찢고 통곡하였다. 항복 이후 식음을 전폐하고 자결을 기도하다가 실패한 뒤 안동 학가산鶴駕山에 들어가, 와신상담해서 치욕을 씻고 명나라와의 의리를 유지해야 한다는 내용의 상소를 올린 뒤 두문불출하였다.

청나라로부터 위험인물로 지목되어 인조 19년(1641) 심양瀋陽에 끌려가 이후 4년여 동안을 청에 묶여 있었다. 당시에도 강직한 성격과 기개로써 청인들의 굴복 요구에 불복하여 끝까지 저항하였다. 인조 23년(1645) 소현세자와 함께 귀국했지만, 여전히 척화신斥和臣을 탐탁지 않게 여기는 인조와의 관계가 원만하지 못해 벼슬을 단념하고 석실石室로 나아가 은거하였다.

효종 즉위년(1649) 효종 즉위 뒤 대현大賢으로 추대받아 좌의정에 임명되었다. 이후 수차례 은퇴의 뜻을 밝히면서 효종에게 인재를 기르고 대업을 완수할 것을 강조하였다. 죽은 뒤 대표적인 척화신으로서 추앙받았고, 현종 2년(1661) 효종의 묘정에 배향되었다.

정선, 청풍계(간송미술관)
김상헌과 김상용의 후손이 살던 곳

【안동김씨 김수항을 중심으로】

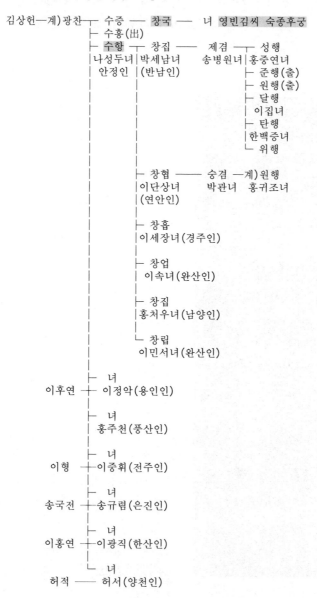

김상헌―계)광찬┬ 수증 ── 창국 ── 녀 영빈김씨 숙종후궁
 　　　　　├ 수홍(出)
 　　　　　├ 수항 ┬ 창집 ── 제겸 ┬ 성행
 　　　　　│나성두녀│박세남녀 송병원녀│홍중연녀
 　　　　　│ 안정인│(반남인) 　　　　├ 준행(출)
 　　　　　│ 　　　│ 　　　　　　　　├ 원행(출)
 　　　　　│ 　　　│ 　　　　　　　　├ 달행
 　　　　　│ 　　　│ 　　　　　　　　│ 이집녀
 　　　　　│ 　　　│ 　　　　　　　　├ 탄행
 　　　　　│ 　　　│ 　　　　　　　　│한백증녀
 　　　　　│ 　　　│ 　　　　　　　　└ 위행
 　　　　　│ 　　　│
 　　　　　│ 　　　├ 창협 ── 숭겸 ─계)원행
 　　　　　│ 　　　│이단상녀 박관녀 홍귀조녀
 　　　　　│ 　　　│(연안인)
 　　　　　│ 　　　│
 　　　　　│ 　　　├ 창흡
 　　　　　│ 　　　│이세장녀(경주인)
 　　　　　│ 　　　│
 　　　　　│ 　　　├ 창업
 　　　　　│ 　　　│ 이속녀(완산인)
 　　　　　│ 　　　│
 　　　　　│ 　　　├ 창집
 　　　　　│ 　　　│홍처우녀(남양인)
 　　　　　│ 　　　│
 　　　　　│ 　　　└ 창립
 　　　　　│ 　　　　 이민서녀(완산인)
 　　　　　│
 　　　　　├ 녀
 이후연 ┼ 이정악(용인인)
 　　　　　│
 　　　　　├ 녀
 　　　　　│ 홍주천(풍산인)
 　　　　　│
 　　　　　├ 녀
 이형 ┼이중휘(전주인)
 　　　　　│
 　　　　　├ 녀
 송국전 ┼송규렴(은진인)
 　　　　　│
 　　　　　├ 녀
 이홍연 ┼이광직(한산인)
 　　　　　│
 　　　　　└ 녀
 허적 ── 허서(양천인)

🎩 김수항金壽恒(1629~1689)

김상헌의 손자로 효종 현종 숙종대를 주도한 핵심 인물이 문곡
文谷 김수항金壽恒이다. 김수항은 숙종 때 영의정에까지 올랐다. 숙
종 15년(1689) 기사환국己巳換局으로 남인南人이 집권하자 우암 송
시열 등과 함께 귀양가게 되어 사약死藥을 받고 졸하였다. 김수항
의 아들들이 이른바 '육창六昌'이라고 불리는 형제들이다.

김수항은 인조 24년(1646) 18세로 반시泮試에 수석하고, 효종 2
년(1651) 23세로 알성문과謁聖文科에 장원급제, 성균관 전적이 되
었다. 이어 병조좌랑・정언을 거쳐, 효종 5년 이조정랑이 되었다.
효종 7년 문과중시에 급제하고 정언・교리 등 청환직清宦職을 거쳐
이조정랑・대사간에 올랐다.

현종 즉위년(1659) 31세로 승지가 되었고, 현종 3년 왕의 특명
으로 예조판서에 발탁되었다. 현종 13년(1672) 44세로 우의정에
발탁되고, 이어 좌의정에 승진하였다. 현종 15년 효종비 인선왕후
가 승하해, 2차 예송이 일어나자[갑인예송] 김수홍과 함께 대공설
大功說[9개월]을 주장했으나, 남인이 주장한 기년설朞年說[1년]이 채
택되어 서인이 패하자 영의정이던 형 김수홍이 쫓겨나고, 대신 좌
의정으로 다시 임명되었다.

숙종 즉위 후 허적・윤휴를 배척하고 종실 복창군・복선군 형제
의 추문을 들어 그 처벌을 주장하다가 영암에 유배되고, 숙종 1년
(1675) 좌의정에 임명되었으나 윤휴・허적・허목 등의 공격으로
관직이 삭탈되고, 원주原州에 부처되었다.

숙종 6년(1680) 이른바 경신대출척이 일어나 남인들이 실각하자 영의정이 되어 남인의 죄를 다스리는 한편 송시열·박세채 등을 불러들였다. 이후 8년 동안 영의정으로 있었다.

숙종 15년(1689, 61세) 기사환국이 일어나 남인이 재집권함으로써, 진도로 유배, 위리안치되었다. 뒤이어 남인 수십인의 공격과 사헌부·사간원의 합계合啓로 사사되었다. 숙종 20년(1694) 신원, 복관되었다. 고종 23년(1886)에 현종 묘정廟庭에 배향되었다.

김수항의 1남은 몽와夢窩 김창집金昌集(1648~1722)이다. 김창집은 숙종 43년(1717)에 영의정 올랐고, 숙종이 승하하자 원상院相이 되어 서정庶政을 주관하였다. 경종 1년(1721) 노론의 영수로서 왕세제王世弟인 연잉군延礽君을 보호하다가 소론에 의해 역모로 몰려 이이명李頤命, 이건명李健命, 조태채趙泰采와 함께 귀양가게 되었고 이듬해 사사賜死되었다. 이 세 명과 함께 노론사대신老論四大臣으로 불리우는 인물이다.

2남은 농암農巖 김창협金昌協(1651~1708)이다.

숙종 8년(1682) 증광문과增廣文科에 장원급제하여 대사간 등을 역임하였으나 사직하고 학문에 몰두하였다. 송시열의 『주자대전차의朱子大全箚疑』를 교정하였다.

3남은 삼연三淵 김창흡金昌翕(1653~1722)이다.

현종 때 진사시에 합격한 뒤에는 벼슬길에 나아가지 않았고, 경종 때 신임사화辛壬士禍로 형兄 김창집이 사사되자 지병이 악화되어 졸하였다. 중형仲兄 김창협金昌協과 함께 학문과 문장으로 이름을 날렸다.

4남은 노가재老稼齋 김창업金昌業(1658~1721)이다. 어려서부터 형들에게 학문을 익히기 시작하였으나, 그도 역시 벼슬길에 나아가지 않았다. 김창업도 신임사화 때 가족이 화禍를 입자 울분을 이기지 못하고 졸하였다. 특히 그림에 능하여 송시열의 초상肖像을 그린 것으로 유명하다. 사위가 풍양인 조문명趙文命인데, 조문명의 딸이 영조 서1남 효장세자의 빈이 되어 김창업은 졸한 뒤에 효장세자의 처외조부가 되었다.

5남은 포음圃陰 김창즙金昌緝(1662~1713)이다.

아버지 김수항이 사사되자 벼슬을 그만두고 학문에 전념하였으며 숙종 26년(1700)에 부친의 문집인 『문곡집文谷集』을 간행하였다.

6남은 택재澤齋 김창립金昌立(1666~1683)이다.

16세의 나이에 민정중閔鼎重(1628~1692)이 빈賓이 되어 관례를 하였는데, 그때 민정중이 '탁이卓而'라는 자字를 지어주었다. 17세에 이민서의 딸 전주이씨와 혼인하였으나 이듬해 18세의 어린 나이로 졸하였다.

김원행金元行(1702년~1772)

김원행은 이재李縡의 문하에 들어가 수학하였다. 숙종 45년(1719, 18세) 진사가 되었으나, 경종 2년(1722, 21세) 신임사화 때 본가의 할아버지 김창집이 노론 4대신으로 사사되고, 생부 김제겸을 비롯하여 친형인 김성행金省行과 동생 김탄행金坦行 등이 유배되어 죽음을 당하자, 벼슬할 뜻을 버리고 학문에 전념하였다.

영조 1년(1725, 24세)에 본가의 할아버지·아버지·형 등이 신원된 후에도 시골에 묻혀 살며 학문 연구에만 몰두하였다. 영조 16년(1740, 39세)에 학행으로 천거받아 내시교관內侍敎官, 영조 26년 위솔衛率·종부시주부宗簿寺主簿 등에 임명되었으나 모두 부임하지 않았고, 영조 35년에 왕세손을 교육할 적임자로서 영조의 부름을 받았으나 상소하여 사퇴하였다.

영조 39년(1763, 62세) 공조참의·사성司成, 영조 44년 찬선贊善에 임명하였을 때도 역시 사양하였다.

당시는 송시열을 종장宗匠으로 받드는 성리학이 주조를 이루고 있었으나, 그 학파 자체내에서도 '낙론洛論'과 '호론湖論'의 대립이 있었다. 김창협의 손자이자 이재의 문인인 김원행은 낙론을 지지하는 대표적인 학자였다.

나라에서 정통적 학자로 추대받아 산림의 지위에 있었던 그의 문하에서 수많은 순수 성리학자들이 배출되었고, 한편 몇 사람의 북학사상가도 배출되었다. 그의 학통을 이은 제자로는 박윤원朴胤源, 오윤상吳允常, 홍대용洪大容, 황윤석黃胤錫과 그의 아들 김이안金履安 등이 있다.

겸재謙齋 정선鄭敾의 석실서원石室書院

영조 17년(1741) 『경교명승첩 京郊名勝帖』 간송미술관소장

현종 4년(1663)에 석실서원이란 사액이 내려졌다. 초기에는 청음 김상헌金尙憲과
선원 김상용金尙容 두 분의 위패만 모셨으나, 후일 김수항金壽恒, 민정중閔鼎重,
이단상李端相, 김창협金昌協을 추배追配하였다.

■ 안동김씨 순조비 집안

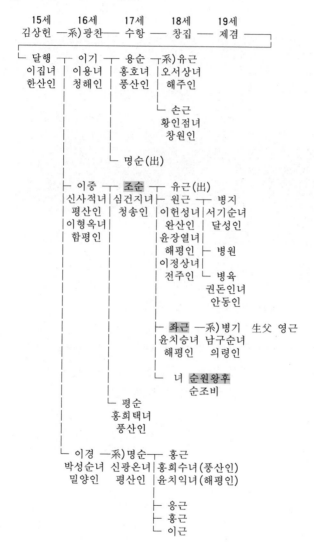

```
     15세      16세      17세      18세      19세
   김상헌 ─系)광찬── 수항 ── 창집 ── 제겸 ──┐
                                            │
   └ 달행 ┬ 이기 ┬ 용순 ┬系)유근
   이집녀 │ 이용녀 │ 홍호녀 │오서상녀
   한산인 │ 청해인 │ 풍산인 │ 해주인
          │        │        │
          │        │        └ 손근
          │        │         황인점녀
          │        │         창원인
          │        │
          │        └ 명순(出)
          │
          ├ 이중 ┬ 조순 ┬ 유근(出)
          │신사적녀│심건지녀├ 원근 ┬ 병지
          │ 평산인 │ 청송인 │이헌성녀│서기순녀
          │이형옥녀│        │ 완산인 │ 달성인
          │ 함평인 │        │윤장열녀│
          │        │        │ 해평인 ├ 병원
          │        │        │이정상녀│
          │        │        │ 전주인 └ 병욱
          │        │        │        권돈인녀
          │        │        │         안동인
          │        │        │
          │        │        ├ 좌근 ─系)병기  生父 영근
          │        │        │윤치승녀 남구순녀
          │        │        │ 해평인   의령인
          │        │        │
          │        │        └ 녀 순원왕후
          │        │          순조비
          │        │
          │        └ 평순
          │         홍희택녀
          │         풍산인
          │
          └ 이경 ─系)명순┬ 홍근
          박성순녀 신광온녀│홍희수녀(풍산인)
          밀양인   평산인 │윤치익녀(해평인)
                          │
                          ├ 응근
                          ├ 홍근
                          └ 이근
```

순조비 집안

19세기 60년간의 안동김씨 세도정치는 김조순의 딸이 순조비 순원왕후가 되면서 시작되었다.

김조순의 7대조는 좌의정을 지낸 청음 김상헌金尙憲이다. 5대조는 영의정을 지낸 김수항金壽恒이다. 김수항은 김상헌의 가학家學을 계승했으며 김장생의 문인인 송시열·송준길과 종유하였다. 특히 송시열이 가장 아끼던 후배로서 한때 사림의 종주로 추대되었다. 김수항의 아들이 6창인 김창집金昌集 김창협金昌協 김창흡金昌翕 등이다.

고조는 영의정을 지낸 노론 4대신 김창집金昌集(1648~1722)이다. 숙종 말년 세자의 대리청정을 주장하다가 소론의 탄핵을 받았다. 숙종 사후 영의정에 올랐다. 경종 1년(1721) 왕세제王世弟〔영조〕의 대리청정을 주장하여 경종이 허락하였다가 소론의 반대로 무산되었고 신임사화辛壬士禍가 일어나 거제도로 유배가서 사사되었다. 영조 즉위 후 관작이 복구되었으며, 영조의 묘정廟庭에 배향되었다.

증조부는 예조참의를 지낸 김제겸金濟謙(1680~1722)이다. 김제겸은 조성복趙聖復·김민택金民澤과 함께 신임사화 때 죽은 삼학사三學士의 한 사람이다. 아버지 김창집이 신임사화에 사사되자 울산에 유배되었다. 다시 부령富寧에 이배되었다가 사사되었다. 영조 1년(1725) 관작이 복구되고, 좌찬성에 추증되었다. 증조모는 도사都事를 지낸 송병원宋炳遠의 딸 은진송씨이다.

할아버지 김달행의 형이 당시 산림이었던 김원행金元行(1702~
1772)이다. 당숙인 김숭겸金崇謙에게 입양하여 김창협金昌協의 손자
로 널리 알려졌다.

김조순의 할아버지는 좌찬성에 추증된 김달행金達行(1706~1738)
이다. 할머니는 감사監司를 지낸 이집李潗의 딸 한산이씨韓山李氏
(1706~1747)이다.

아버지는 서흥부사를 지낸 김이중金履中(1736~1793)이다. 어머
니는 목사牧使를 지낸 신사적申思迪의 딸 평산신씨平山申氏(1733~1773)
이다.

김조순의 부인은 정랑正郞을 지낸 심건지沈健之의 딸 청송심씨이
다. 슬하에 3남 5녀를 두었다.

1남은 김유근金逌根(1785~1840)이다. 2남은 이조판서에 추증된
김원근金元根(1786~1832)이다. 3남은 영의정을 지낸 김좌근金左根
(1797~1869)이다.

1녀는 순조비 순원왕후純元王后(1789~1857)이다.

2녀는 의령인宜寧人 남구순南久淳과 혼인하였다. 남구순은 판관判
官을 지냈다. 3녀는 한산인韓山人 이겸재李謙在와 혼인하였다. 이겸
재는 이판吏判을 지냈다. 4녀는 연안인延安人 이긍우李肯愚와 혼인
하였다. 이긍우는 승지承旨를 지냈다. 5녀는 완산인完山人 이병익李
秉益과 혼인하였다. 이병익은 군수郡守를 지냈다.

🎩 김조순金祖淳(1765~1832)

김조순은 영조 41년(1765) 8월 22일에 태어났다. 21세인 정조 9년(1785)에 문과에 급제하였다.

임금께서 불러보고 매우 기뻐하면서 "과연 문정[김상헌]을 닮은 손자로구나" 하셨다. 처음 휘는 낙순洛淳이었는데, 이때에 임금께서 지금 이름을 하사하셨다. 마침내 명을 내려 벼슬길에 나아가게 했는데, 매우 깊고 엄한 자리에 처하게 하여 학식과 덕이 뛰어난 선비로 대하였다. 만년에는 더욱 더 중하게 여겨 동궁께 유시하여 말하기를 "이 사람이야 말로 틀림없이 그릇된 도리로써 너를 보필하지는 않을 것이니 너는 스승으로 섬겨라"라고 하였다.「김조순 신도비명」

22세인 정조 10년(1786) 12월 1일 예문관 검열에 제수되었다. 정조 12년 12월 28일 규장각 대교에 제수되었다. 규장각의 대교待敎때 당시 시・벽파時僻派 싸움에 중립을 지키며 당쟁을 없앨 것을 단호히 주장하였다.

25세인 정조 13년(1789) 3월 15일 검열 김조순金祖淳의 이름을 사판仕版에서 삭제하고, 새로 과거에 급제한 사람을 주서와 한림에 추천하는 제도를 영원히 없애라고 명하였다.

검열 김조순金祖淳의 이름을 사판仕版에서 삭제하고, 새로 과거에 급제한 사람을 주서와 한림에 추천하는 제도를 영원히 없애라고 명하였다. 이때 먼 시골의 강경생講經生으로 식년과式年科에 급제한 자를 우선 주서에 추천하라는 명이 있었는데도 하번의 한림이 전례를 들어 서울에 있는 문신을 추천하였기 때문에 이 명을 내렸던 것이다. 『정조실록』권27. 13년 3월 15일

28세인 정조 16년(1792) 8월 24일 동지 겸 사은정사冬至兼謝恩正使의 서장관書狀官에 제수되었다. 정조 17년 5월 28일 규장각 직각奎章閣直閣에 제수되었다.

33세인 정조 21년(1797) 6월 12일 이조참판吏曹參判에 제수되었으나 다음날인 13일 여러 번 소명召命을 어겼다고 하여 파직되었다. 26일 다시 이조참의에 제수되었다.

34세인 정조 22년(1798) 10월 3일 이조참의에 제수되었다. 36세인 정조 24년(1800) 1월 1일 겸보덕兼輔德에 제수되었다. 2월 26일 딸이 세자빈의 첫 번째 간택에 뽑혔는데 정조가 수서手書를 내렸다.

첫 번째 간택을 마치고는 박종보朴宗輔를 시켜 본집까지 호송하도록 명하고 이어 간택이 결정되었다는 뜻으로 유시하기를, "두 번째 세 번째 간택을 한다지만, 그것은 겉으로 갖추는 형식일 뿐이다. 국가에서 하는 일은 형식도 고려하지 않을 수 없기에 두 번째 세 번째 간택도 앞으로 해야겠지만 오늘 이 첫 번째 간택이 옛날로 치면 바로 두 번째 간택인 것이다"하고, 또 김조순

에게 수서手書를 내리기를, "처음 가마에서 나왔을 때 자전·자궁이 여러 처자들 중에서도 특별히 그를 가리키면서 저게 뉘집 처자냐고 물으시고 이어 앞으로 오게 하여 한 번 보시고는 상하 모두가 진심으로 좋아하면서, 그런 처자는 처음 보았다고들 하였다. 이 모두가 하늘이 명하신 일이고 하늘에 계신 영령께서 주신 일이며 청음淸陰·문곡文谷·몽와夢窩·죽취竹醉가 쌓아올린 경사인 것이다. 경은 이제 나라의 원구元舅로서 처지가 전과는 달라졌으니 앞으로 더욱 자중해야 할 것이다"하였다. 『정조실록』권53. 24년 2월 26일

윤4월 9일 딸이 세자빈의 재간택에 간택되었다. 6월 28일 승지에 제수되었다. 이날 창경궁 영춘헌迎春軒에서 정조를 뵈었는데 유시酉時에 승하하였다.

37세인 순조 즉위년(1800) 7월 4일 총융사에 제수되었고, 7월 5일 홍문관 부제학에 제수되었다. 7월 10일 장용대장狀勇大將에 제수되었고 8월 2일에 대왕대비[정순왕후]의 특지로 병조판서兵曹判書에 제수되었다. 11월 27일 예문관 제학에, 12월 2일 규장각 제학에 제수되었다.

37세인 순조 1년(1801) 1월 24일 형조판서에 제수되었고 2월 23일 총융사에 제수되었다. 5월 11일 예조판서에 제수되었다. 6월 28일 이조판서에 제수되었다.

38세인 순조 2년(1802) 5월 18일 홍문관 대제학·예문관 대제학에 제수되어 25일에 사양하는 소를 올렸으나 윤허치 않았다. 6

월 4일 이에 네 차례 사직 상소하여 순조가 윤허하였다. 6월 5일 다시 홍문관 대제학·예문관 대제학에 제수되었으나 6일, 14일 사직 상소를 올리니 순조가 체직을 윤허하였다. 8월 20일 판의금부사에 제수되었고 9월 2일 대왕 대비의 명으로 어영대장에 제수되었다.

9월 6일 딸이 세자빈에 삼간택에 간택되어 자신은 연안부원군永安府院君에 봉해졌다. 10월 11일 훈련대장에 제수되었고 18일에 호위대장에 제수되었다.

순조 9년(1809) 4월 13일 훈련대장에 대한 사직 상소를 올려 윤허받았다.

47세인 순조 11년(1811) 7월 2일 영돈녕으로서 육상궁毓祥宮〔영조 생모 숙빈최씨〕 등 제궁의 별제別祭를 정지하기를 청하였다. 같은 달 11일에 금위대장에 제수되어 사임하였으나 윤허하지 않았다. 23일에 다시 사임하여 이득제李得濟로 대신하게 하였다.

55세인 순조 19년(1819) 3월 21일 왕세자 관례에 참여하였다고 해서 숙마를 하사받았다.

60세인 순조 24년1824 9월 7일 관서關西로 휴가를 마치고 돌아와 환곡과 대동고의 폐해 등을 아뢰었다.

61세인 순조 25년(1825) 8월 18일 순조가 김조순의 회갑일이라고 하여 본제本第에 선온宣醞하고 아들 부솔副率 김좌근金左根을 육품직에 조용하라 하교하였다.

62세인 순조 26년(1826) 4월 10일 홍문관 대제학·예문관 대제학에 제수되었다. 68세인 순조 32년(1832) 2월 26일 홍문관 대제

학과 예문관 대제학에 제수되었다. 4월 2일 병이 들자 순조가 어
의를 보내어 간병케 하였으나 다음 날 3일에 졸하였다.

 순조 33년(1833) 4월 10일 조만영趙萬永이 정조正祖의 묘정에
배향할 것을 건의하였고, 12일 예조에서 김조순을 추향대제 때에
정조의 묘정에 배향하기로 하였다.

🏛 안동김씨 헌종비 집안

17세	18세	19세	20세
김수항 ——	창집 ——	제겸 ——	탄행 ——————┐

```
┌──────────────────────────────────────────────────┘
│
└─ 이소 ─┬─系)지순 ─┬─ 조근 ─┬─ 병집 ─系)갑균 (生父 병서)
임시팔녀│민종현녀│이희선녀│윤교성녀 민두호녀
풍천인  │ 여흥인 │ 한산인 │ 파평인  여흥인
        │        │        │
        │        │        ├─ 녀=남병철(의령인)
        │        │        │
        │        │        └─ 녀=효현왕후
        │        │              헌종왕비
        │        │
        │        ├─ 보근(出)
        │        │
        │        ├─ 충근 ─系)병상
        │        │이지연녀  조영녀
        │        │ 전주인   풍양인
        │        │          이원근녀
        │        │          합천인
        │        │
        │        ├─ 녀=이병은(완산인)
        │        ├─ 녀=민덕호(여흥인)
        │        └─ 녀=이희우(연안인)
        │
        ├─ 후순 ─┬─ 정근 ─┬─ 병하
        │박성태녀│조택영녀│ 홍온녀
        │죽산인  │ 풍양인 │ 남양인
        │        │정택문녀│
        │        │ 연일인 └─ 병상(出)
        │        │
        │        └─ 녀=민경호(여흥인)
        │
        ├─ 기순 ─┬─ 무근 ── 병현
        │이정모녀│민정현녀 오치기녀
        │ 덕수인 │ 여흥인   해주인
        │        │
        │        ├─ 해근(出)
        │        └─ 우근(出)
        │
        ├─ 녀= 홍서(남양인)
        ├─ 녀= 심능인(청송인)
        └─ 녀= 이희명(한산인)
```

헌종비 집안

김조근金祖根의 할아버지는 좌의정을 지낸 김이소金履素(1735~
1798)이다. 할머니는 참판에 추증된 임시팔任時八의 딸 풍천임씨豊
川任氏이다.

아버지는 충주목사를 지낸 김지순金芝淳(1772~1827)이다. 김지
순의 생부는 청도군수淸道郡守를 지낸 김이유金履裕인데 백부인 김
이소의 슬하에 자식이 없어 양자로 입후하였다. 어머니는 판서를
지낸 민종현閔鍾顯의 딸 여흥민씨이다.

김조근의 부인은 현감縣監을 지낸 이희선李羲先의 딸 한산이씨韓
山李氏이다. 슬하에 1남 2녀를 두었다.

1남은 공조참의를 지낸 김병집金炳潗(1826~1869)이다. 판서判書
를 지낸 윤교성尹敎成의 딸 파평윤씨坡平尹氏와 혼인하였다.

1녀는 문형文衡을 지낸 남병철南秉哲과 혼인하였다.

2녀는 헌종 비 효현왕후孝顯王后이다.

김조근은 정조 17년(1793)에 태어났다. 45세인 헌종 3년(1837)
2월 18일 승지承旨에 제수되었다. 2월 26일 대왕 대비가 헌종을
김조근의 집안과 혼인하도록 하교하여, 영흥부원군이 되었다. 3월
7일 호위대장扈衛大將에 제수되었다. 이후 어영대장·호위대장·주
사대장舟師大將 등을 역임하여 철종 때의 안동김씨 세도의 기반을
닦아 놓았다. 헌종 10년(1844) 1월 3일 졸하였다.

안동김씨 철종비 집안

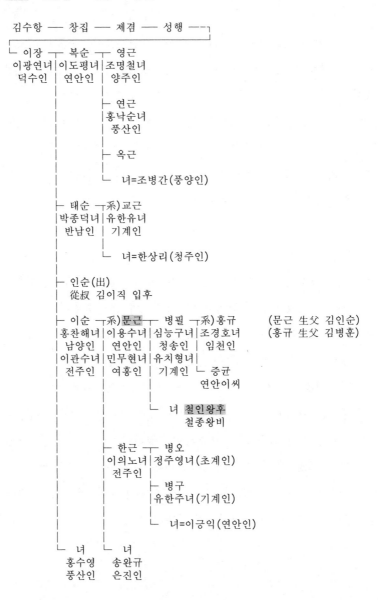

김수항 ── 창집 ── 제겸 ── 성행 ──┐
┌────────────────────────────┘
└ 이장 ┬ 복순 ┬ 영근
이광연녀│이도평녀│조명철녀
덕수인 │연안인 │양주인
      │   │
      │   ├ 연근
      │   │홍낙순녀
      │   │풍산인
      │   │
      │   ├ 옥근
      │   │
      │   └ 녀=조병간(풍양인)
      │
      ├ 태순 ┬系)교근
      │박종덕녀│유한유녀
      │반남인 │기계인
      │   │
      │   └ 녀=한상리(청주인)
      │
      ├ 인순(出)
      │ 從叔 김이직 입후
      │
      ├ 이순 ┬系)문근 ── 병필 ┬系)홍규   (문근 生父 김인순)
      │홍찬해녀│이용수녀│심능구녀│조경호녀   (홍규 生父 김병훈)
      │남양인 │연안인 │청송인 │임천인
      │이관수녀│민무현녀│유치형녀│유치형녀
      │전주인 │여흥인 │기계인 └ 증균
      │   │   │   연안이씨
      │   │   │
      │   │   └ 녀 철인왕후
      │   │   철종왕비
      │   │
      │   ├ 한근 ┬ 병오
      │   │이의노녀│정주영녀(초계인)
      │   │전주인 │
      │   │   ├ 병구
      │   │   │유한주녀(기계인)
      │   │   │
      │   │   └ 녀=이긍익(연안인)
      │   │
      └ 녀   └ 녀
      홍수영   송완규
      풍산인   은진인

철종비 집안

김문근金汶根(1801~1863)의 할아버지는 김이장金履長이다. 김이장은 장악원정掌樂院正을 지냈다. 할머니는 이광연李廣淵의 딸 덕수이씨德水李氏이다. 생부는 김인순金麟淳이다.

아버지는 김이순金頤淳(1761~1802)이다. 김이순은 영의정에 추증되었다. 첫째어머니는 홍찬해洪纘海의 딸 남양홍씨이다. 둘째어머니는 이관수李觀洙의 딸 전주이씨이다. 이관수는 봉사奉事를 지냈다.

김문근의 첫째부인은 이용수李龍秀의 딸 연안이씨延安李氏이다. 이용수는 이조판서를 지냈다. 둘째부인은 민무현閔懋鉉의 딸 여흥민씨이다. 민무현은 이조참판吏曹參判에 추증되었다.

1남은 김병필金炳弼이다. 예조판서를 지냈다. 첫째부인은 심능구沈能矩의 딸 청송심씨靑松沈氏이다. 둘째부인은 유치형兪致亨의 딸 기계유씨杞溪兪氏이다. 유치형은 현령縣令을 지냈다. 1녀는 철종 비 철인왕후哲仁王后이다.

김문근은 헌종 7년(1841) 음보로 가감역假監役이 된 뒤 현감을 지냈다. 철종 2년(1851) 딸이 왕비로 책봉되자, 영은부원군이 되었다. 금위대장·총융사·훈련대장 등의 요직을 맡아 제2차 안동김씨 세도의 중심인물이 되었고, 돈령부영사에 이르렀다. 철종 14년에 졸했다.

김좌근金左根(1797~1869)

영의정 김창집金昌集의 5대손으로, 할아버지는 김이중金履仲이고, 아버지는 김조순金祖淳이며, 어머니는 심건지沈健之의 딸이다. 순조비 순원왕후純元王后는 그의 누이이다.

순조 19년(1819)에 생원이 되고 부솔副率·상의원첨정尙衣院僉正을 거쳐 헌종 4년(1838) 판관으로 정시문과에 병과로 급제, 부교리副校理·대사성·이조참의·공조판서·이조판서·한성부판윤·대사헌·병조판서·지돈녕부사知敦寧府事 등 요직을 역임하였다.

철종 1년(1850)에는 우참찬·제학 겸 지실록사를 거쳐 총위영總衛營을 총융청總戎廳으로 개편, 총융사總戎使를 맡고 이어 금위대장 등 무직武職의 수뇌부를 관장하여 당시 혼란한 사회를 무력으로 진압하려 하였다.

그뒤 예조판서·형조판서·훈련대장·공조판서·호조판서를 거쳐 영의정에 세 번씩이나 보직되어 안동김씨 세도정치의 중심인물이 되었다.

철종 13년(1862) 삼정문란三政紊亂으로 발생한 각지의 민란을 진정해보려는 의도에서 설립된 이정청釐整廳의 총재관總裁官을 맡기도 하였으나, 고종 즉위년(1863) 고종이 즉위하고 흥선대원군이 실권을 장악하자 실직에서 물러나 실록총재관으로 『철종실록』편찬에 참여한 뒤 영돈녕부사로 고종 2년 기로사에 들어갔다.

김명순金明淳(1759~1810)

순조 1년(1801), 별시문과別試文科에 갑과甲科로 급제하여 이조참판에 이르렀다. 순조의 국구 김조순金祖淳과는 6촌간이다.

김창집의 4대손으로, 김제겸의 증손이며 김달행의 손자이다. 생부는 김이기인데 증 의정부좌찬성에 추증된 김이경의 양자로 입양되었다. 순원왕후의 친족으로, 김제겸의 다른 아들인 김성행의 손자 김조순과는 6촌간이 된다.

음보로 출사하여 현감縣監으로 재직 중 순조 1년(1801), 별시문과에 갑과甲科로 급제하였다. 그뒤 그해에 특별히 당상관으로 승진하여 순조 1년 경연관에 발탁되고, 10월 9일 호조참의戶曹參議, 순조 2년 2월 25일 승지承旨 등을 지냈다.

순조 3년 대사간, 순조 4년 이조참의 등을 거쳐 순조 7년 11월 5일 호조참판이 되고 12월 18일 승지가 되었다. 순조 8년(1808) 이조참판, 순조 9년 비변사당상을 거쳐 가의대부嘉義大夫로 승진, 다시 이조참판이 되고, 그해 4월 18일 비변사 당상, 11월 승정원 도승지, 순조 10년 3월 함경도 관찰사로 부임하였다. 그해 7월 24일 함경도 관찰사로 근무 중 사망하였다.

김홍근金弘根(1788~1842)

이조참판 김명순金明淳의 아들로 순조 29년(1829) 정시문과에 병과로 급제, 순조 31년 동지부사로 청나라에 다녀왔다. 승지·대사성·이조참판·부제학·대사헌 등을 지내고, 헌종 5년(1839) 한성부 판윤이 되었다. 그뒤 홍문관제학弘文館提學·공조판서·병조 판서를 거쳐, 헌종 7년(1841) 좌의정이 되었다. 이듬해 사퇴하고, 중추부판사가 되어 관직에서 물러났다.

김흥근金興根(1796~1870)

영의정 김홍근金弘根의 동생으로 순조 25년(1825) 알성문과에 병과로 급제하여 검열檢閱이 되고, 헌종 1년(1835) 예조판서를 거 쳐 경상도 관찰사가 되었으나, 안동김씨의 세도를 배경으로 방자 한 행동이 많았으므로 탄핵을 받아 광양光陽으로 유배되었다. 철종 2년(1851) 풀려나 다시 좌의정이 되고, 다음해 영의정에 올랐다.

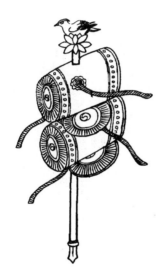

【안동김씨 김좌진·김옥균을 중심으로】

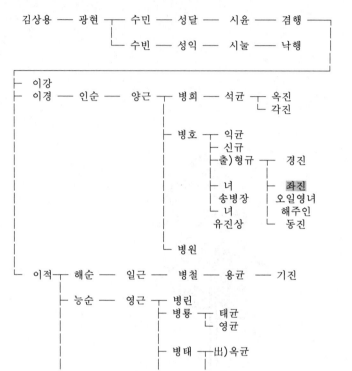

김옥균金玉均(1851~1894)

호는 고균古筠이다. 갑신정변을 주도하였다. 6세 때 김병기金炳基의 양자로 들어가 고종 9년(1872) 알성문과에 장원으로 급제하여, 교리·정언 등을 역임하면서 관료로서 출세의 길이 열렸다. 그러나 박규수朴珪壽·유대치劉大致·오경석吳慶錫 등의 영향으로 개화사상을 가지게 되었으며, 특히 고종 18년(1881)에 일본을 시찰하고, 다음해 다시 수신사修信使 박영효朴泳孝 일행의 고문으로 일본을 다녀온 후에는 일본의 힘을 빌려 국가제도의 개혁을 꾀할 결심을 굳혔다.

고종 21년(1884) 신축한 우정국郵政局 청사의 낙성연을 계기로 거사를 감행하여 한규직韓圭稷 등 수구파를 제거하고 정변을 일으켰다. 이튿날 조직된 새 내각의 호조참판으로 국가재정의 실권을 잡았으나 갑신정변이 삼일천하로 끝나자 일본으로 망명, 10년간 일본 각지를 방랑한 후 고종 31년 상해上海로 건너갔다가 자객 홍종우洪鍾宇에게 살해되었다. 고종 32년(1895)에 법부대신 서광범徐光範과 총리대신 김홍집金弘集의 상소로 반역죄가 용서되고, 1910년(융희 4)에 규장각 대제학에 추증되었다.

김좌진金佐鎭(1889~1930)

호는 백야白冶이고 충청남도 홍성출신이다. 할아버지는 김병호金炳皞(1823~1890)이다. 아버지는 김형규金衡奎(1864~1892)이다. 3

세 때 아버지를 여의고 편모슬하에서 성장하였다. 어려서부터 천성이 영민하고 공부보다는 전쟁놀이와 말타기를 좋아하였다. 15세 때인 1904년에는 대대로 내려오던 노복 30여 명을 모아놓고, 그들 앞에서 종문서를 불에 태우고 농사를 지어먹고 살만한 논밭을 골고루 나누어주었다.

1905년 서울로 올라와 육군무관학교에 입학하였다. 1907년 향리로 돌아와서 호명학교를 세우고, 가산을 정리하여 학교운영에 충당하게 하고 90여 칸의 자기 집을 학교교사로 제공하였다. 그리고 홍성에 대한협회와 지부를 조직하여 애국계몽운동에 앞장섰다. 1916년 노백린盧伯麟·신현대申鉉大 등과 함께 박상진朴尙鎭·채기중蔡基中 등 애국지사들이 중심이 되어, 이미 결성된 광복단에 가담하여 격렬한 항일투쟁을 전개하였다. 1918년 일본의 감시를 피하여 만주로 건너가서 대종교에 입교하고, 3·1독립선언에 전주곡이 되는 무오 독립선언서에 30명의 민족지도자의 한 사람으로 서명하였다. 그리고 서일徐一을 중심으로 한 대한정의단에 가담하여 군사책임을 맡고, 정의단을 군정부軍政府로 개편한 다음 사령관으로 추천되었다. 1919년 대한민국임시정부의 권고를 받아들여 북로군정서北路軍政署로 개칭하고, 소속 무장독립군의 총사령관이 되어 독립군 편성에 주력하였다. 1920년 9월 제1회 사관연성소 졸업생 298명을 졸업시켰다. 그러나 10월 일본군 대부대가 독립군 토벌을 목적으로 만주로 출병하자 소속독립군을 장백산으로 이동시키던 도중 청산리靑山里에서 일본군과 만나 전투를 전개하였다. 3일간 계속된 10여 차례의 전투에서 일본군 3천 여명을 살상하는 대전과를 올렸다. 그뒤 북진을 강행하며 그해 말에 러시아와 인접한 북만주 밀산密山에 도착하였고, 여기에 집결한 10여 개의 독립군단체가 통합, 대한독립군단이 결성되자 여기에 부총재로 취임하였다. 약소민족의 독립을 원조한다는 레닌정부의 선전에 한가닥 희망을 걸고 많은 사람들이 북쪽 러시아로 넘어갈 때, 우수리강을 건넜다가 생각한 바 있어 만주로 되돌아와 흩어진 동지들을 재결합하여 대기하다가, 1925년 3월 신민부新民府를 창설하고 군사부위원장 및 총사령관이 되었다. 또한 성동사관학교城東士官學校를 세워 부교장으로서 정예사관 양성에 심혈을 기울였다. 이때 대한민국임시정부가 국무위원으로 임명하였으나, 취임하지 않고 독립군 양성에만 전념하였다. 1927년 많은 간부가 일제에 붙잡히자, 신민부를 재정비하여 중앙집행위원장으로서 신민부를 통솔하였다. 1929년 신민부의 후신으로 한국총연합회韓國總聯合會가 결성되자, 주석으로 선임되어 계속 항일독립운동을 전개하였다. 1930년 1월 24일 중동철도선 산시역山市驛 앞 자택에서 200m 거리에 있는 정미소에서 공산주의자 박상실朴尚實의 흉탄에 맞아 순국하였다. 1962년 대한민국장이 추서되었다.

【안동김씨 김석진을 중심으로】

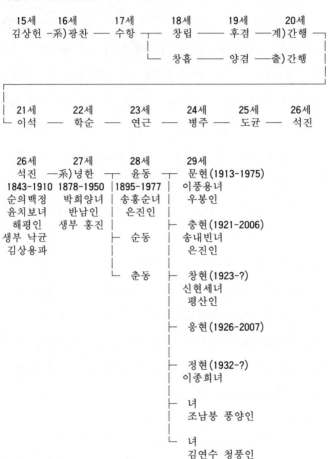

15세 16세 17세 18세 19세 20세
김상헌 ─系)광찬 ── 수항 ┬─ 창립 ── 후겸 ── 계)간행 ┐
                    │   │
                    └─ 창흡 ── 양겸 ──출)간행   │
┌──┘
│
│ 21세 22세 23세 24세 25세 26세
└─ 이석 ── 학순 ── 연근 ── 병주 ── 도균 ── 석진

26세   27세   28세   29세
석진   ─系)녕한 ┬─ 윤동   ┬─ 문현(1913-1975)
1843-1910 1878-1950 │1895-1977 │ 이풍용녀
순의백정   박회양녀   │ 송홍순녀 │ 우봉인
윤치보녀   반남인   │ 은진인   │
해평인   생부 홍진   │   ├─ 충현(1921-2006)
생부 낙균   ├─ 순동   │ 송내빈녀
김상용파   │   │ 은진인
                      │   │
                      └─ 춘동   ├─ 창현(1923-?)
                                 │ 신현세녀
                                 │ 평산인
                                 │
                                 ├─ 웅현(1926-2007)
                                 │
                                 │
                                 ├─ 정현(1932-?)
                                 │ 이종희녀
                                 │
                                 ├─ 녀
                                 │ 조남붕 풍양인
                                 │
                                 └─ 녀
                                    김연수 청풍인

김석진金奭鎭(1843~1910)

의열사義烈士로 호는 오천梧泉이다.

철종 11년(1860) 정시문과에 병과로 급제하여 홍문관弘文館의 관직을 지내고 장령掌令을 거쳐 사성司成·사간司諫 등 청요직淸要職에 있었다. 한성부의 좌윤·우윤을 지냈으며, 형조판서·광주부유수廣州府留守 등을 지냈다. 1905년 을사조약乙巳條約이 체결되자, 항의 상소를 하여 조약에 찬성 날인한 5적신五賊臣의 처형을 주장하였으며 1910년 국권이 피탈되자 음독 자결하였다. 1962년 건국훈장 독립장이 추서되었다.

증손자에 한학자 백아 김창현金彰顯, 일중一中 김충현金忠顯(1921~2006), 서예가 여초如初 김응현金膺顯(1926~2007) 등이 있다.

8장 홍선대원군과 명성왕후

고종비 명성왕후 여흥민씨는 민유중의 6대손이다. 인현왕후를 성모聖母로 모시는 영조대에 인현왕후의 형제들인 민진후, 민진원이 정계를 주도하는데 민진후의 후손으로 민유중의 제사를 주관했던 명성왕후 집안이 몰락해 여주에서 한미하게 지냈다는 것은 이해가 안가는 일이다.

이는 증조부 민백분이 홍상간 민항렬과 정조 즉위를 반대하다가, 정조가 즉위하자 진도로 유배를 갔다가 정조 1년에 석방은 되지만, 정조 17년까지 벼슬에 못나갔기 때문이다. 비록 죄명을 벗고 다시 벼슬길에 오르지만 돈지돈녕부사로 민유중의 제사를 모시다가 71세로 죽는다.

이후에 조부 민기현은 벼슬길에 나가 순조대에 외직으로 충청감사를 거쳐 대사간·이조참의·부제학·도승지 등을 역임하고, 순조 9년 예조참판이 되었다가 개성유수로 죽는다. 그러나 아버지 민치록은 대부분 지방 수령을 지내다 일찍 죽는다. 그리고 아들은 없고 딸만 있었다.

이에 홍선대원군은 민유중의 후손으로 자기 부인과 인척관계에 있는 민치록의 딸을 아들 고종의 왕비로 맞이하고, 부인의 형제인 민승호를 민치록의 양자로 보내 왕실을 장악하려 하였다.

그러나 시아버지 홍선대원군과 며느리 명성왕후가 대립하면서 갑오경장·을미사변을 맞이하게 된다.

● 고종 ※ 본서 부록 326쪽 참조

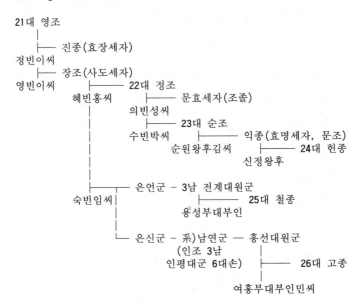

21대 영조
├── 진종(효장세자)
정빈이씨
├── 장조(사도세자)
영빈이씨 ├── 22대 정조
　　　혜빈홍씨 ├── 문효세자(조졸)
　　　　　　의빈성씨
　　　　　　├── 23대 순조
　　　　　　수빈박씨 ├── 익종(효명세자, 문조)
　　　　　　순원왕후김씨 ├── 24대 헌종
　　　　　　　　　　　신정왕후

├── 은언군 - 3남 전계대원군
숙빈임씨│ ├── 25대 철종
　　　　용성부대부인

└── 은신군 - 系)남연군 ─ 흥선대원군
　　　　(인조 3남 │
　　　　인평대군 6대손) ├── 26대 고종
　　　　　　　　여흥부대부인민씨

【고종비와 자녀를 중심으로】 ※ 본서 부록 326쪽 참조

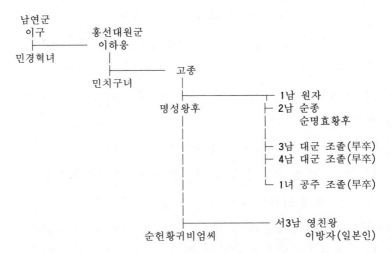

남연군
이구　　　　흥선대원군
├────── 이하응
민경혁녀 │
　　　민치구녀 ├── 고종
　　　　　　　│
　　　　　　명성왕후 ├── 1남 원자
　　　　　　　　　├─ 2남 순종
　　　　　　　　　　　순명효황후
　　　　　　　　　├─ 3남 대군 조졸(무졸)
　　　　　　　　　├─ 4남 대군 조졸(무졸)
　　　　　　　　　└─ 1녀 공주 조졸(무졸)

　　　　　　　　　── 서3남 영친왕
순헌황귀비엄씨　　　이방자(일본인)

60년 안동김씨 세도정치를 끝내며 고종이 등극하게 된다. 고종은 인조 3남인 인평대군의 6대손인 남연군南延君(1788~1836)의 손자이고 흥선군興宣君 이하응李昰應(1820~1898)의 둘째아들이다. 남연군이 손자인 은신군에 양자가 되어 영조의 현손이 되었다. 어머니는 민치구閔致久(1795~1874)의 딸 여흥민씨이다.

철종 3년(1852) 음력 7월 25일 흥선군 사제에서 출생하였다. 즉위 후인 고종 3년(1866) 9월 민치록閔致祿의 딸을 왕비로 맞이하니 이분이 명성황후明成皇后이다.

고종이 익종의 대통을 계승하고 철종의 뒤를 이어 철종 14년(1863)에 즉위하게 된 것은 아버지 흥선군과 익종비翼宗妃 조대비趙大妃와의 묵계에 의해서였다.

안동김씨 세도의 화禍를 피하여 시정市井 무뢰한과 어울리고 방탕한 생활을 자행하며 위험을 피하던 이하응은 조대비의 친조카인 조성하를 통하여 궁중 최고의 어른인 조대비와 긴밀한 연락을 취하고 있었다. 철종이 승하하자 조대비는 재빨리 흥선군의 둘째아들 명복을 국왕에 즉위하게 하였다.

그러나 국왕이 12세의 어린 나이였으므로 조대비가 수렴청정하게 되었고, 흥선군을 흥선대원군으로 높여 국정을 총람, 섭정하게 하였다. 대원군은 대외적으로 척사양이정책斥邪攘夷政策을 펴 병인양요와 신미양요를 해결하고 대내적으로는 서원철폐, 경복궁 중건 등의 정책을 시행하였다.

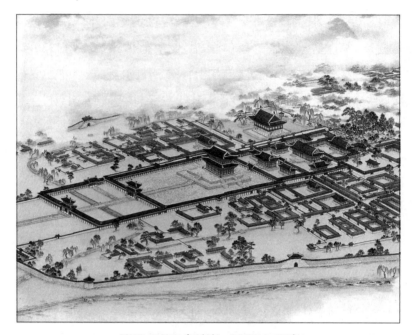

경복궁 복원도 (김현철. 2007년 작품)

106×212cm (비단에 수묵진채)

고종의 친정과 개화

고종은 장성하매 친정親政의 의욕을 가지고 차차 흥선대원군과 대립하게 되었고, 이 뜻을 헤아린 명성왕후와 노대신들은 유림을 앞세워 대원군 하야 공세를 폈다. 고종 10년(1873) 마침내 흥선대원군에게 주어졌던 성명成命을 환수하고 통치대권을 장악하였다.

고종의 친정이 시작되자 흥선대원군이 취하였던 강력한 척사양이정책과는 달리, 안으로 정계 일부에 자라고 있던 대외개방의 움직임과 밖으로 근대 일본의 국교 요청을 받아들여 고종 13년 일본과 수호조약을 맺어 새로운 국교관계를 가지게 되었다.

계속하여 구미 열강과도 차례로 조약을 맺어 통교관계를 가지는 개항정책을 실행하였다. 고종은 개항 후 일련의 개화시책을 추진하여 관제와 군제를 개혁하는 한편, 일본에 신사유람단紳士遊覽團과 수신사修信使를 계속 파견하였다.

또한, 부산·원산·인천 등 각 항을 개항하고 개화문명을 수용하는 정책을 받아들였다. 이러한 개화시책을 틈타 일본이 정치적·경제적으로 침투해오자, 국내에서는 개화와 수구의 정견을 달리하는 두 파의 대립이 점차 날카롭게 대립하게 되었다.

고종 28년(1881) 황준헌의 『조선책략朝鮮策略』의 유입, 반포를 계기로 위정척사파는 마침내 신사척사상소운동辛巳斥邪上訴運動을 일으켜 정부에 대한 규탄의 소리가 높아졌다.

임오군란과 갑신정변

그러나 변법變法에 의한 근대국가 건설을 추진하는 개화당과 기존 구체제의 유지를 고집하는 수구세력간의 알력으로 고종 29년 (1882) 임오군란, 고종 31년(1884) 갑신정변이 발생하였다. 이를 계기로 청국군과 일본군이 조선에 진주하니 자주권에 큰 손상을 입게 되었다.

임오군란 때는 홍선대원군이 구식군대의 세력을 업고 궁중에 들어와 대권을 장악하였다. 이때에 민겸호는 죽게 된다.

갑신정변 때는 궁중을 습격한 개화세력의 압력으로 고종은 그들에게 정권을 넘겨줄 수밖에 없는 등 왕권은 큰 도전을 받았다. 이때에 김옥균 등은 명성왕후와 명성왕후를 대신하여 개화를 주도하던 민영익을 죽이려 하였으나 천신만고 끝에 명성왕후와 민영익은 살아남았다.

홍선대원군의 등장과 명성황후 시해사건

이러한 가운데 동학농민운동이 일어나니 청나라와 일본이 조선 문제를 둘러싸고 교전하게 되었다. 이러한 와중에서 대원군의 손자 이준용李埈鎔 등이 동학세력과 연결되어 고종을 시해할 음모를 꾸몄으나 고변하는 자가 있어 무위로 끝나 안전할 수 있었다.

갑오경장 초기 은퇴 중이던 홍선대원군은 일부 개혁세력 추대를 받아들여 궁중에 들어가서 고종으로부터 정치적 실권을 위임받았다. 개혁주도세력과 일본공사 등은 흥선대원군의 직접 간여를 꺼려 그의 실권은 거세한 채 군국기무처軍國機務處를 중심으로 갑오개혁을 적극 추진하였다.

이해 홍범 14조洪範十四條를 제정하여 자주독립을 종묘에 서고誓告하였다. 일본은 청일전쟁이 진행되면서부터 노골적인 침략적 간섭과 이권탈취에 혈안이 되었다.

이에 대해서 고종은 크게 일본을 혐오하게 되었다. 청일전쟁 후 3국간섭으로 일본의 기세가 꺾이자 일본의 압력을 배제하고자 친로정책親露政策을 펴게 되었다.

이에 일본공사日本公使〔三浦梧樓〕는 친일정객과 짜고 을미사변을 일으켜 왕궁을 습격, 명성왕후를 살해하는 천인공노할 폭거를 자행하였다.

고종과 명성황후 능인 홍릉
경기 남양주시 금곡동 141-1 소재

아관파천과 대한제국 성립

이보다 앞서 고종 31년(1884) 러시아와 조러통상조약을 체결한 뒤 러시아가 적극적인 접촉을 벌여오자, 고종은 당시 갑신정변 직후에 벌어지고 있던 청·일 양국군의 서울 진주와 충돌 등에 자극받아 난국을 타개하고자 러시아와 비밀리에 밀약을 추구하였다.

청일전쟁에서 승리한 일본이 조선에 대하여 군사적 압력과 정치적 간섭을 강화하자, 고종은 친일세력을 물리치고자 친러정객과 내통하고 고종 33년(1896) 돌연 러시아공사관으로 이어移御하는 아관파천俄館播遷을 단행하였다.

그러나 친러정부가 집정하면서 열강에게 많은 이권이 넘어가는 등 국가의 권익과 위신이 추락하고 국권의 침해가 심하여 독립협회를 비롯한 국민들은 국왕의 환궁과 자주 선양을 요구하였다.

이에 고종은 고종 34년(1897) 2월 환궁하였으며, 10월 대한제국大韓帝國의 수립을 선포하고 황제위에 올라 연호를 광무光武라 하였다.

【홍선대원군 선조를 중심으로】 ※ 본서 부록 326쪽 참조

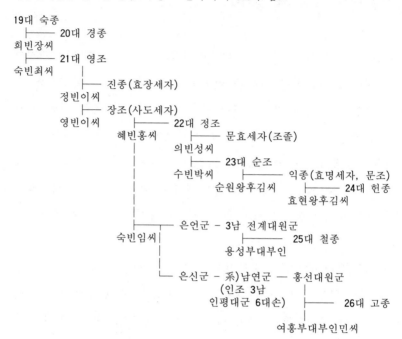

19대 숙종
├── 20대 경종
희빈장씨
├── 21대 영조
숙빈최씨   │
           ├── 진종(효장세자)
         정빈이씨
           ├── 장조(사도세자)
         영빈이씨   ├───── 22대 정조
                  혜빈홍씨   ├───── 문효세자(조졸)
                           의빈성씨
                             ├───── 23대 순조
                           수빈박씨   ├──────────── 익종(효명세자, 문조)
                                    순원왕후김씨   ├────── 24대 헌종
                                                효현왕후김씨

                    ├───── 은언군 - 3남 전계대원군
                  숙빈임씨│   ├───── 25대 철종
                        │   용성부대부인
                        │
                        └── 은신군 - 系)남연군 ── 흥선대원군
                              (인조 3남   │
                            인평대군 6대손)   ├───── 26대 고종
                                                │
                                           여흥부대부인민씨

흥선대원군

흥선대원군은 순조 20년(1820)에 태어나, 12세에 어머니를 여
의고, 17세 때에는 아버지를 여읜 뒤 사고무친四顧無親의 낙박落泊
왕손으로 불우한 청년기를 보내었다. 21세가 된 헌종 7년(1841)
흥선정興宣正이 되었고, 헌종 9년(1843)에 흥선군興宣君에 봉해졌
다.

헌종 12년(1846) 수릉천장도감綏陵遷葬都監의 대존관代尊官이 된
뒤 종친부의 유사당상有司堂上, 오위도총부의 도총관 등의 한직을
지내면서 안동김씨의 세도정치하에서 불우한 처지에 있었다.

철종 때에는 안동김씨가 세도권을 잡고 왕실과 종친에 갖가지
통제와 위협을 가했으므로, 호신책으로 천하장안千河張安이라 불리
는 시정의 무뢰한인 천희연千喜然·하정일河靖一·장순규張淳奎·안
필주安弼周와 어울려 파락호破落戶의 생활을 하였다.

또, 안동김씨 가문을 찾아다니며 구걸도 서슴지 않으니 궁도령宮
道令이라는 비웃음을 사기도 하였다.

그는 시정인과 어울려 지낸 이러한 호신생활을 통하여 서민생활
을 체험하였으며, 국민의 여망이 무엇인가를 깨달을 수도 있었다.
이러한 가운데에도 난세의 뛰어난 정략가로 장차 국정을 요리할
식견을 소지하고 있었던 그는 왕궁 내의 최고 어른으로 익종비翼宗
妃였던 조대비趙大妃와 연줄을 맺고 있었다.

안동김씨 가문에 원한을 품고 있던 조대비의 친조카 승후군承侯
君 조성하趙成夏와 친교를 맺고, 그 자신이 조대비와의 인척관계를

내세워 조대비에게 접근하여 장차 후계자 없이 돌아갈 철종의 왕위계승자로 그의 둘째아들 명복命福〔고종의 아명兒名〕을 지명하기로 묵계를 맺어두었다.

1863년 12월 초 철종이 사망하자 조대비는 이하응의 아들 명복을 익성군翼成君으로 봉하고, 익종대왕의 대통을 계승하게 하자는 원로대신 정원용鄭元容의 발의를 채납하여, 12세인 고종을 왕위에 오르게 하고 자신이 수렴청정垂簾聽政하였다. 홍선군은 홍선대원군으로 봉하여졌으며 대비로부터 섭정의 대권을 위임받아 국정을 요람하게 되었다.

그는 척족戚族의 세도를 봉쇄하고자 부인 민씨의 천거로 영락한 향반 여흥민씨驪興閔氏 집안에서 고종의 비를 맞이하게 하였던 것이나, 명성황후와 완화군完和君의 문제로 사이가 갈라져 일생을 두고 고부간에 화합될 수 없는 정치적 대결을 벌이게 되었다.

명성황후는 장성하여 친정親政을 바라는 고종을 움직여 대원군 축출공작을 추진하여 마침내 최익현崔益鉉의 대원군탄핵상소를 계기로 대원군을 정계에서 추방하는 데 성공하게 되었다.

고종 10년(1873) 11월 대원군이 전용하던 창덕궁의 전용문을 사전양해 없이 왕명으로 폐쇄하니 그는 하야下野하지 않을 수 없었고, 양주 곧은골〔直谷〕로 은거하였다. 타의에 의해서 정계에서 축출된 대원군의 정권에 대한 집념과 명성황후에 대한 감정은 격렬하였으며, 그뒤 기회 있을 때마다 정계로의 복귀를 꾀하여 물의를 빚었다.

고종 18년(1881) 『조선책략朝鮮策略』의 반포를 계기로 민씨척족

정부의 개화시책을 비난하는 전국유림의 척사상소운동斥邪上疏運動
이 격렬히 전개되자, 그의 서장자庶長子 이재선李載先을 옹립하여
민씨척족정권을 타도하고 그의 재집정을 실현하려는 대원군계인
안기영安驥永의 국왕폐립음모國王廢立陰謀에도 간여하였다.

고종 19년(1882) 임오군란 때에는 봉량미捧糧米 문제로 도봉소사
건都捧所事件을 일으킨 난병亂兵이 운현궁雲峴宮으로 몰려와 정국에
개입을 요청하자 그는 입궐하여 왕명으로 사태수습을 위임받고 출
분出奔한 명성황후의 사망을 공포하고 재집권하였다.

그러나 청국군의 개입으로 사태가 역전되면서 대원군은 청국으
로 연행되어 바오딩〔保定〕에서 3년간 유수생활幽囚生活을 겪어야 했
다.

고종 22년(1885) 2월에 조선통상사무전권위원으로 부임하는 위
안스카이袁世凱와 같이 귀국한 뒤에도 정권에 대한 집념을 버리지
않고 민씨척족정권타도의 기회를 노렸다.

민씨정부가 조러조약을 체결한 뒤 러시아와 가까워지게 되자 고
종 23년(1886) 불평을 품은 위안스카이와 결탁하여 고종 24년
(1887) 큰아들 이재황李載晃을 옹립하고 재집권하려고 시도하다 실
패하였고, 고종 31년(1894) 동학농민운동이 벌어지자 동학세력과
기맥을 통하기도 하였다.

청일전쟁을 앞두고 일본이 조선에서의 정치적 세력을 부식하고
자 내정개혁을 강요하며 온건개화세력과 손잡고 갑오경장을 일으
켰을 때, 그를 궁중으로 영입하여 국왕으로부터 군국기무를 총괄
하도록 위임받게 하였다.

그러나 그가 일본이 바라는 것과 달리 자신의 정치소신을 피력하자 그를 은퇴하게 하고 김홍집내각金弘集內閣을 중심으로 경장사업更張事業을 추진하였다.

고종 32년(1895)에 정부는 그의 행동을 제약하는 대원군존봉의절大院君尊奉儀節을 제정하여 대소 신민과의 접촉을 제한하고 외국사신들과도 정부의 관헌입회하에만 만나도록 조치하였다.

유폐생활을 강요당하던 그가 다시금 궁중에 나타나 오랜 정적인 명성황후의 최후를 보게 되는 것은 을미사변 때의 일이다. 삼국간섭으로 궁지에 몰리는 일본을 본 뒤 친러노선을 취하게 되는 민씨와 친러정객의 득세에 조선에서의 일본의 영향권을 무력으로 돌이키고자 무도하게도 정치낭인들과 일본병을 동원하여 궁중을 습격할 때 일본공사 미우라[三浦梧樓]는 입궐의 명색을 꾸미기 위하여 은거 중이던 그를 받들고 경복궁에 쳐들어가 명성황후를 살해하고 친일내각을 세우며 대원군의 위세를 빌려 만행을 은폐하고자 하였다.

러시아의 기민한 반격으로 아관파천俄館播遷에 의하여 국왕이 러시아공사관으로 이어移御하고 친러정부가 정권을 다시 잡게 되자 대원군은 양주 곧은골로 돌아와 다시 은거하게 되었다.

흥선대원군 초상
국립중앙박물관 소장

여흥민씨 명성왕후 집안

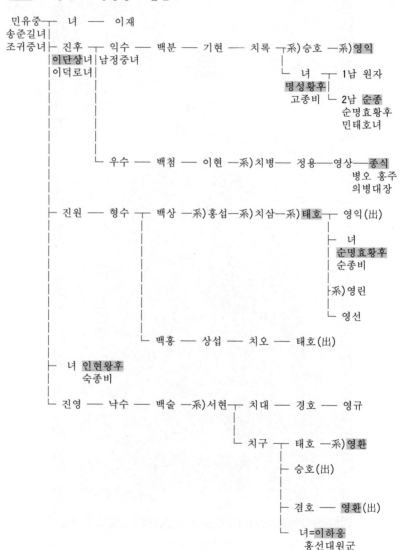

여흥민씨驪興閔氏에는 3대왕 태종의 비 원경왕후元敬王后(1365~1420), 19대왕 숙종의 비 인현왕후仁顯王后(1667~1701), 26대왕 고종의 비 명성황후明成皇后(1851~1895), 27대왕 순종의 비 순명효황후純明孝皇后(1872~1904)가 있다.

고종비 명성왕후는 민치록閔致祿(1799~1858)의 딸 여흥민씨이다. 인현왕후의 아버지 민유중의 후손이다.

민치록의 5대조는 숙종비 인현왕후의 아버지 민유중閔維重이다. 4대조는 민진후閔鎭厚이다. 증조 할아버지는 민익수閔翼洙이다.

증조 할머니는 남정중南正重의 딸 의령남씨이다.

🎩 민백분閔百奮(1723~1793)

할아버지는 민백분이다. 오위도총부 부총관五衛都摠府副摠管을 지냈다. 첫째할머니는 심중현沈重賢의 딸 청송심씨靑松沈氏(1722~1760)이다. 심중현은 판관判官을 지냈다. 둘째할머니는 한광정韓光鼎의 딸 청주한씨(1742~1818)이다.

민백분은 4남 2녀를 두었다. 1남은 민기현閔耆顯(1751~1811)이다. 2남은 민좌현閔佐顯(1759~1843)이다. 3남은 민우현閔佑顯(?~?)이다. 4남은 민시현閔時顯(1775~1821)이다.

1녀는 남양인 홍병순洪秉順과 혼인하였다. 2녀는 임천인 조재선과 혼인하였다.

민백분은 경종 3년(1723) 계묘년에 태어났다.

29세인 영조 27년(1751) 1남 민기현閔耆顯이 태어났다. 37세인 영조 35년(1759) 2남 민좌현閔佐顯이 태어났다.

38세인 영조 36년 경진년 6월 11일 부인 청송심씨가 졸했다.

48세인 영조 46년(1770) 경인년에 문과에 급제했다. 통정대부通
政大夫[정3품 당상]로서 특별히 승정원 승지가 되었다. 영조 47년
신묘년 7월 12일 충청도 관찰사가 되었다가, 영조 48년 2월 5일
에 파직되었다. 5월 15일 청렴하고 명망이 있는 민항렬閔恒烈
(1745~1776)의 지친至親이라 하여 체차되었다. 민항렬은 민진후의
동생 민진원의 증손자이므로, 민백분은 민항렬에게 숙부가 된다.
7촌간이다. 7월 6일 다시 승정원 승지가 되었다.

영조 48년(1772) 임진년 사간원 대사간이 되었다. 8월 3일 당
심黨心을 품었다 하여 삭직되었다. 영조 49년 11월 28일 영의정
김상복이 민백분을 추천하였다. 영조 50년 11월 10일 대사간이
되었다.

53세인 영조 51년(1775) 4남 민시현閔時顯이 태어났다.

영조 51년 1월 13일 도승지가 되었다. 6월 23일 특별히 충청감
사가 되었다. 영조 52년 민백분을 추고하였다.

정조 즉위년(1776) 병신년 5월 11일 충청감사에서 체직되었다.
6월 20일 정3품 성균관 대사성이 되었다.

정조 즉위년 11월 20일 사헌부에서 역적 홍인한 등과 내통한
이유로 민백분·이택수 등을 원찬시킬 것을 아뢰어 원찬되었다.
정조 1년(1777) 5월 11일 진도군에 도배島配되었다가 석방되었다.

정조 17년(1793) 4월 16일 죄명을 벗기고 벼슬길을 터주었다. 4
월 28일 승지로서 사직하였다. 대신에 민유중의 제사를 주관한다

하여 동지돈녕부사에 제수되었다.

정조 17년(1793) 계축년 7월 18일에 71세로 졸했다.

민기현閔耆顯(1751~1811)

아버지는 민기현閔耆顯이다. 이조참판吏曹參判을 지냈다. 첫째어머니는 조중첨趙重瞻의 딸 함안조씨咸安趙氏이다. 조중첨은 군수郡守를 지냈다. 둘째어머니는 이제원李悌源의 딸 성주이씨星州李氏이다. 이제원은 참봉參奉을 지냈다. 셋째어머니는 정재순鄭在順의 딸 연일정씨延日鄭氏이다.

민치록閔致祿(1799~1858)

민치록의 첫째부인은 오희상吳熙常의 딸 해주오씨海州吳氏(1788~1833)이다. 자녀를 낳지 못하고 죽었다. 오희상은 참판參判을 지냈다.

오희상은 도암 이재·미호 김원행의 학풍을 이은 19세기 노론 낙론 학맥의 전통 산림이었다. 그의 문하인 유신환兪莘煥(1801~1859)의 제자 중에서 민태호, 민규호, 민영목 등 개화 인맥들로 명성왕후와 가까운 인물들이다. 민치록의 동서 김보근은 헌종 장인 김조근의 동생이다.

오희상 가문은 풍양조씨와 혼맥으로 가까웠다. 오희상의 여동생이 한경리韓景履와 혼인하였는데, 한경리의 처남이 조만영(1776~1846)

의 동생 조원영(1777~?)이다. 한경리의 조부 한후유韓後裕가 민익수의 사위여서 민치록과 조원영과는 6촌간이다. 민치록의 장모는 이천보의 딸이다. 이천보 집안도 풍양조씨와 오랫동안 혼맥이 이어졌다. 이천보의 한 딸은 조만영의 숙조부 조경趙璥과 혼인하였고 이천보의 아들 이문원李文源은 조득영趙得永과 혼인하였으며, 손자 이재수가 오희상의 누이와 혼인하여 사위로 신정왕후(1808~1890)의 오빠 조병구趙秉龜(1801~1845)를 맞아 민치록의 처와 조병구趙秉龜의 처와는 고종사촌간이다. 조병구의 양자에 병조판서 조병준趙秉駿의 아들 조성하趙成夏(1845~1881)가 있다. 조성하는 철종 12년(1861) 문과에 급제, 1864년 고종 즉위와 함께 동부승지에 특별 임용되어 활약한다.

둘째부인은 이규년李圭秊의 딸 한산이씨韓山李氏(1818~1874)이다. 1남은 충정공忠正公 민승호閔升鎬이다. 병조판서兵曹判書를 지냈다. 민치구閔致久의 아들을 양자로 들였다. 첫째부인은 김재정金在廷의 딸 광산김씨光山金氏이다. 김재정은 도정都正을 지냈다. 둘째부인은 김정수金鼎秀의 딸 연안김씨延安金氏이다. 셋째부인은 이민성李敏成의 딸 덕수이씨德水李氏이다. 이민성은 감역監役을 지냈다.

민승호의 1남은 순종 비 순명효황후純明孝皇后의 아버지인 민태호閔台鎬에게서 양자로 들인 민영익閔泳翊이다. 따라서 민영익은 순종비와 친남매간이다.

민영익은 개화파의 일원으로 일본과 미국을 시찰하고 돌아왔다. 1905년 을사조약의 강제체결로 친일정권이 수립되자 상해로 망명하였다.

1녀는 고종 비 명성왕후明成王后이다.

명성왕후는 민치록의 재취인 좌찬성 이규년李奎年의 딸인 한산韓山이씨와의 사이에 태어난 1남 3녀 가운데 한 딸이었는데 형제들이 모두 요절하여 무남독녀로 자랐다.

민치록은 정조 23년(1799)에 태어나 철종 9년(1858) 9월 17일 향년 60세로 졸하였다.

순조 26년(1826) 장릉참봉章陵參奉이 되었고, 그뒤 제용감주부濟用監主簿·의금부도사義禁府都事·사복시주부司僕寺主簿·충훈부도사忠勳府都事를 두루 거친 뒤 과천현감·임피현령臨陂縣令 등 지방수령으로 나가 활동하였다.

다시 상경하여 조지서별감造紙署別監·사옹원주부司饔院主簿·장악원첨정掌樂院僉正을 역임하고 다시 덕천군수德川郡守로 지방행정을 맡았다. 철종 6년(1855) 선혜청낭청宣惠廳郎廳을 맡았고, 철종 8년(1857) 영주군수의 일을 맡아보았다. 그의 딸이 고종비로 입궁한 것은 그가 사망한 지 9년 뒤인 고종 3년(1866)의 일이다.

고종 3년(1866) 2월 25일 딸이 재간택 단망에 들었다. 2월 29일 재간택에 뽑혀 삼간택의 단망에 들었다.

그뒤 영의정으로 추서되고 여성부원군驪城府院君으로 봉작되었다. 민승호閔升鎬가 입양되어 그의 가계를 이었다.

민겸호閔謙鎬(1838~1882)

민겸호는 민치구閔致久(1795~1874)의 셋째아들로 흥선대원군 이하응李昰應(1820~1898)과는 처남 매부지간이다. 민영환閔泳煥(1861~1905)의 생부이다. 고종 3년(1866) 알성문과謁聖文科에 장원, 민씨 세도의 일원으로 여러 요직에 이어 형조·병조·이조·예조 등의 판서를 지냈다. 1880년 군무사 경리당상軍務司經理堂上이 되어 신식 군대인 별기군別技軍을 창설하였고, 이듬해 선혜청당상宣惠廳堂上에 올랐으며, 1882년 임오군란이 일어나자 강압적으로 진압시키려다 살해되었다.

```
  치구   ┬ 태호 ── 계)영환
1795-1874│1828-1860 1861-1905
 전주이씨│ 연안김씨
1797-1873│1827-1891
         │
         ├ 승호(출)
         │1830~1874
         │
         ├ 겸호 ── 영환(출)
         │1838-1882 1861-1905
         │ 달성서씨
         │1837-1865
         │
         ├ 녀=이하응(1820~1898)
         │  흥선대원군
         │
         ├ 녀=심응택(1822-?)
         │    청송인
         │
         └ 녀=노익동
             교하인
```

민영환閔泳煥(1861 ~ 1905)

민겸호閔謙鎬의 아들로 명성황후의 조카이다. 백부伯父 민태호閔泰鎬에게 입양하였다. 고종 14년(1877) 동몽교관童蒙教官에 임명되고, 이듬해 정시문과에 병과로 급제하였다. 1881년 동부승지同副承旨, 1882년 성균관 대사성으로 승진하였다. 그 해 생부 민겸호가 임오군란으로 살해되자, 벼슬을 버리고 3년간 거상居喪하였다. 1887년 상리국총판商理局總辦・친군전영사親軍前營使를 거쳐 예조판서가 되었다. 1888년, 1889년 두 차례에 걸쳐 병조판서를 역임하고, 1893년 형조판서・한성부윤을 지냈으며, 1894년 내무부독판事督辦事 및 형조판서를 다시 역임하였다. 1895년 주미전권공사駐美全權公使에 임명되었으나, 을미사변이 일어나 명성황후가 시해되자 부임하지 못하고 사직하였다. 이듬해 특명전권공사로 러시아 황제 니콜라이 2세의 대관식戴冠式에 참석하였는데, 이때 중국 상해[上海]와 일본・미국・영국・네덜란드・독일・폴란드 및 러시아를 횡단하는 등 해외파견사절로는 최초로 세계일주를 하였다. 귀국 후 의정부찬정・군부대신을 지낸 다음, 광무 1년(1897) 또다시 영국・독일・프랑스・러시아・이탈리아・오스트리아 등 6개국 특명전권공사로 겸직 발령을 받고 외유하였다. 이때 영국 여왕 빅토리아의 즉위 60주년 축하식에도 참석하였다. 잦은 해외여행으로 새 문물에 일찍 눈을 떠, 개화사상을 실천하고자 유럽제도를 모방하여 정치제도를 개혁하고, 민권신장民權伸張을 꾀할 것을 상주하였다.

친일적인 대신들과 대립, 일본의 내정간섭을 성토하다가 시종무관장侍從武官長의 한직閑職으로 밀려났다. 1905년 을사조약이 체결되자 조병세趙秉世와 함께, 백관百官을 인솔하여 대궐에 나아가 이를 반대하였다. 일본 헌병들의 강제 해산으로 실패, 다시 백목전도가白木廛都家〔육의전〕에 모여 상소를 논의하던 중, 이미 대세가 기울어짐을 보고 집에 돌아가 가족들을 만나본 뒤 조용히 자결하였다. 당대 제일의 권문세가 출신으로서, 현직顯職의 명예를 던지고 망국亡國의 슬픔을 죽음으로써 달랬다. 고종의 묘소에 배향되었다.

🎩 민종식閔宗植(1861~1917)

조선 말기 의병장. 고종 19년(1882) 별시문과에 급제하여 참판을 지냈으나 1895년 을미사변 뒤 벼슬을 버리고 은거하다가 1905년 을사늑약이 체결되자 의병을 일으켰다. 홍주·보령·서천 등 충청남도 일대에서 일본군과 여러 차례 싸워 이겼으며, 1906년 초에는 의병이 1500명에 이르러 신돌석申乭石 진영, 정용기鄭鏞基·정환직鄭煥直 진영과 더불어 3대 전투의병을 이루었다. 그러나 그해 5월 83명이 전사하는 등 일본군에게 패한 뒤 공주公州에 은신 중 체포되었다. 1907년 평리원平里院에서 사형선고를 받았으나 법부대신 이하영李夏榮의 주청奏請으로 감형, 진도珍島에 귀양갔다가 특사로 석방되었으나 여독으로 죽었다.

여양부원군 민유중 묘

경기도 여주시

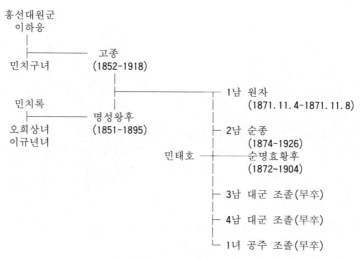

명성왕후

※ 본서 부록 326쪽 참조

흥선대원군
이하응
│
├──────── 고종
민치구녀   (1852-1918)
                    │
                    ├─────────────────── 1남 원자
민치록   (1871. 11. 4-1871. 11. 8)
                    │
오희상녀 ──── 명성왕후   ├ 2남 순종
이규년녀   (1851-1895)   (1874-1926)
                            민태호 ──┬──── 순명효황후
                                              (1872~1904)
                                      │
                                      ├ 3남 대군 조졸(早卒)
                                      │
                                      ├ 4남 대군 조졸(早卒)
                                      │
                                      └ 1녀 공주 조졸(早卒)

명성황후 생가 (시도유형문화재 제46호)
경기도 여주시

조선 제26대 왕 고종의 비妃이다.

아버지는 순간공純簡公 민치록閔致祿이다. 여성부원군驪城府院君에 추증되었다.

슬하에 4남 1녀를 두었다. 2남인 순종을 제외하고는 모두 일찍 졸하였다.

철종 2년(1851) 9월 25일 여주驪州 근동면近東面 섬락리蟾樂里 사제私第에서 탄생하였다.

16세인 고종 3년(1866) 2월 25일 중희당重熙堂에서 초간택을 행하였는데 재간택 단망에 들었다.

　대왕대비가 전교하기를, "첨정僉正 민치록閔致祿의 딸, 유학幼學 김우근金遇根의 딸, 현령縣令 조면호趙冕鎬의 딸, 영令 서상조徐相祖의 딸, 용강 현령龍岡縣令 유초환兪初煥의 딸을 재간택再揀擇에 넣고, 그 나머지는 모두 허혼許婚하라" 하였다. 『고종실록』권3. 3년 2월 25일

2월 29일 중희당에서 재간택을 거행하였는데 대왕대비大王大妃가 첨정僉正 민치록閔致祿의 딸을 삼간택三揀擇에 들게 하고, 그 나머지는 모두 허혼許婚하도록 하교하였다. 3월 6일 삼간택에 뽑혀 왕비로 정해졌고 아버지 민치록은 영의정에 추증되었다.

17세인 고종 4년(1867) 3월 7일 고종과 함께 경우궁景祐宮에 나아가 전배展拜하고 운현궁雲峴宮에 가서 문안하였다.

21세인 고종 8년(1871) 9월 13일 의관이 왕비와 태아를 진찰하

고 결과가 좋아 고종 및 대신들이 모두 축하하였다. 고종 8년 10월 7일 고종이 산실청을 설치하고 대신들의 축하를 받았다. 11월 4일 원자를 낳았다.

고종 9년 12월 20일 홍순목 등이 고종과 함께 중궁전에도 존호를 올릴 것을 청하여 윤허하였다. 12월 24일 효자孝慈라는 존호를 받았다.

23세인 고종 10년(1873) 1월 1일 약원 도제조 한계원韓啓源이 태후胎候가 있어 산실청産室廳 설치를 청하였는데 고종이 그믐 이전으로 날짜를 잡으라고 명했다.

24세인 고종 11년(1874) 1월 3일 묘시卯時에 원자를 낳았다.

전교하기를, "중궁전中宮殿이 오늘 묘시卯時에 원자를 낳았으므로 여러 가지 일들을 해조에서 규례대로 하게 하라" 하였다. 또 전교하기를, "하늘이 종묘사직을 도와 원자가 태어났으니, 이것은 사실 우리나라의 더없는 경사이다. 자전慈殿의 기쁨이 비길 데 없을 것이니, 이레째 되는 날에 대왕대비전大王大妃殿에게 직접 치사致詞, 전문箋文, 표리表裏를 올리겠다. 그리고 이어 전殿에 나아가 진하陳賀를 받겠다." 하였다.

25세인 고종 12년(1875) 4월 5일 대군을 낳았다.

31세인 고종 18년(1881) 12월 17일 약원에서 반점이 나온다고 하여 의약청議藥廳을 설치할 것을 청하였다. 12월 22일 발진 증세가 회복되었다. 12월 27일 건강이 회복된 것으로 경사를 진하하고 대사령大赦令을 반포하였다.

32세인 고종 19년(1882) 2월 22일 왕세자빈이 간택되어 대사령大赦令을 반포하였고 세자빈이 중궁전中宮殿에 조현례朝見禮를 행하였다.

고종 19년(1882) 정부의 정책에 불평을 품어온 위정척사파와 대원군세력이 봉량미俸糧米 문제로 폭동을 일으킨 구군인舊軍人의 세력을 업고 쿠데타를 감행하자, 명성왕후는 재빨리 궁중을 탈출하여 충주목忠州牧 민응식閔應植의 집에 피신하였다. 이곳에서 비밀리에 국왕과 연락하는 한편, 청국에 군사적 개입을 요청하여 청국군을 출동하게 하고 일시 정권을 장악했던 흥선대원군을 청국으로 납치하게 하였으며, 다시 민씨세력이 집권하도록 하였다.

고종 19년(1882) 6월 10일 고종이 임오군란이 일어나 피신해 있는 왕비를 찾고자 하였다. 6월 10일 승하하였다고 하여 거애擧哀하는 절차를 마련하고 14일 옥체를 찾을 수 없어 옷으로 장사지내기로 하였으나 승정원에서 옥체 없이 장사를 지내는 것은 안된다고 상언하였으나 윤허치 않았다.

7월 25일 봉상시 정奉常寺正 서상조徐相祖가 왕후가 살아있으니 왕후의 자리로 맞이하라 하였고 이인응李寅應, 송상순宋祥淳 등이 중궁中宮을 맞이할 것을 상소하였다. 이에 장례를 담당한 세 도감을 철파시켰다.

… 6월 10일 난병亂兵들이 대궐에 침범하자 중궁전中宮殿은 피

하여 사어司禦 윤태준尹泰駿의 화개동花開洞 집에 은신해 있었다. 무감武監 홍재희洪在義가 배종陪從하였다. 이어 익찬翊贊 민응식閔應植의 충주忠州 장호원長湖院의 시골집에 은신하였다. 이때에 와서 이 전교가 있었다. 『고종실록』권19. 19년 7월 25일

8월 1일 환어還御하여 시임대신時任大臣 등이 문안을 올렸다. 8월 3일 환어한 일을 중국에 자문咨文으로 보내게 하였다. 8월 7일 환어한 일로 하례를 받고 사면을 반포하였고 8월 16일 환궁한 일로 여양부원군驪陽府院君 내외와 여성부원군驪城府院君 내외의 사판에 치제하였다. 9월 22일 유학 김병설金炳卨이 상사喪事를 발표한 예조판서를 탄핵하였다.

33세인 고종 20년(1883) 7월 18일 이희봉李羲鳳 등이 존호尊號를 올릴 것을 청했으나 윤허하지 않고 8월 1일 중궁이 피신해 있던 충주 등의 고을에 시상하였다.

34세인 고종 21년(1884) 10월 17일 갑신정변으로 인해 고종과 함께 경우궁으로 이어하였다. 10월 24일 환궁하였다. 37세인 고종 24년(1887) 10월 4일 몸이 좋지 않아 의관이 입진하라고 하교하였고 10월 6일 예조에서 중궁의 건강이 회복되어 고묘告廟 등의 절차를 거행할 것을 청하였다.

25년(1888) 1월 1일 왕세자가 부모인 고종과 왕비의 존호를 올릴 것을 청하였고 다음날인 1월 2일 다시 청하였으며 1월 3일 존호 올릴 것을 청하였으나 윤허치 않았다. 이에 1월 3일 왕세자가 시임대신時任大臣 등과 함께 입시하여 존호를 청했고 1월 4일 백관

을 거느리고 존호를 청하여 윤허하였다. 3월 13일 존호와 책보를 받았다.

고종 26년(1889) 11월 29일 보령寶齡이 만40세가 되었다고 하여 고포告布하고 경축하는 절차를 의조儀曹에서 마련하게 하였다. 12월 1일 왕세자가 존호尊號를 올릴 것을 청하였다. 2일 백관을 거느리고 다시 존호를 청하여 윤허하였다. 12월 17일 존호 망단자에 정화正化라는 존호로 의계되었고 40세인 고종 27년(1890) 1월 5일 존호를 받았다.

41세인 고종 28년(1891) 1월 1일 고종이 나이 40이 되고 중궁이 41이 된다고 하여 세자가 표리를 올렸다. 42세인 고종 29년(1892) 6월 24일 합천合天이라는 존호 망단자를 서계하고 7월 25일 책보를 받고 사령이 반포되었다.

30년(1893) 9월 10일 양원에서 입진하기를 청하였으나 윤허치 않았다.

45세인 고종 32년(1895) 8월 20일 승하하였다.

묘시卯時에 왕후王后가 곤녕합坤寧閤에서 붕서崩逝하였다. ─ 이보다 앞서 훈련대訓鍊隊 병졸兵卒과 순검巡檢이 서로 충돌하여 양편에 다 사상자가 있었다. 19일 군부 대신軍部大臣 안경수安駉壽가 훈련대를 해산하자는 의사를 밀지密旨로 일본 공사 미우라 고로〔三浦梧樓〕에게 가서 알렸으며, 훈련대 2대대장 우범선禹範善도 같은날 일본 공사를 가서 만나보고 알렸다. 이날 날이 샐 무렵에 전前 협판協辦 이주회李周會가 일본 사람 오카모토 류노스케

〔岡本柳之助〕와 함께 공덕리孔德里에 가서 대원군大院君을 호위해 가지고 대궐로 들어오는데 훈련대 병사들이 대궐문으로 마구 달려들고 일본 병사도 따라 들어와 갑자기 변이 터졌다. 시위대 연대장侍衛隊聯隊長 홍계훈洪啓薰은 광화문光化門 밖에서 살해당하고 궁내 대신宮內大臣 이경직李耕稙은 전각殿閣 뜰에서 해를 당했다. 난동은 점점 더 심상치 않게 되어 드디어 왕후가 거처하던 곳을 잃게 되었는데, 이날 이때 피살된 사실을 후에야 비로소 알았기 때문에 즉시 반포하지 못하였다 ― 『고종실록』권33. 32년 8월 20일

일본공사 미우라〔三浦梧樓〕는 일본의 한반도침략정책에 정면대결하는 명성왕후와 그 척족 및 친러세력을 일소하고자 일부 친일정객과 짜고, 고종 32년(1895) 8월에 일본군대와 정치낭인政治浪人들이 흥선대원군을 내세워 왕궁을 습격하고 명성왕후를 시해한 뒤 정권을 탈취하는 을미사변의 만행을 저질렀다. 이때 명성왕후는 나이 45세로 일본인의 손에 살해되고 시체가 불살라지는 불행한 최후를 마쳤다. 이때의 정부는 친일정책을 펴 폐비조칙廢妃詔勅을 내렸다.

8월 22일 왕비를 폐하여 서인庶人으로 하였다가 23일 빈호嬪號를 내렸다. 다시 10월 10일 위호位號가 복위되었다.

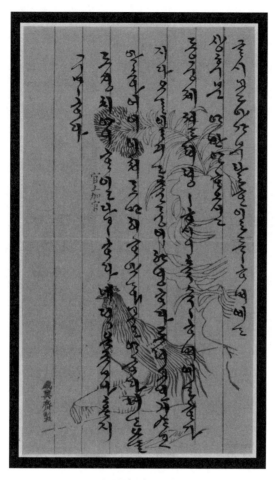

명성왕후 한글편지
국립고궁박물관 소장

9장 순종과 왕실 친인척

순종은 고종 11년(1874) 명성왕후의 둘째아들로 태어나, 고종 32년(1895) 일제의 을미사변으로 어머니를 잃고, 광무 9년(1905) 을사조약을 이어, 광무 11년(1907) 아버지 고종의 강제 퇴위를 이어 받아 대한제국 황제에 즉위하였다. 그리고 융희 4년(1910) 망국을 맞이하는 불행한 임금이 되었다.

따라서 국권을 되찾는 노력을 하지 않을 수 없었다. 이는 1919년 고종 장례식에 일어난 3.1운동, 1926년 순종 장례식에 일어난 6.10 만세 운동으로 이어졌고, 신간회 근우회 운동으로 이어졌다. 그리고 이를 도울 세력은 순종비 해평윤씨 집안과 순종비 외가 기계유씨 집안이 중심이 되어야 했다.

그리고 일제가 망하고 광복이 되어서도 이들 집안이 대한민국을 건국하고 자리를 잡아가는데 한 역할을 담당해야 했다. 이를 대표하는 사람이 해평윤씨로는 윤치호, 윤치영, 윤보선尹潽善 대통령 등이고, 기계유씨로는 유진오兪鎭午 박사 등이었다.

● 순종 ※ 본서 부록 326쪽 참조

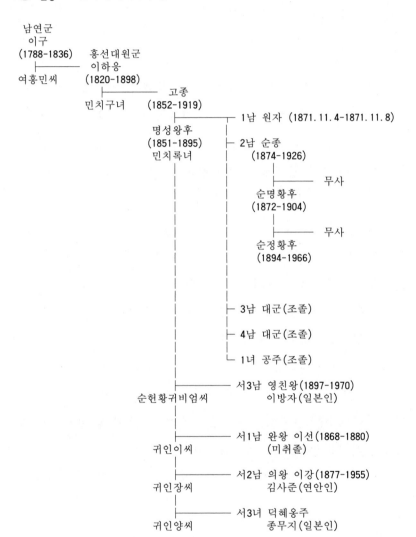

남연군
이구
(1788-1836)
├─────── 홍선대원군
여흥민씨   이하응
          (1820-1898)
              ├─────── 고종
          민치구녀   (1852-1919)
                            ├── 1남 원자 (1871. 11. 4-1871. 11. 8)
          명성왕후   │
          (1851-1895)   ├─ 2남 순종
          민치록녀   (1874-1926)
                            │   ├─────── 무사
                            │   순명황후
                            │   (1872-1904)
                            │   ├─────── 무사
                            │   순정황후
                            │   (1894-1966)
                            │
                            ├─ 3남 대군(조졸)
                            │
                            ├─ 4남 대군(조졸)
                            │
                            └─ 1녀 공주(조졸)

                            ├─────── 서3남 영친왕(1897-1970)
          순헌황귀비엄씨   이방자(일본인)

                            ├─────── 서1남 완왕 이선(1868-1880)
          귀인이씨   (미취졸)

                            ├─────── 서2남 의왕 이강(1877-1955)
          귀인장씨   김사준(연안인)

                            ├─────── 서3녀 덕혜옹주
          귀인양씨   종무지(일본인)

탄생과 세자시절

고종 11년(1874) 2월 창덕궁의 관물헌觀物軒에서 고종과 명성황후明成皇后의 둘째아들로 탄생하였다. 탄생 다음해 2월에 왕세자로 책봉되었고, 고종 19년(1882)에 민태호閔台鎬의 딸 여흥민씨閔氏〔뒷날의 純明孝皇后〕를 세자빈으로 맞았다. 고종 34년(1897) 대한제국의 수립에 따라 황태자로 책봉되었다. 고종 44년(1907) 새로이 윤택영尹澤榮의 딸 해평윤씨尹氏〔純貞孝皇后〕를 황태자비로 맞이하였다.

황제 즉위과 망국

고종 44년(1907) 7월에 일제의 강요와 일부 친일정객의 매국행위로 왕위를 물러나게 된 고종의 양위를 받아 대한제국의 황제로 즉위하였고, 연호를 융희隆熙로 고쳤다. 귀비엄씨 소생인 동생 영친왕英親王을 황태자로 책립하였고, 그때까지 거처하던 덕수궁에서 창덕궁으로 옮겼다.

4년간에 걸친 순종의 재위기간은 침략자 일본에 의한 한반도 무력강점공작에 의하여 국권이 점차적으로 제약되고, 마침내 송병준·이완용 등 친일매국정객과 일본침략자의 야합으로 조선왕조 519년의 역사에 종언을 고하게 되는 경국傾國의 비사悲史와 민족사의 주권을 수호하려는 저항의 통사痛史의 시기였다.

한일신협약과 차관정치

순종이 즉위한 직후인 1907년 7월 일제는 이른바 한일신협약韓日新協約[丁未七條約]을 강제로 성립시켜 국정 전반을 일본인 통감이 간섭할 수 있게 하였고, 정부 각부의 차관을 일본인으로 임명하는 이른바 차관정치를 시작하였다.

군대 해산과 통감 정치

내정간섭권을 탈취한 일본은 동시에 얼마 남지 않았던 한국군대를 재정부족이라는 구실로 강제해산시켜 우리 겨레의 손에서 총·칼의 자위조직마저 해체해 버렸다. 또한 1909년 7월에는 기유각서에 의하여 사법권마저 강탈해버렸다. 이처럼 순종을 허위虛位의 황제로 만들어버린 이토[伊藤博文]가 본국으로 돌아간 뒤 소네[曾彌荒助]를 거쳐 군부출신의 데라우치[寺內正毅]가 조선통감으로 부임해 온 뒤로 일본은 대한제국의 숨통을 끊고자 더욱 거센 공작을 펴게 되었다.

경술국치

일제는 1909년 7월 각의閣議에서 '한일합병 실행에 관한 방침'을 통과시킨 뒤 한국과 만주문제를 러시아와 사전협상하기 위하여 이

토를 만주에 파견하였다. 그가 하얼빈에서 안중근에 의하여 포살
되자 이를 기화로 한반도 무력강점을 실행에 옮기게 되었다.

일제는 이러한 침략에 부화뇌동하는 친일매국노 이완용·송병준
·이용구 등을 중심한 매국단체 일진회―進會를 앞세워 조선인의
원에 의하여 조선을 합병한다는 미명하에 위협과 매수로 1910년
8월 29일 마침내 이른바 한일합병조약[한일병탄조약]을 성립시켜
대한제국을 멸망시켰고 한반도를 무력강점해버렸다.

의병투쟁과 애국개몽운동

야만적인 침략행위에 우리 겨레는 순종즉위 전부터 의병투쟁으
로 대항하는 한편, 개인적인 의거로 맞섰으며, 또한 민족의 저력을
키워 일제와 대항하여 주권을 회복하고자 하는 애국계몽운동이 활
발히 전개되었다.

순종은 민족저항의 역량을 하나로 모으기 위해 융희 3년(순종2,
1909) 1월 대구, 부산, 마산을 순행하였고, 올라오는 길에 대전을
방문하였다. 그리고 다시 이달 27일에 평양, 신의주, 개성 등을
순행하여 팔도 순행을 하였다.

그리고 순종 10년(1917) 5월에는 함흥을 순행하였다. 이러한 순
행에서 충신열사들에게 제사를 지내주고 그 후손들을 만나며, 왕
릉이나 조상의 묘를 참배하며 우리 민족의 힘을 결집할 수 있는
일을 하였다.

이왕직 시기

대한제국이 일제의 무력 앞에 종언을 고한 뒤, 순종은 황제의 위에서 왕으로 강등되어 창덕궁 이왕李王으로 예우하는 조처가 취해졌고, 왕위의 허호虛號는 세습되도록 조처되었다. 폐위된 순종은 창덕궁에 거처하며 망국의 한을 달래었다.

승하와 6.10만세 운동

1926년 4월 25일에 승하하고 6월에 국장을 치러 경기도 양주군 미금면 금곡리의 유릉裕陵에 안장되었다.

순종의 인산례因山禮를 기하여 6·10독립만세운동이 전국적으로 전개되었다.

유릉 문인석

여흥민씨 민태호 집안

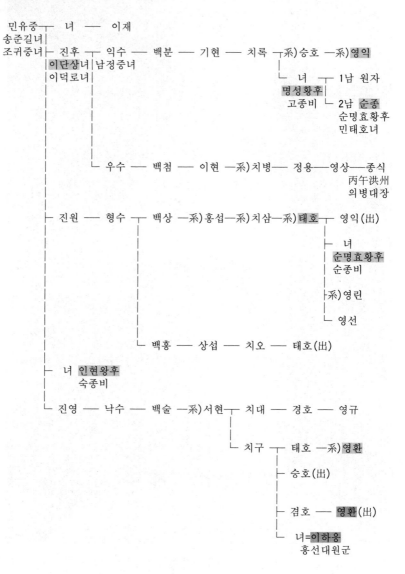

민유중┬ 녀 ── 이재
송준길녀│
조귀중녀├ 진후 ┬ 익수 ── 백분 ── 기현 ── 치록 ┬系)승호 ─系)영익
         이단상녀│남정중녀│   │
         이덕로녀│   └ 녀 ┬ 1남 원자
                │   명성황후│
                │   고종비 └ 2남 순종
                │   순명효황후
                │   민태호녀
                │
                └ 우수 ── 백첨 ── 이현 ─系)치병── 정용──영상──종식
                                                         丙午洪州
                                                         의병대장

         ├ 진원 ── 형수 ┬ 백상 ─系)홍섭─系)치삼─系)태호 ┬ 영익(出)
                       │   │
                       │   ├ 녀
                       │   │ 순명효황후
                       │   │ 순종비
                       │   │
                       │   ├系)영린
                       │   │
                       │   └ 영선
                       │
                       └ 백홍 ── 상섭 ── 치오 ── 태호(出)

         ├ 녀 인현왕후
           숙종비

         └ 진영 ── 낙수 ── 백술 ─系)서현 ┬ 치대 ── 경호 ── 영규
                                      │
                                      └ 치구 ┬ 태호 ─系)영환
                                            │
                                            ├ 승호(出)
                                            │
                                            ├ 겸호 ── 영환(出)
                                            │
                                            └ 녀=이하응
                                               흥선대원군

민태호閔台鎬(1834~1884)의 생조生祖는 민상섭閔相燮이다.

할아버지는 민홍섭閔弘燮이다. 참판參判을 지냈다.

생부生父는 민치오閔致五이다. 아버지는 민치삼閔致三이다. 영의정領議政에 추증되었다. 첫째어머니는 홍낙유洪樂有의 딸 풍산홍씨豊山洪氏이다. 홍낙유는 사용司勇을 지냈다. 둘째어머니는 유정환兪鼎煥의 딸 기계유씨杞溪兪氏이다.

민태호의 첫째부인은 윤직의尹稷儀의 딸 해평윤씨海平尹氏이다.

1남은 민영익閔泳翊(1860~1914)이다. 명성왕후의 아버지인 민치록閔致祿의 양자 민승호閔升鎬에게 양자로 들어갔다.

민영익은 명성황후의 조카이다. 개화파의 일원으로 일본과 미국을 시찰하고 돌아왔다. 1905년 을사조약의 강제체결로 친일정권이 수립되자 상해로 망명하였다.

2남은 민영린閔泳璘(1873~1932)이다. 민술호閔述鎬의 아들을 양자로 들였다. 초명은 민영기閔泳琦이다.

3남은 민영선閔泳璇(1875~1924)이다. 충청도 경상남도 관찰사, 육군부령陸軍副領을 지냈다.

척사파 유신환兪莘煥의 문인으로 고종 7년(1870) 정시문과에 병과로 급제하였다. 여러 벼슬을 거쳐 고종 12년(1875) 9월 운요호사건雲揚號事件 때 경기도관찰사를 역임하였다.

그뒤 민씨 중심의 수구당의 중진으로서 김옥균金玉均 등의 개화당세력과 대립하였다.

고종 19년(1882) 임오군란 때는 강화유수로서 개화파 각료와 함께 그 가옥을 소각당하였다. 그리고 정국수습을 위해 재집권한 대원군에 의해 지중추부사知中樞府事에서 판삼군부사判三軍府事가 되었다.

고종 21년(1884) 3월경 그의 아들 민영익이 전권대신으로 미국·유럽 등지를 둘러보고 왔을 때 민영목閔泳穆(1826~1884)·민응식閔應植(1844~1903) 및 그 아들과 더불어 사민체제四閔體制를 구축해 세도의 극을 달렸다.

총융사摠戎使·어영대장御營大將·무위도통사武衛都統使와 대제학을 역임하였다. 왕가의 외척으로 수구당의 대표적 인물로 활약하다가, 마침내 1884년 12월 갑신정변 때 김옥균 등 개화당 인사에 의해 민영목·조영하趙寧夏·이조연李祖淵·한규직韓圭稷 등과 함께 경우궁景祐宮으로 입궐하다가 참살당하였다.

🎩 민영익閔泳翊(1860~1914)

호는 운미芸楣이다. 민태호閔台鎬의 아들로 민승호閔升鎬에게 입양되었다.

고종 14년(1877) 정시庭試 문과에 급제한 후 명성왕후의 총애를 받아 이조참의를 거쳐 1880년경에는 민씨척족세력의 소장 영수가 되어 1881년 통리기무아문 이용당상理用堂上을 역임하였다. 또한 1882년 임오군란 때는 난군에게 집을 파괴당하고, 난이 수습된 후 박영효를 따라 사죄사절로 일본에, 교섭 통상사무로 해관사무를 교섭하기 위해 천진에 파견되었으며, 외아문 협판으로 외교관계의 주요임무를 담당하였다.

특히 1883년 보빙사報聘使의 전권대사로 우리나라에서 처음으로 미국美國을 공식 방문하였고, 귀국길에 유럽을 경유함으로써 새로운 견문과 지식을 갖추게 되었다. 그러나 귀국 직후 협판 통리 군국사무協辦統理軍國事務·기기국 총판機器局總辦·좌영사左營使 등의 요직을 겸직하면서 민씨세력을 유지하는데 전념하였고, 개화당을 탄압하였다. 결국 1884년 갑신정변 당시 우정국 낙성식 축하연에 참여하였다가 중상을 입고 말았다. 그는 미국인 선교사 알렌의 응급수술로 간신히 생명을 건졌다. 이를 계기로 그는 솔선하여 서양의술을 도입하였으며 선교사의 활동을 묵인해 주기도 하였다. 갑신정변 이후에 그는 친군親軍 우영사右營使·협판내무부사에 이어 고종 22년(1885) 10월에 한성부 판윤을 잠시 지냈는데, 당시 청국이 본정부에 유폐되어 있는 대원군大院君을 귀국시키려고 하자 이를 저지하려고 천진을 방문하였다.

이 일이 뜻대로 이뤄지지 않자 민영익은 상해上海를 경유하여 한동안 종적을 감추었다가 귀국하였다. 그는 고종과 명성왕후의 반청反淸·친로정책親露政策에 반대하여 청국에 한러비밀조약 체결의 도를 누설하였으나 원세개袁世凱가 이를 빌미로 고종폐위 음모를 추진함으로써 곤경에 처하게 되었다. 따라서 그는 1886년 홍콩으로 망명하였다. 그는 홍콩에서 조선의 인삼전매권을 소유하여 풍족한 생활을 누리는 한편 주미공사파견 등 조선의 주요 외교문제에 관해서 직·간접적으로 정부에 자문을 해 주기도 하였다.

그는 낭만적 기질이 농후하여 암투가 난무하는 국내 정계보다는

자유도시인 상해와 홍콩을 오가면서 활동하다가 1905년 러일전쟁
후 상해에 정착하였다. 그는 1909년 안중근이 이등박문伊藤博文을
살해했을 때 러시아와 프랑스 변호사 선임 비용을 부담하겠다고
제의했으나 거부당한 일이 있었다고 하며, 또 이재명이 이완용을
암살하려다 실패했을 때도 변호사를 선임하려고 한 적이 있었다고
한다.

민영익 노근묵란도露根墨蘭圖

(삼성 리움 소장)

해평윤씨 윤택영 집안

```
윤득녕 ── 백동 ── 경열 ─系)치희───┐
└ 용선 ─系)철구┬ 시영(出)
김연근녀 生父위선│
안동인  홍경모녀┬ 덕영 ┬ 정섭
    풍산인 │김준근녀│민영돈녀(여흥인)
        │ 안동인 │송종엽녀(여산인)
        │    │
        │    ├ 동섭
        │    │조한익녀(임천인)
        │    │
        │    └녀 성섭=김덕현(안동인)
        │
        │
        ├ 숙영 ── 장섭
        │김병휴녀  신계임(父  일균)
        │ 안동인   평산인
        │
        │
        └ 택영 ┬ 홍섭(出)        홍섭 養父 시영
        유진학녀│
        기계인 ├ 의섭 ┬系)홍노   홍노 生父 홍섭
            │ 김현정 │ 이병숙
            │父 의동 │父 형식
            │ 안동인 │ 경주인
            │    │
            │    ├녀 민노=조영달(한양인)
            │    │
            │    └녀 명노
            │
            ├녀 증순
            │순정효황후
            │순종계비
            │
            └녀 희섭=유억겸(기계인)
```

윤택영尹澤榮의 생조生祖는 윤위선尹爲善이다.

할아버지는 윤용선尹容善(1829~1904)이다. 총리대신, 의정부 의정대신議政府議政大臣을 지냈다. 할머니는 김연근金淵根의 딸 안동김씨安東金氏이다. 김연근은 참판參判을 지냈다.

윤용선의 처남 김병주金炳疇(1819~1853)는 순조 30년(1830) 순조 2녀 복온공주(1818~1832)와 혼인하였고 본가로 사촌간인 윤의선尹宜善(1823~1887)도 헌종 3년(1837) 순조 3녀인 덕온공주(1822~1844)와 혼인하여 고종대 판의금부사, 판돈녕부사 등을 역임하여 왕실과도 혼맥이 있었다.

윤의선의 양자 윤용구尹用求(1853~1938)는 고종 8년(1871) 문과에 급제하여 도승지, 고종 31년(1894) 5월 이조판서에 올랐다가 1895년 을미사변 이후로 법부·탁지부·내무부 등 대신에 계속해서 제수되지반 취임하지 않고 은거하였고, 강제 병합 이후 남작을 수여를 거절하고 두문불출하였다.

아버지는 윤철구尹徹求이다. 영돈녕領敦寧에 추증되었다. 어머니는 홍경모洪慶謨의 딸 풍산홍씨豊山洪氏이다. 홍경모는 감역監役을 지냈다.

윤택영의 부인은 유진학兪鎭學의 딸 기계유씨杞溪兪氏이다. 유진학은 참판參判을 지냈다.

1남은 윤택영의 큰형인 윤시영尹是榮의 양자로 들어간 윤홍섭尹弘燮이다.

2남은 윤의섭尹毅燮이다. 전사보典祀補를 지냈다. 안동인安東人 김의동金宜東의 딸 김현정金顯貞과 혼인하였다. 김의동은 주사主事를 지냈다.

  1녀는 순종 계비 순정효황후純貞孝皇后이다.

  2녀는 윤희섭尹喜燮이다. 기계인杞溪人 유억겸兪億兼과 혼인하였다. 유억겸은 연세대학교 총장과 문교부文敎部 장관長官을 지냈다.

황실 가족 사진

오른쪽부터 이진, 영친왕, 순종, 순정효황후, 영친왕비, 덕혜옹주(국립고궁박물관 소장)

【해평윤씨 윤치호를 중심으로】

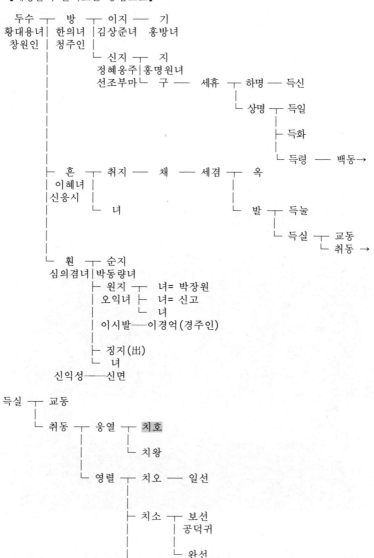

윤치호尹致昊(1865~1945)

윤웅열尹雄烈의 장남이다. 충청남도 아산牙山 출신으로 본관 해평
海平이고 호는 좌옹佐翁이다. 고종 18년(1881) 신사유람단 일원인
어윤중魚允中을 수행하여 일본에 건너가 김옥균金玉均·서광범徐光
範 등을 비롯한 일본개화파 인물들과 교유하며 개화사상에 눈을 떴
다. 이때 영어를 익혀 한·미수호통상조약 비준 때 초대 주한미국
공사 L.H.푸트의 통역으로 귀국하였고, 통리교섭통상사무아문의
주사가 되었으며, 고종과 푸트공사, 그리고 개화당간의 교량역할을
하였다. 1884년 갑신정변에 직접 가담하지는 않았으나 김옥균·박
영효朴泳孝 등과 친밀한 관계였으므로 정변 실패 후 중국 상해上海
로 망명, 이어 미국으로 건너가 신학문과 기독교에 접하였다. 선교
사 A.J.앨런의 주선으로 미국으로 가서 밴더빌트대학과 에모리대
학에서 영어·신학·인문사회과학 등을 공부하였다. 1895년 귀국
하여, 외부협판·학부협판 등을 지냈으며, 1896년 러시아의 니콜
라이 2세 대관식에 민영환閔泳煥을 따라 참석하였다. 귀국 후에는
서재필徐載弼·이상재李商在 등과 독립협회를 조직, 1898년에 제2
대 회장 겸 『독립신문』 사장이 되었다. 그해 만민공동회를 개최하
여 정부의 매국적 행위를 공격하면서 일본인에게 아부하지 말 것,
외국과의 이권계약을 대신大臣 단독으로 하지 말 것, 언론·집회의
자유를 보장할 것 등 시정개혁안 6개조를 결의하고 국정에 반영시
키려 노력하였다. 그뒤 황국협회의 모함과 테러의 위협으로 피신
하였으며 독립협회도 해산당하였다. 1899년 덕원감리겸 덕원부윤

으로 임명되는 등 관직에 올랐으나, 1905년 을사늑약이 체결되자 관직을 사퇴하였다. 1906년 장지연張志淵·윤효정尹孝定 등과 대한자강회를 조직, 회장으로 활동하면서 교육사업과 국력배양에 힘썼다. 1910년 대한기독교청년회(YMCA)를 창설하여 청소년계몽운동을 통한 구국운동을 전개하는 한편, 개성에 한영서원을 설립하고 평양의 대성학교 교장 등을 지냈다. 1911년 105인사건으로 체포되어 10년형을 선고받았으나 1915년에 석방되었다. 출옥 후 YMCA 회장, 연희전문학교 교장 등을 지내며 국권회복을 위한 민족의 실력향상에 노력하였다.

윤치영尹致暎(1898~1996)

육군참장 윤영열尹英烈의 4남이다. 윤보선 대통령은 집안으로 조카이다.

1915년 서울중앙학교를 졸업한 후 1917년 일본으로 건너가 세이소구영어학교(正則英語學校)와 와세다대학(早稲田大學) 법학과를 졸업하였다. 동경 유학 중에 상해 임시정부를 돕기 위해 2월회라는 결사 조직을 만들었다. 김도연, 김준연, 유억겸, 백관수, 이광수 등이 가담하였다. 그리하여 1919년 2월 8일에는 재일 동경 조선청년독립단을 결성 2·8 독립선언문을 발표하였다. 1923년 미국 하와이로 이주한 후 이승만을 도와 독립운동에 힘썼다. 1937년 귀국하여 윤치호가 회장으로 있는 조선기독교청년회 부총무 흥업구락부 간사 등을 지냈다. 1948년 정부수립 당시 내무장관을 지냈으며, 1954년 대한국민당 후보로 입후보하여 당선되었다. 1963년 민주공화당 창당에 가담하여 의장이 되었고, 대통령선거 당시 박정희 후보 선거사무장으로 활약하였다. 같은 해에 서울특별시장에 임명되었으며, 1967년 민주공화당 전국구 후보로 국회의원에 당선되었다.

이후 공화당 총재 상임고문, 국회의원 동우회 회장 등을 지냈으며, 1996년에 사망하였다.

윤보선尹潽善(1897~1990)

할아버지는 윤웅열尹雄烈이다. 아버지는 윤치왕尹致旺이다. 윤치호의 동생이요 윤치영의 형이다.

호는 해위海葦이다. 충남 아산牙山 출생이다. 영국 에든버러대학을 졸업하고, 8·15광복과 더불어 정계에 투신, 미군정청 농상국 고문에 취임하였다. 이어 한영韓英협회장·민중일보사 사장 등을 지내고, 1948년 정부가 수립되자 초대 서울시장에 발탁되었으며, 1949년 상공부장관이 되었다. 그후 대한적십자사 총재·상이군인 신생회 회장 등에 추대되었고, 1954년 제3대 국회의원에 당선되었으며, 1957년 민주당 중앙위원회 의장에 선임되었다. 1958년 제4대 국회의원에 당선, 1959년 민주당 최고위원에 선출되었다. 1960년 4·19혁명으로 이승만정권이 붕괴된 후 대통령선거에 민주당후보로 입후보하여 제4대 대통령에 선출되었다. 그러나 1961년 5·16군사정변으로 인하여 1962년 사임하고, 1963년 민정당

民政黨을 창당하여 그 해 대통령선거에 대통령후보로 출마, 박정희와 겨루었으나 실패하고, 제6대 국회의원에 당선되었다. 1965년 민중당民衆黨을 창당하고, 1966년 신한당新韓黨을 창당하여 총재에 취임하였는데, 4자회담을 거처 신한당과 민중당을 통합, 신민당 대표최고위원에 추대되었다. 1967년 제6대 대통령에 출마, 박정희에게 또 패배하였다. 1970년 국민당國民黨 총재에 취임하고, 1979년 신민당 총재 상임고문에 추대되었다. 저서에 『구국救國의 가시밭길』이 있다.

순정효황후 사진
국립고궁박물관 소장

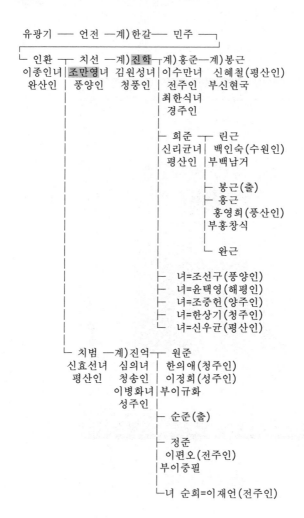

기계유씨 유진학兪鎭學 집안

유광기 ── 언전 ─계)한갈── 민주 ─┐
└ 인환 ─┬ 치선 ─계)진학─┬계)홍준─계)봉근
이종인녀 │ 조만영녀 김원성녀 │ 이수만녀 신혜철(평산인)
완산인 │ 풍양인 청풍인 │ 전주인 부신현국
        │   │ 최한식녀
        │   │ 경주인
        │   │
        │   ├ 희준 ─┬ 린근
        │   │ 신리균녀 │ 백인숙(수원인)
        │   │ 평산인 │ 부백남거
        │   │   │
        │   │   ├ 봉근(출)
        │   │   ├ 홍근
        │   │   │ 홍영희(풍산인)
        │   │   │ 부홍창식
        │   │   │
        │   │   └ 완근
        │   │
        │   ├ 녀=조선구(풍양인)
        │   ├ 녀=윤택영(해평인)
        │   ├ 녀=조중헌(양주인)
        │   ├ 녀=한상기(청주인)
        │   └ 녀=신우균(평산인)
        │
        └ 치범 ─계)진억─┬ 원준
        신효선녀 심의녀 │ 한의애(청주인)
        평산인 청송인 │ 이정희(성주인)
                 이병화녀│ 부이규화
                 성주인 │
                        ├ 순준(출)
                        │
                        ├ 정준
                        │ 이편오(전주인)
                        │ 부이중필
                        │
                        └녀 순희=이재언(전주인)

유진학兪鎭學의 할아버지는 유인환兪仁煥이다.

유인환은 이조판서吏曹判書에 추증되었다.

할머니는 이종인李鐘仁의 딸 완산이씨完山李氏이다. 이종인은 군수郡守를 지냈다.

생부는 유치경兪致敬이다. 호조좌랑을 지냈다.

아버지는 유치선兪致善이다. 공조판서工曹判書를 지냈다. 어머니는 조만영趙萬永(1776~1846)의 딸 풍양조씨豊壤趙氏이다.

조만영은 익종 비 신정왕후神貞王后(1808~1890)의 아버지이다.

따라서 익종은 유진학에게 이모부가 된다.

【풍양조씨 조만영을 중심으로】

```
조엄 ── 진관 ── 만영 ─┬─ 병귀 ─系)성하
홍현보녀 홍익빈녀 송시연녀│이재수녀 이호준녀
                        │
                        │
                        ├─ 녀 신정왕후
                        │      익종왕비
                        │
                        │
                        ├─ 녀=이인설(전주인)
                        │
                        │
                        ├─ 녀 ─系)진학── 녀
                        │ 유치선         윤택영
                        │ 기계인
                        │
                        └─ 녀=김석현(광산인)
```

유진학의 부인은 김원성金元性의 딸 청풍김씨淸風金氏이다. 김원성은 참판參判을 지냈다.

1남은 양자로 들인 유홍준兪弘濬이다. 부제학副提學을 지냈다. 첫째부인은 이수만李秀萬의 딸 전주全州이씨이다. 둘째부인은 최한식

崔漢植의 딸 경주慶州최씨이다.

2남은 유희준俞熙濬이다. 참봉參奉을 지냈다.

신이균申履均의 딸 평산신씨와 혼인하였다. 신이균은 군수郡守를 지냈다.

1녀는 풍양인豊壤人 조선구趙善九와 2녀는 해평인海平人 윤택영尹澤榮과 3녀는 양주인楊州人 조중헌趙重獻과 4녀는 청주인淸州人 한상기韓相琦와 5녀는 평산인平山人 신우균申雨均과 혼인하였다.

유진학俞鎭學은 도승지를 지냈다. 유진학의 아버지 유치선俞致善이 공조판서를 지냈는데 바로 부원군 조만영趙萬永의 사위이다. 그러니까 유진학의 어머니는 익종비조대비와 친형제간이다.

유진학은 유길준과는 당내숙질[四從叔]간이다.

유길준俞吉濬(1856~1914)은 김윤식, 김옥균, 민영익과 교유하며 개화를 주도해간다. 그리고 오경석吳慶錫, 강위姜瑋, 오경석의 아들 오세창吳世昌(1864~1953), 지석영, 지운영, 정만조 등과 교류하며 갑오개혁, 흥사단, 대동학회 등 한말 개혁을 주도해간다.

【유길준 · 유진학 · 유진오를 중심으로】

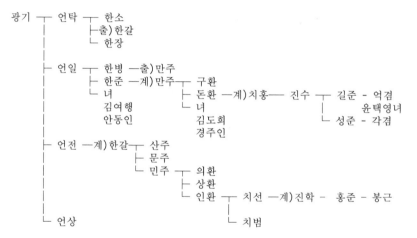

유기창 - 여림 ┬ 관 - 홍 - 대술 - 무중 - 급 - 명필 - 종기 - 계)언녕
　　　　　├ 진 - 함 - 대경 - 양중 - 계 - 명륜 - 상기
　　　　　├ 항 - 영 - 대의 - 성중 - 황 - 명뢰 - 광기 ┬ 언일
　　　　　└ 윤　　　　　　　　　　　　　　　　　└ 언전

종기 ── 언녕 ── 한인 ── 영주 ──계)윤환 ── 치형 ── 진오

광기 ┬ 언탁 ┬ 한소
　　　│　　├ 출)한갈
　　　│　　└ 한장
　　　│
　　　├ 언일 ┬ 한병 ─출)만주
　　　│　　├ 한준 ─계)만주 ┬ 구환
　　　│　　└ 녀　　　　　├ 돈환 ─계)치홍── 진수 ┬ 길준 - 억겸
　　　│　　　김여행　　　└ 녀　　　　　　　　│　　　윤택영녀
　　　│　　　안동인　　　　김도희　　　　　　└ 성준 - 각겸
　　　│　　　　　　　　　경주인
　　　├ 언전 ─계)한갈 ┬ 산주
　　　│　　　　　　├ 문주
　　　│　　　　　　└ 민주 ┬ 의환
　　　│　　　　　　　　├ 상환
　　　│　　　　　　　　└ 인환 ┬ 치선 ─계)진학 - 홍준 - 봉근
　　　│　　　　　　　　　　　└ 치범
　　　└ 언상

　　유길준의 동생 유성준兪星濬(1860~1934)은 YMCA 활동을 하면
서 1920년대 이후 조선교육협회, 물산장려운동, 민립대학설립운동
등 각종 문화운동에 참여하였다.
　　이러한 활동은 유억겸兪億兼·유각겸兪珏兼(1887~1910) 등에 의
해 1920년대 기독교사회운동과 민족운동으로 이어져, 신간회와 근
우회의 주축세력으로 참여하였다.
　　유억겸은 흥업구락부 계열 기독교 계열, 연희전문그룹 등과 사

회운동을 하였다. 그리고 미군정 학무국장과 문교부장을 지냈다.

유진오兪鎭午는 1930년대 초반 보성전문학교에 재직하면서 김성수와 직접적 관계를 맺고, 해방 이후 한민당에 창당 주요세력 중 하나인 보성전문그룹의 일원으로 참여하게 된다.

한민당 창당 발기인으로서 대한민국 건국 헌법을 기초하였을 뿐만 아니라 대한민국 정부 수립 이후 초대 법제처장을 지냈다.

유릉 (사적 제207호)

부 록

※ 족보 목차

태조

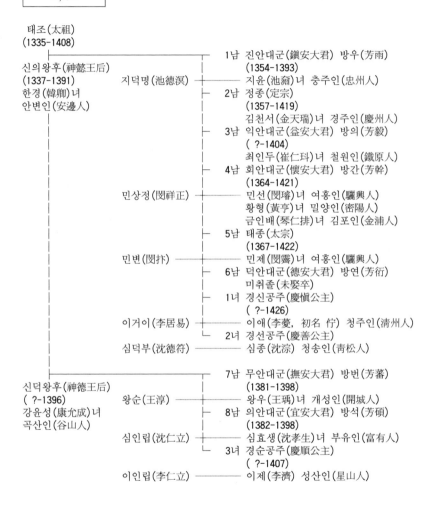

태조(太祖)
(1335-1408)

신의왕후(神懿王后)
(1337-1391)
한경(韓卿)녀
안변인(安邊人)

지덕명(池德溟)

민상정(閔祥正)

민변(閔抃)

이거이(李居易)

심덕부(沈德符)

1남 진안대군(鎭安大君) 방우(芳雨)
(1354-1393)
지윤(池奫)녀 충주인(忠州人)

2남 정종(定宗)
(1357-1419)
김천서(金天瑞)녀 경주인(慶州人)

3남 익안대군(益安大君) 방의(芳毅)
(?-1404)
최인두(崔仁玝)녀 철원인(鐵原人)

4남 회안대군(懷安大君) 방간(芳幹)
(1364-1421)
민선(閔璿)녀 여흥인(驪興人)
황형(黃亨)녀 밀양인(密陽人)
금인배(琴仁排)녀 김포인(金浦人)

5남 태종(太宗)
(1367-1422)
민제(閔霽)녀 여흥인(驪興人)

6남 덕안대군(德安大君) 방연(芳衍)
미취졸(未娶卒)

1녀 경신공주(慶愼公主)
(?-1426)
이애(李薆, 初名 佇) 청주인(淸州人)

2녀 경선공주(慶善公主)

심종(沈淙) 청송인(靑松人)

신덕왕후(神德王后)
(?-1396)
강윤성(康允成)녀
곡산인(谷山人)

왕순(王淳)

심인립(沈仁立)

이인립(李仁立)

7남 무안대군(撫安大君) 방번(芳蕃)
(1381-1398)
왕우(王瑀)녀 개성인(開城人)

8남 의안대군(宜安大君) 방석(芳碩)
(1382-1398)
심효생(沈孝生)녀 부유인(富有人)

3녀 경순공주(慶順公主)
(?-1407)
이제(李濟) 성산인(星山人)

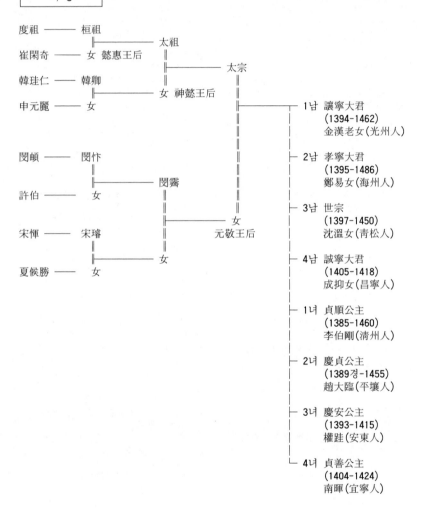

태종

度祖 —— 桓祖
　　　　　┃———— 太祖
崔閑奇 —— 女 懿惠王后　‖
　　　　　　　　　　　‖———— 太宗
韓珪仁 —— 韓卿　　　　‖　　　‖
　　　　┃———— 女 神懿王后 ‖
申元麗 —— 女　　　　　　　‖———— 1남 讓寧大君
　　　　　　　　　　　　　‖　　　　 (1394-1462)
　　　　　　　　　　　　　‖　　　　 金漢老女(光州人)
閔頔 —— 閔忭　　　　　　　‖———— 2남 孝寧大君
　　　┃———— 閔霽　　　　‖　　　　 (1395-1486)
許伯 —— 女　　　　‖　　　‖　　　　 鄭易女(海州人)
　　　　　　　　　　‖　　　‖———— 3남 世宗
　　　　　　　　　　‖———— 女　　　 (1397-1450)
宋惲 —— 宋璿　　　 ‖　 元敬王后　　 沈溫女(靑松人)
　　　┃———— 女　　　　　　‖———— 4남 誠寧大君
夏候勝 —— 女　　　　　　　　　　　 (1405-1418)
　　　　　　　　　　　　　　　　　　 成抑女(昌寧人)
　　　　　　　　　　　　　　┠———— 1녀 貞順公主
　　　　　　　　　　　　　　　　　　 (1385-1460)
　　　　　　　　　　　　　　　　　　 李伯剛(淸州人)
　　　　　　　　　　　　　　┠———— 2녀 慶貞公主
　　　　　　　　　　　　　　　　　　 (1389경-1455)
　　　　　　　　　　　　　　　　　　 趙大臨(平壤人)
　　　　　　　　　　　　　　┠———— 3녀 慶安公主
　　　　　　　　　　　　　　　　　　 (1393-1415)
　　　　　　　　　　　　　　　　　　 權跬(安東人)
　　　　　　　　　　　　　　┗———— 4녀 貞善公主
　　　　　　　　　　　　　　　　　　 (1404-1424)
　　　　　　　　　　　　　　　　　　 南暉(宜寧人)

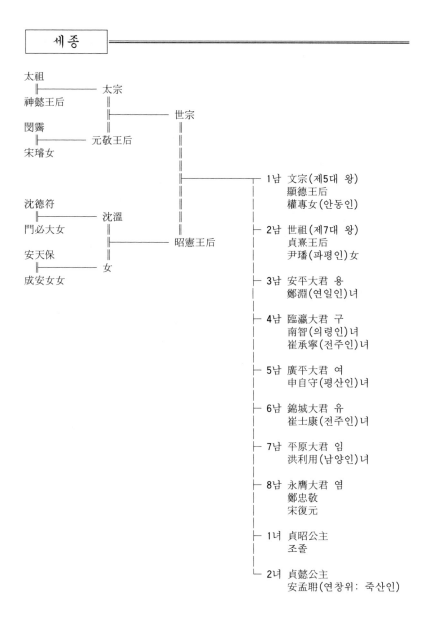

세종

太祖
∥ ───── 太宗
神懿王后 ∥
∥ ───── ∥
閔霽 ∥ ───── 世宗
∥ ───── 元敬王后 ∥
宋璿女 ∥
∥
∥ ─── 1남 文宗(제5대 왕)
∥ │ 顯德王后
∥ │ 權專女(안동인)
沈德符 ∥ │
∥ ───── 沈溫 ∥ ─── 2남 世祖(제7대 왕)
門必大女 ∥ │ 貞熹王后
∥ ───── ∥ │ 尹璠(파평인)女
安天保 ∥ ───── 昭憲王后 │
∥ ───── 女 ├─ 3남 安平大君 용
成安女女 │ 鄭淵(연일인)녀
│
├─ 4남 臨瀛大君 구
│ 南智(의령인)녀
│ 崔承寧(전주인)녀
│
├─ 5남 廣平大君 여
│ 申自守(평산인)녀
│
├─ 6남 錦城大君 유
│ 崔士康(전주인)녀
│
├─ 7남 平原大君 임
│ 洪利用(남양인)녀
│
├─ 8남 永膺大君 염
│ 鄭忠敬
│ 宋復元
│
├─ 1녀 貞昭公主
│ 조졸
│
└─ 2녀 貞懿公主
安孟耼(연창위: 죽산인)

문종

문종(文宗)
(1414-1452)

현덕왕후(顯德王后)
(1418-1441)
권전(權專)녀
안동인(安東人)

1남 단종(端宗)(1441-1457)
　　비(妃)-정순왕후(定順王后)
　　　　송현수(宋玹壽)녀
　　　　여산인(礪山人)

1녀 조졸(早卒)(1432?-1433)

2녀 경혜공주(敬惠公主)(1435-1473)
　　정종(鄭悰)————정미수(鄭眉壽)
　　해주인(海州人)

세조

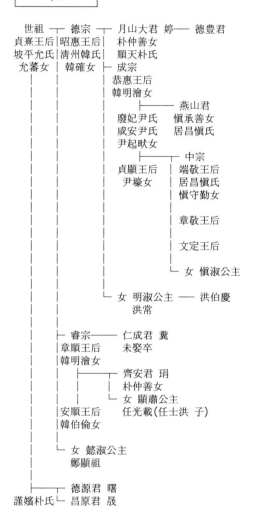

世祖 ─┬─ 德宗 ─┬─ 月山大君 婷 ── 德豊君
貞熹王后　┆　昭惠王后　┆　朴仲善女
坡平允氏　┆　淸州韓氏　┆　順天朴氏
允蕃女　　┆　韓確女　　├─ 成宗
　┆　　　　┆　　　　　├─ 恭惠王后
　┆　　　　┆　　　　　　　韓明澮女
　┆　　　　┆　　　　　　　　　　┌──── 燕山君
　┆　　　　┆　　　　　　　廢妃尹氏　愼承善女
　┆　　　　┆　　　　　　　咸安尹氏　居昌愼氏
　┆　　　　┆　　　　　　　尹起畎女
　┆　　　　┆　　　　　　　　　　　├─ 中宗
　┆　　　　┆　　　　　　　貞顯王后　┆　端敬王后
　┆　　　　┆　　　　　　　尹壕女　　┆　居昌愼氏
　┆　　　　┆　　　　　　　　　　　　┆　愼守勤女
　┆　　　　┆　　　　　　　　　　　　┆
　┆　　　　┆　　　　　　　　　　　　┆　章敬王后
　┆　　　　┆　　　　　　　　　　　　┆
　┆　　　　┆　　　　　　　　　　　　┆　文定王后
　┆　　　　┆　　　　　　　　　　　　┆
　┆　　　　┆　　　　　　　　　　　　└─ 女 愼淑公主
　┆　　　　┆
　┆　　　　└─ 女 明淑公主 ── 洪伯慶
　┆　　　　　　　洪常
　┆
　├─ 睿宗 ──── 仁成君 糞
　┆　章順王后　　未娶卒
　┆　韓明澮女
　┆　　　　┌──── 齊安君 琄
　┆　　　　├─　　朴仲善女
　┆　　　　├─ 女 顯肅公主
　┆　安順王后　　任光載(任士洪 子)
　┆　韓伯倫女
　┆
　└─ 女 懿淑公主
　　　鄭顯祖
　┆
　├─ 德源君 曙
謹嬪朴氏└─ 昌原君 晟

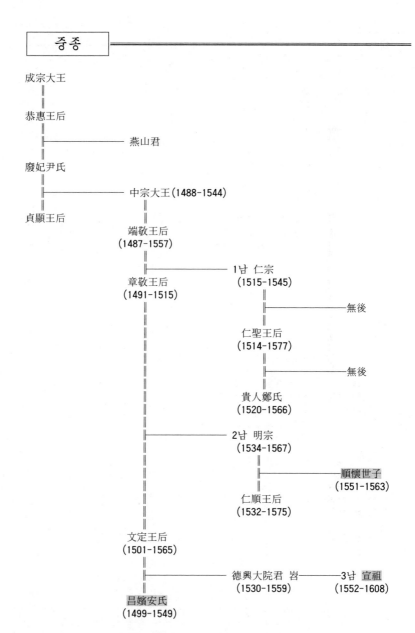

선 조

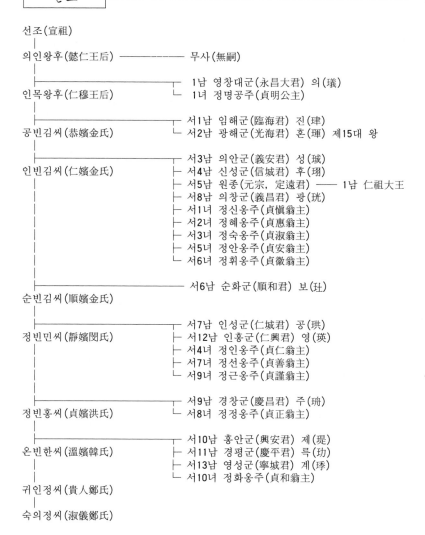

선조(宣祖)
│
의인왕후(懿仁王后) ─────── 무사(無嗣)
│
인목왕후(仁穆王后) ┬ 1남 영창대군(永昌大君) 의(㼁)
                  └ 1녀 정명공주(貞明公主)

공빈김씨(恭嬪金氏) ┬ 서1남 임해군(臨海君) 진(珒)
                  └ 서2남 광해군(光海君) 혼(琿) 제15대 왕

인빈김씨(仁嬪金氏) ┬ 서3남 의안군(義安君) 성(珹)
                  ├ 서4남 신성군(信城君) 후(珝)
                  ├ 서5남 원종(元宗, 定遠君) ── 1남 仁祖大王
                  ├ 서8남 의창군(義昌君) 광(珖)
                  ├ 서1녀 정신옹주(貞愼翁主)
                  ├ 서2녀 정혜옹주(貞惠翁主)
                  ├ 서3녀 정숙옹주(貞淑翁主)
                  ├ 서5녀 정안옹주(貞安翁主)
                  └ 서6녀 정휘옹주(貞徽翁主)

순빈김씨(順嬪金氏) ─── 서6남 순화군(順和君) 보(玤)

정빈민씨(靜嬪閔氏) ┬ 서7남 인성군(仁城君) 공(珙)
                  ├ 서12남 인흥군(仁興君) 영(瑛)
                  ├ 서4녀 정인옹주(貞仁翁主)
                  ├ 서7녀 정선옹주(貞善翁主)
                  └ 서9녀 정근옹주(貞謹翁主)

정빈홍씨(貞嬪洪氏) ┬ 서9남 경창군(慶昌君) 주(珘)
                  └ 서8녀 정정옹주(貞正翁主)

온빈한씨(溫嬪韓氏) ┬ 서10남 흥안군(興安君) 제(堤)
                  ├ 서11남 경평군(慶平君) 륵(玏)
                  ├ 서13남 영성군(寧城君) 계(瑇)
                  └ 서10녀 정화옹주(貞和翁主)

귀인정씨(貴人鄭氏)
│
숙의정씨(淑儀鄭氏)

【인빈김씨 자녀를 중심으로】

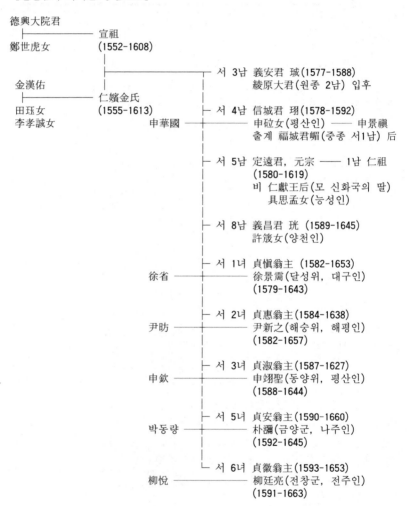

德興大院君
├────────── 宣祖
鄭世虎女   (1552-1608)

金漢佑
├────────── 仁嬪金氏
田珏女   (1555-1613)
李孝誠女   申華國

서 3남 義安君 珹(1577-1588)
　　　綾原大君(원종 2남) 입후

서 4남 信城君 珝(1578-1592)
　　　申砬女(평산인) ──── 申景禛
　　　출계 福城君嵋(중종 서1남) 后

서 5남 定遠君, 元宗 ──── 1남 仁祖
　　　(1580-1619)
　　　비 仁獻王后(모 신화국의 딸)
　　　具思孟女(능성인)

서 8남 義昌君 珖 (1589-1645)
　　　許筬女(양천인)

徐省
서 1녀 貞愼翁主 (1582-1653)
　　　徐景霌(달성위, 대구인)
　　　(1579-1643)

尹昉
서 2녀 貞惠翁主(1584-1638)
　　　尹新之(해숭위, 해평인)
　　　(1582-1657)

申欽
서 3녀 貞淑翁主(1587-1627)
　　　申翊聖(동양위, 평산인)
　　　(1588-1644)

박동량
서 5녀 貞安翁主(1590-1660)
　　　朴瀰(금양군, 나주인)
　　　(1592-1645)

柳悅
서 6녀 貞徽翁主(1593-1653)
　　　柳廷亮(전창군, 전주인)
　　　(1591-1663)

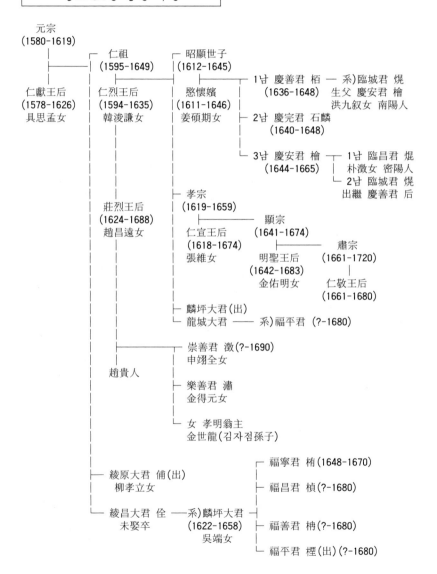

【인평대군과 김육 집안 혼인도】

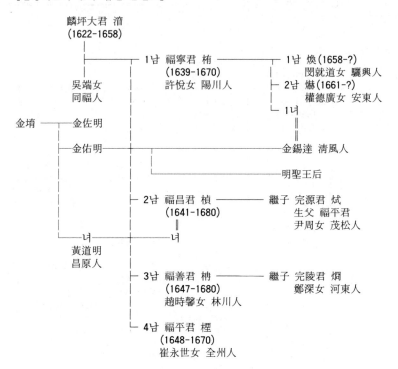

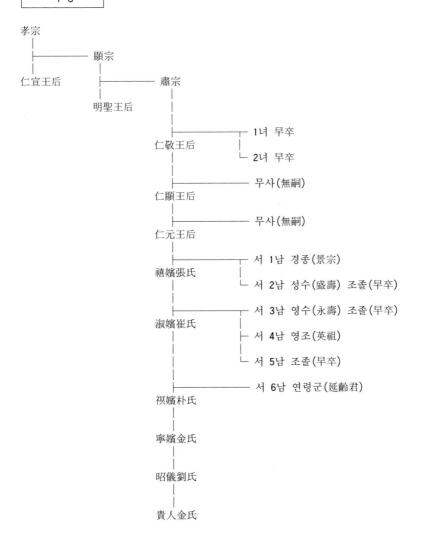

고종

21대 英祖
├── 眞宗(孝章世子)
靖嬪李氏
├── 莊祖(思悼世子)
暎嬪李氏 ├── 22대 正祖
　　惠嬪洪氏 ├── 文孝世子(早卒)
　　　　宜嬪成氏
　　　　├── 23대 純祖
　　　　綏嬪朴氏 ├── 翼宗(孝明世子, 文祖)
　　　　　　純元王后金氏 ├── 24대 憲宗
　　　　　　　　神貞王后
　　　肅嬪林氏 ├── 恩彦君 － 3남 全溪大院君
　　　　　　　　├── 25대 哲宗
　　　　　　　　龍城府大夫人

　　　　　├── 恩信君 － 系)南延君 － 興宣大院君
　　　　　　　　(인조 3남　　├── 26대 高宗
　　　　　　　　인평대군 6대손) 閔致久女
　　　　　　　　　　　　閔景爀女

高宗
(1852-1919)
├──────── 1남 元子(1871.11.4-1871.11.8)
明聖王后 │
(1851-1895) ├─ 2남 純宗(1874-1926)
閔致祿女 │ ├──── 無嗣
│ 純明皇后(1872-1904)
│ ├──── 無嗣
│ 純貞皇后(1894-1966)
│
├─ 3남 大君(早卒)
├─ 4남 大君(早卒)
└─ 1녀 公主(早卒)
│
├──── 서3남 英親王(1897-1970)
純獻皇貴妃嚴氏 　　李方子(日本人)
├──── 서1남 完王 李墡(1868-1880) (未娶卒)
貴人李氏
├──── 서2남 義王 李堈(1877-1955)
貴人張氏 　　金思濬(延安人)
│
├──── 서3녀 德惠翁主
貴人梁氏 　　宗武志(日本人)

찾아보기

※ 역사문화에서 나온 책

● 사상사 시리즈

한국의 사상사 시리즈는 문화의 발전과정이 그 당시를 대표하는 사상과 철학의 조류 속에서 정치, 경제, 사회의 발전과 의례, 미술, 음악 등의 문화가 형성됨을 알리기 위한 기획 시리즈이다.

조선성리학과 문화
朝鮮性理學과 文化

2009년 5월 20일 초판 발행

값 15,000 원

조선시대 사상사의 재조명
朝鮮時代 思想史의 再照明

1998년 7월 11일 초판 발행
값 12,000 원

※ 제1회 대산문화재단·교보문고 양서발간 지원 사업의 지원
대상 도서.

한국사상사
韓國思想史

1999년 9월 13일 초판 발행
2002년 9월 10일 2쇄 발행

값 15,000 원

조선시대 사상과 문화

1998년 3월 4일 초판 발행
2012년 3월 7일 2쇄 발행

값 7,000 원

● 한국의 인물 시리즈

저자가 한국사를 연구하고 강의하면서, 조선의 왕실과 그 친인척들을 정리하였고 다시 각각의 인물에 대한 정리를 좀더 심도있게 할 필요를 느껴 기획한 인물 시리즈이다.

장희빈
張嬉嬪

2002년 12월 26일 초판 발행

값 8,000 원

- 정치사 시리즈

  조선의 정치사를 정리하는데 필수적인 요소가 되는 국왕 친인척을 조사하면서 정치사를 정리하기 시작하고, 이렇게 정리한 것을 강의하면서 일반 사람들은 정치사를 배우면서 역사에 흥미를 느끼고 역사가 중요하다고 평가를 하고 있다는 것을 알게 되었다. 왕위계승이나 왕실친인척과 연결하여, 그동안 왕조사관이라 하여 부정적으로 보아만 왔던 국왕 왕실 관계와 연결하여 설명해보려 하였다.

조선전기 정치사
朝鮮前期 政治史

2001년 9월 9일 초판 발행
2003년 9월 9일 개정 발행

값 8,000 원

조선시대 정치사 1·2·3(전체 3권)

2013년 9월 25일 초판 발행

값 각권 15,000 원

● 조선의 왕실 시리즈

 조선의 왕실 시리즈는 한국학이나 역사를 연구하는데 있어 인물 연구가 중
요하면서도 기초적인 것이라는 것을 알면서도 연구의 작업량이 워낙 방대하
여 누구나 손쉽게 접근하지 못한 면이 많았다. 이에 역사의 중심이자 핵심인
왕실의 인척 관계를 정리하고, 역사 속에서 커다란 역할을 했던 각 인물에 대
한 정리를 하기 위한 기획 시리즈이다.

연번	도서명	출간일	가격	비고
1	태조대왕과 친인척	1999년 2월 23일	8,000	
2	정종대왕과 친인척	1999년 9월 21일	10,000	
3	태종대왕과 친인척 1	2008년 8월 14일	15,000	
4	태종대왕과 친인척 2	2008년 8월 14일	15,000	
5	태종대왕과 친인척 3	2008년 8월 14일	15,000	
6	태종대왕과 친인척 4	2008년 8월 14일	18,000	
7	태종대왕과 친인척 5	2008년 8월 14일	15,000	
8	태종대왕과 친인척 6	2008년 8월 14일	15,000	
9	세종대왕과 친인척 1	2008년 8월 8일	15,000	
10	세종대왕과 친인척 2	2008년 8월 8일	15,000	
11	세종대왕과 친인척 3	2008년 8월 8일	15,000	
12	세종대왕과 친인척 4	2008년 8월 8일	15,000	
13	세종대왕과 친인척 5	2008년 8월 8일	15,000	
14	문종대왕과 친인척 1	2008년 8월 8일	15,000	
15	문종대왕과 친인척 2	2008년 8월 8일	15,000	

16	단종대왕과 친인척	2008년 8월 8일	15,000	
17	세조대왕과 친인척	2008년 10월 6일	18,000	
18	예종대왕과 친인척	2008년 11월 7일	15,000	
19	성종대왕과 친인척 1	2007년 5월 23일	15,000	
20	성종대왕과 친인척 2	2007년 5월 11일	14,000	
21	성종대왕과 친인척 3	2007년 2월 26일	15,000	
22	성종대왕과 친인척 4	2007년 2월 26일	14,000	
23	성종대왕과 친인척 5	2007년 2월 26일	13,000	
24	연산군과 친인척	2008년 11월 7일	18,000	
25	중종대왕과 친인척 1	2001년 6월 23일	8,000	
26	중종대왕과 친인척 2	2001년 7월 11일	10,000	
27	중종대왕과 친인척 3	2001년 7월 27일	12,000	
28	인종대왕과 친인척	2008년 11월 7일	15,000	
29	명종대왕과 친인척	2002년 2월 28일	10,000	
30	선조대왕과 친인척 1	2002년 10월 17일	11,000	
31	선조대왕과 친인척 2	2002년 10월 11일	12,000	
32	선조대왕과 친인척 3	2002년 8월 24일	11,000	
33	광해군과 친인척 1	2002년 11월 25일	9,000	
34	광해군과 친인척 2	2002년 11월 25일	9,000	
35	인조대왕과 친인척	2000년 11월 30일	10,000	
36	효종대왕과 친인척	2001년 3월 26일	10,000	
37	현종대왕과 친인척	2009년 1월 24일	18,000	
38	숙종대왕과 친인척 1	2009년 1월 24일	15,000	
39	숙종대왕과 친인척 2	2009년 1월 24일	15,000	
40	숙종대왕과 친인척 3	2009년 1월 24일	13,000	
41	경종대왕과 친인척	2009년 1월 24일	13,000	
42	영조대왕과 친인척 1	2009년 1월 24일	15,000	
43	영조대왕과 친인척 2	2009년 1월 24일	12,000	
44	영조대왕과 친인척 3	2009년 1월 24일	15,000	
45	정조대왕과 친인척 1	2009년 1월 24일	15,000	
46	정조대왕과 친인척 2	2009년 1월 24일	12,000	
47	순조대왕과 친인척	2009년 2월 14일	18,000	
48	헌종대왕과 친인척	2009년 2월 14일	12,000	
49	철종대왕과 친인척	2009년 2월 14일	13,000	
50	고종황제와 친인척	2009년 2월 14일	15,000	
51	순종황제와 친인척	2009년 2월 14일	12,000	
52	부록 - 색인집	2009년 2월 27일	15,000